“十三五”国家重点出版物出版规划项目
体系工程与装备论证系列丛书

装备保障系统建模与应用

陈春良　王岩磊　吕会强　张会奇　曹艳华　著

電子工業出版社
Publishing House of Electronics Industry
北京・BEIJING

内 容 简 介

本书论述了军事系统研究方法论，描述了装备保障系统的任务过程、功能结构、组织结构和运行机制，阐述了保障对象维修工作量分布规律及其确定方法，采用解析方法，建立了装备保障系统的输入、输出与系统结构之间的对应关系，给出了装备保障系统的解析模型、优化模型及计算示例。

采用多种视图建模方法，建立了装备保障系统的功能模型、组织模型、信息模型、资源模型及过程模型，为规范装备保障系统功能、设计保障系统结构、调配保障系统资源、分析保障系统信息、优化保障系统流程，实现精确、高效的保障提供理论支持。

本书可以作为装备机关、军事院校、科研单位及部队人员学习装备保障系统建模的书籍，也可作为装备保障系统研究与教学方面的参考书。

图书在版编目（CIP）数据

装备保障系统建模与应用 / 陈春良等著. —北京：电子工业出版社，2019.7
（体系工程与装备论证系列丛书）
ISBN 978-7-121-36772-4

Ⅰ. ①装… Ⅱ. ①陈… Ⅲ. ①军事装备－装备保障－仿真系统－系统建模－研究 Ⅳ. ①E246

中国版本图书馆 CIP 数据核字（2019）第 106657 号

策划编辑：陈韦凯
责任编辑：康　霞
印　　刷：北京捷迅佳彩印刷有限公司
装　　订：北京捷迅佳彩印刷有限公司
出版发行：电子工业出版社
　　　　　北京市海淀区万寿路 173 信箱　邮编 100036
开　　本：787×1 092　1/16　印张：12.5　字数：317 千字
版　　次：2019 年 7 月第 1 版
印　　次：2023 年 9 月第 4 次印刷
定　　价：99.00 元

凡所购买电子工业出版社图书有缺损问题，请向购买书店调换。若书店售缺，请与本社发行部联系，联系及邮购电话：（010）88254888，88258888。

质量投诉请发邮件至 zlts@phei.com.cn，盗版侵权举报请发邮件至 dbqq@phei.com.cn。

本书咨询联系方式：chenwk@phei.com.cn，（010）88254441。

体系工程与装备论证系列丛书
编委会

体系工程与装备论证系列丛书

总　序

1990 年，我国著名科学家和系统工程创始人钱学森先生发表了《一个科学新领域——开放的复杂巨系统及其方法论》一文。他认为，复杂系统组分数量众多，使得系统的整体行为相对于简单系统来说可能涌现出显著不同的性质。如果系统的组分种类繁多，具有层次结构，并且它们之间的关联方式又很复杂，就成为复杂巨系统；再如果复杂巨系统与环境进行物质、能量、信息的交换，接收环境的输入、干扰并向环境提供输出，并且具有主动适应和演化的能力，就要作为开放复杂巨系统对待了。在研究解决开放复杂巨系统问题时，钱学森先生提出了从定性到定量的综合集成方法，这是系统工程思想的重大发展，也可以看作对体系问题的先期探讨。

从系统研究到体系研究涉及很多问题，其中有 3 个问题应该首先予以回答：一是系统和体系的区别；二是平台化发展和体系化发展的区别；三是系统工程和体系工程的区别。下面先引用国内两位学者的研究成果讨论对前面两个问题的看法，然后再谈谈本人对后面一个问题的看法。

关于系统和体系的区别。有学者认为，体系是由系统组成的，系统是由组元组成的。不是任何系统都是体系，但是只要由两个组元构成且相互之间具有联系就是系统。系统的内涵包括组元、结构、运行、功能、环境，体系的内涵包括目标、能力、标准、服务、数据、信息等。系统最核心的要素是结构，体系最核心的要素是能力。系统的分析从功能开始，体系的分析从目标开始。系统分析的表现形式是多要素分析，体系分析的表现形式是不同角度的视图。对系统发展影响最大的是环境，对体系形成影响最大的是目标要求。系统强调组元的紧密联系，体系强调要素的松散联系。

关于平台化发展和体系化发展的区别。有学者认为，由于先进信息化技术的应用，现代作战模式和战场环境已经发生了根本性转变。受此影响，以美国为首的西方国家在新一代装备发展思路上也发生了根本性转变，逐渐实现了装备发展由平台化向体系化的过渡。1982 年 6 月，在黎巴嫩战争中，以色列和叙利亚在贝卡谷地展开了激烈空战。这次战役的悬殊战果对现代空战战法研究和空战武器装备发展有着多方面的借鉴意义，因为采用任何基于武器平台分析的指标进行衡量，都无法解释如此悬殊的战果。以色列空军各参战装备之间分工明确，形成了协调有效的进攻体系，是取胜的关键。自此以后，空战武器装备对抗由“平台对平台”向“体系对体系”进行转变。同时，一种全新的武器装备发展思路——“武器装备体系化发展思路”逐渐浮出水面。这里需要强调的是，武器装备体系概念并非始于贝卡谷地空战，当各种武器共同出现在同一场战争中执行不同的作战任务时，原始的武器装备体系就已形成，但是这种武器装备体系的形成是被动的；而武器装备体系化发展思路应该是一种以武器装备体系为研究对象和发展目标的武器装备发展建设思路，是一种现代装备体系建设的主动化发展思路。因此，武器装备体系化发展思路是相对于一直以来武器装备发展主要以装备平台更新为主的发展模式而言的。以空战装备为例，人们常说的三代战斗机、四代战斗机都基于平台化思路的发展和研究模式，是就单一装备的技术水平和作战性能进行评价的。可以说，传统的武器装备平台化发展思路是针对某类型武器平台，通过开发、应用各项新技术，研究制造新型同类产品以期各项性能指标超越过去同类产品的发展模式。而武器装备体系化发展的思路则是通过对未来战场环境和作战任务的分析，并对现有武器装备和相关领域新技术进行梳理，开创性地设计构建在未来一定时间内最易形成战场优势的作战装备体系，并通过对比现有武器装备的优势和缺陷确定要研发的武器装备和技术。也就是说，其研究的目标不再是基于单一装备更新，而是基于作战任务判断和战法研究的装备体系构建与更新，是将武器装备发展与战法研究充分融合的全新装备发展思路，这也是美军近三十多年装备发展的主要思路。

关于系统工程和体系工程的区别，我感到，系统工程和体系工程之间存在着一种类似“一分为二、合二为一”的关系，具体体现为分析与综合的关系。数学分析中的微分法（分析）和积分法（综合），二者对立统一的关系是牛顿-莱布尼兹公式。它们构成数学分析中的主脉，解决了变量中的许多问题。系统工程中的“需求工程”（相当于数学分析中的微分法）和“体系工程”（相当于数学分析中的积分法），二者对立统一的关系就是钱学森的“从定性到定量综合集成研讨方法”（相当于数学分析中的牛顿-莱布尼兹公式）。它们构成系统工程中的主脉，解决和正在解决着大量巨型复杂开放系统的问题。我们称之为系统工程 Calculus。

总之，武器装备体系是一类具有典型体系特征的复杂系统，体系研究已经超出传统系统工程理论和方法的范畴，需要研究和发展体系工程，用来指导体系条件下的武器装备论证。

在系统工程理论方法中，系统被看作具有集中控制、全局可见、有层级结构的整体，而体系是一种松耦合的复杂大系统，已经脱离了原来以紧密层级结构为特征的单一系统框架，表现为一种显著的网状结构。近年来，含有大量无人自主系统的无人作战体系的出现使得体系架构的分布、开放特征愈加明显，正在形成以即联配系、敏捷指控、协同编成为特点的体系架构。以复杂适应网络为理论特征的体系，可以比单纯递阶控制的层级化复杂大系统具有更丰富的功能配系、更复杂的相互关系、更广阔的地理分布和更开放的边界。以往的系统工程方法强调必须明确系统目标和系统边界，但体系论证不再限于刚性的系统目标和边界，而是强调装备体系的能力演化，以及对未来作战样式的适应性。因此，体系条件下装备论证关注的焦点在于作战体系架构对体系作战对抗过程和效能的影响，在于武器装备系统对整个作战体系的影响和贡献率。

回顾 40 年前，钱学森先生在国内大力倡导和积极践行复杂系统研究，并在国防科学技术大学亲自指导和创建了系统工程与数学系，开办了飞行器系统工程和信息系统工程两个本科专业。面对当前我军武器装备体系发展和建设中的重大军事需求，由国防科学技术大学王维平教授担任主编，集结国内在武器装备体系分析、设计、试验和评估等方面具有理论创新和实践经验的部分专家学者，编写出版了“体系工程与装备论证系列丛书”。该丛书以复杂系统理论和体系思想为指导，紧密结合武器装备论证和体系工程的实践活动，积极探索研究适合国情、军情的武器装备论证和体系工程方法，为武器装备体系论证、设计和评估提供理论方法和技术支撑，具有重要的理论价值和实践意义。我相信，该丛书的出版将为推动我军体系工程研究、提高我军体系条件下的武器装备论证水平做出重要贡献。

汪浩

前 言

本书是近二十年来学习装备保障系统理论，开展装备保障系统研究的结晶。作者前后开展了国家教委高等院校骨干教师资助计划项目、原总装备部科研项目等系列课题研究，对陆军装备保障系统的结构、功能、运行及建模进行了深入研究，为本书的撰写奠定了基础。

本书分为方法论篇、数学建模篇、集成化多视图建模篇三部分，共 9 章。其中，方法论篇包含第 1 章；数学建模篇包含第 2～4 章；集成化多视图建模篇包含第 5～9 章。

第 1 章简述了系统的基本概念及主要特征，给出了军事系统研究的程序及原则，提出了基于控制论的军事系统研究方法，对陆军装备保障系统的功能任务、组织结构、系统运行进行了分析，给出了装备保障系统解析模型的构建框架，简述了集成化多视图装备保障系统模型体系，为后续章节的展开提供了整体架构。

第 2 章简述了装备故障的原因及其度量，按照维修工作的复杂性和维修工作量、质量特性参数恢复程度、维修的周期性，对陆军典型装备进行维修类型的描述。从部队装备维修的视角对装备维修性进行了阐述，给出了保障对象维修工作量分布规律，通过典型示例描述了保障对象维修工作量分布规律的确定方法。

第 3、4 章采用解析方法，建立装备保障系统的输入、输出与系统结构之间的对应关系，构建装备保障系统需求、能力、效果的分析模型，建立装备保障系统的优化模型并通过典型数据方案进行应用示例计算。

第 5～8 章分别论述了装备保障系统的功能模型、组织模型、信息模型、资源模型的意义、建模方法，采用多种视图建模方法，构建装备保障系统的功能模型、组织模型、信息模型、资源模型，为规范保障系统的功能、设计保障系统的结构、分析保障系统的信息、调配保障系统的资源，实现精确、高效的保障提供理论支持。

第 9 章简述了装备保障过程建模目的、评价参数、建模方法，给出装备保障过程建模方案，论述装备保障过程优化的原则、方法，最后通过一个综合应用示例给出过程建模的应用效果。

在本书选题、书名确定及出版过程中，得到了陆军装甲兵学院徐航院长的大力支持，在此表示衷心感谢！

本书逻辑严谨、体系清晰、内容新颖，具有可读性和实用性，既可为装备机关、部队、研究院所从事装备工作的人员提供方法指导，也可作为军事院校教师、学生的学习教材或参考书目。

陈春良

2019.6

目　录

方法论篇

数学建模篇

集成化多视图建模篇

方法论篇

第1章 军事系统研究方法论

军事系统是一个复杂的人工系统，对其展开研究和构建需要科学的方法作为指导，为此，本章对系统的基本概念，军事系统研究的程序及原则、研究方法、分析原则进行阐述，然后对装备保障系统进行分析并提出建模框架。

1.1 系统的概念及基本特征

系统是系统方法的核心概念。在古希腊哲学家德谟克利特所著《世界大系统》一书中，对系统的定义是“部分组成的整体”。在《系统科学》一书中，现代系统研究开创者贝塔朗菲对系统的定义是“系统是相互作用的多元素复合体”。在《系统论》一书中，美国著名学者阿柯夫对系统的定义是“系统是由两个或两个以上相互联系的任何种类的要素所构成的集合”。在美国《韦氏大词典》中，对系统的定义是“有组织的或被组织化的整体；结合整体所形成的各种概念和原理的综合；由有规则的相互作用、相互依存的形式组成的诸要素集合”。在日本的《JIS 标准》中，对系统的定义是“许多组成要素保持有机的秩序，向同一目标行动的集合体”。在中国人民大学出版社出版的《控制论、信息论、系统论与哲学》一书中，对系统的定义是“所谓系统（Systems）是具有特定功能的、相互间具有有机联系的许多要素（Element）所构成的一个整体”。我国著名科学家钱学森在 1978 年写的《组织管理的技术——系统工程》一书中指出：“把极其复杂的研制对象称为系统，即由相互作用和相互依赖的若干组成部分结合的具有特定功能的有机整体，并且这个系统本身又是它所从属的一个更大系统的组成部分。”

这些定义从不同侧面揭示了系统的特征：集合性、整体性、层次性、关联性、目的性、适应性等。

（1）集合性。集合的概念就是把具有某种属性的一些对象看成一个整体，从而形成一个集合。集合里的各个对象叫作集合的要素（子集）。系统的集合性表明，系统是由两个或两个以上的可以互相区别的要素组成的。这些要素可以是具体的物质，也可以是抽象的或非物质的软件、组织等。

（2）整体性。系统不是各部分要素杂乱无序的偶然堆积，而是由各部分组成的有机整体。系统是一个客观统一体，只有当物体作为某一个整体从一定的环境中分离出来的时候，才可能被看作系统。系统的环境是指一个系统之外的与之相关联的事物构成的集合，它的改变将影响所考察系统的状态、特性和功能。环境复杂性是造成系统复杂性的重要根源，研究系统必须研究它的环境及其与环境之间的相互作用。

（3）层次性。系统作为一个相互作用的诸要素的总体，可以分解为一系列的子系统，并存在一定的层次结构，系统越复杂，层次就越多。在系统层次结构中表述了在不同层次子系统之间的从属关系或相互作用关系。一个系统有从属于自己的子系统，而本身又从属于另一个更大的系统。在不同层次结构中的子系统存在动态的信息流与物质流，它们一起构成系统的整体运动特性，为深入研究复杂系统的结构与功能及有效地进行控制与调节提供了条件。

（4）关联性。组成系统的要素是相互联系、相互作用的，相互联系说明系统要素之间的特定关系和演变。复杂系统的各子系统之间具有密切关系，相互影响、相互制约、相互作用。要求复杂系统内的各子系统根据整体目标，尽量避免系统的“内耗”，提高系统整体运行的效果。有了系统要素的相互作用和联系，系统才能具有反馈、调节、控制、优化、组织性、适应性等一系列性能。

（5）目的性。系统都具有某种目的，为达到既定的目的，系统都具有一定的功能。系统的目的一般用更具体的目标来体现，复杂系统都具有不止一个目标，需要用一个指标体系来描述系统的目标。为了实现目的，系统必须具有控制、调节和管理功能，管理的过程就是系统的有序化过程，使其进入与系统目的相适应的状态。

（6）适应性。任何一个系统都存在于一定的物质环境中，因此，必然要与外界环境产生物质、能量和信息交换，外界环境的变化必然会引起系统内部各要素之间的变化。系统可以在运行实践中通过观察和类比进行学习，从而改善自己的功能，以适应外部环境的变化。不能适应环境变化的系统是没有持续生命力的，只有能够经常与外界环境保持最优适应状态的系统，才是具有不断发展势头的理想系统。

以上6条特征相互渗透、密不可分。

系统分类具有多样性。目前对系统进行了多样化分类，分类的多样化一方面是由于客观上存在很多系统，另一方面是由于只要根据不同的特征就可以对系统进行分类。选择分类的特征具有主观性，其取决于系统研究的目的和方向。

通常可将系统分为两大类：自然系统和人工系统。自然系统是由自然物形成的系统，它的特点是自然形成的，如海洋系统、矿藏系统等。人工系统是根据特定目标，通过人的主观努力所建成的系统，如各种军事系统、人力资源管理系统等。

人工系统与自然系统有着很大的区别，明显表现在人工系统的针对性和它们的存在具有严格的因果关系。建立人工系统是为了完成一定任务和达到一定目的。任何人工系统都能自我完善，人工系统达到目的的过程可以自动实现，即具有自主性。如果在系统中分离出控制系统工作和促进系统完善的组成部分，自我完善的过程就可以相当迅速，实现目标的效能也会急剧提高。

存在指挥管理是人工系统区别于自然系统的重要特征。根据管理部分的发展程度可以将人工系统分为简单人工系统、复杂人工系统和巨型人工系统。

简单人工系统是执行有限任务的系统。这种系统组成部分之间的联系显而易见。对这类系统进行管理是通过专门的组成部分来实现的，这种组成部分的一个基本功能就是与上级系统保持联系。在系统所有执行任务的层面，简单人工系统的组成部分自身可能不是系统，这些部分的组成和彼此之间的联系是相对稳定的。

复杂人工系统包括一系列简单人工系统，并且具有完成一系列任务的目标，简单人工系统是复杂人工系统的组成部分。因此，一些问题（任务）的解决（完成）要求改变系统组成部分和子系统的组合，从这个意义上讲，复杂人工系统更加具有动态性和主动性。与简单人工系统中的过程相比，复杂人工系统中过程的稳定性更取决于系统的管理职能，因此，复杂人工系统中具有简单系统形式的管理子系统。

巨型人工系统通过完成有利于总体目标或一些目标组的任务来协调达到全局目标。这样的系统具有发达子系统，这些子系统本身就是复杂系统。

应该指出，简单人工系统、复杂人工系统和巨型人工系统之间的界线并不是一成不变的，这些界线往往是由对系统分析的深度和目的决定的。

1.2 军事系统研究的程序和原则

在军事领域，军事系统是指为了进行或保障武装斗争所需的物资、人员及它们发挥作用的原则和方法的总和，这些组成的有机组合使每个系统组成部分（要素）能完成一定的任务。按照军事系统的复杂程度，可以分为复杂军事巨系统，如国家武装力量，复杂军事系统，如陆军、海军、空军、火箭军等，简单军事系统，如陆军集团军、师、旅、团等。

军事系统运行出现问题是因为系统工作的结果与预定的目标不太一致，这种情况常常归结为军事系统工作条件的复杂性和不稳定性。军事系统工作的结果与预期的目标绝对相符未必就是现代复杂系统的合理要求。在资源有限的条件下，总是要使所取得的结果与目标之间的偏差最小化，这也是完善军事系统的主要促进因素。军事系统研究的任务在于保证这个问题的快速和高效解决。

确定完善军事系统的措施或建立新军事系统解决新问题的研究程序如图 1-1 所示。

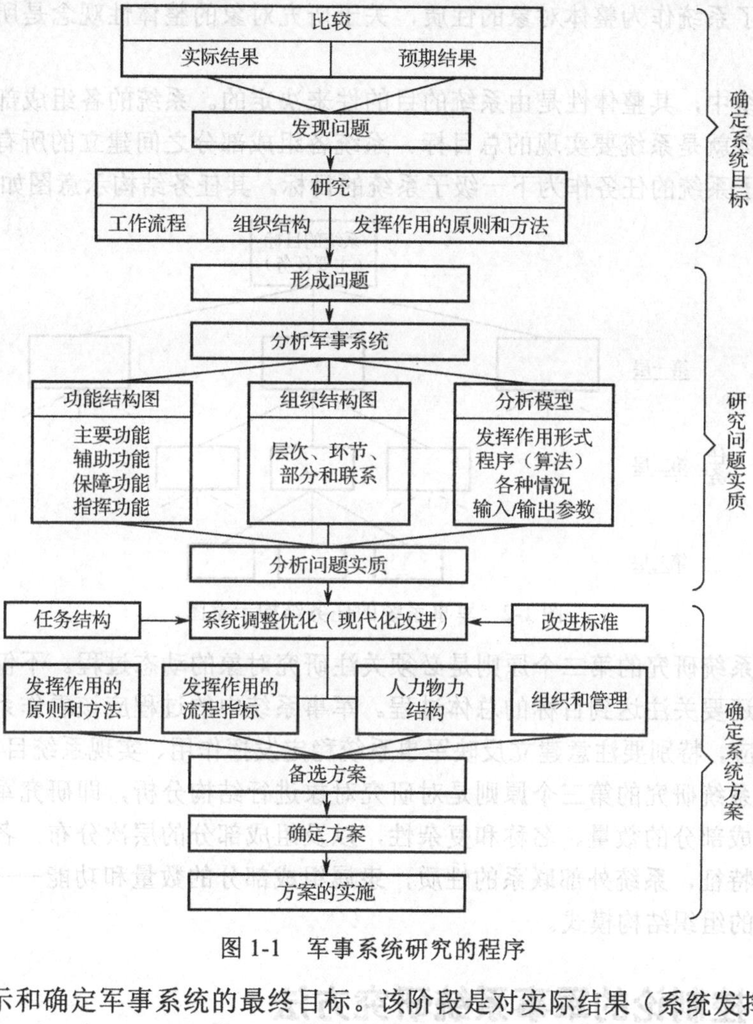

图 1-1　军事系统研究的程序

首先，揭示和确定军事系统的最终目标。该阶段是对实际结果（系统发挥作用的结果）与系统目标（预期结果）进行比较，找出存在的问题。对系统工作过程进行分析，根据系统发挥作用的原则和方法，研究系统结构及确定系统的薄弱环节，进一步明确问题。这个阶段之所以复杂是因为所研究的军事系统要完成庞大的总体任务，有时最明显的任务往往被错误地认为是主要任务，从而使后续分析工作的难度加大了。

其次，通过对军事系统工作过程的分析，建立功能结构图和组织结构图，揭示问题的实质，找出形成这些问题的根本原因。

最后，确定军事系统的解决方案。最终方案是对许多中间方案多次分析后的结果，它们充分反映了军事系统发挥作用的原则和方法，决定系统的整个分析结论。

通过以上几个步骤的系统研究，得到军事系统的目标和子系统的任务，通过系统调整优化，形成军事系统备选方案并最终形成改进军事系统的建议。因此，研究军事系统问题的方法就是通过研究军事系统的所有组成部分及它们之间的联系，采取不断优化的步骤，找出改进完善军事系统途径的一系列研究和分析方法。

通常依据研究对象的系统特征，确定系统研究的原则。系统具有集合性、整体性、层次性、关联性、目的性、适应性等众多特征，开展系统研究应该遵循以下基本原则。

（1）军事系统研究的第一个原则是必须集中关注系统的整体而不是系统的个别组成部分，这也反映了系统作为整体对象的性质，关于研究对象的整体性观念是所有系统研究的出发点。

在军事系统中，其整体性是由系统的目的性来决定的。系统的各组成部分（子系统）所要完成的任务就是系统要实现的总目标。系统各组成部分之间建立的所有联系都是为了实现总目标。子系统的任务作为下一级子系统的目标。其任务结构示意图如图 1-2 所示。

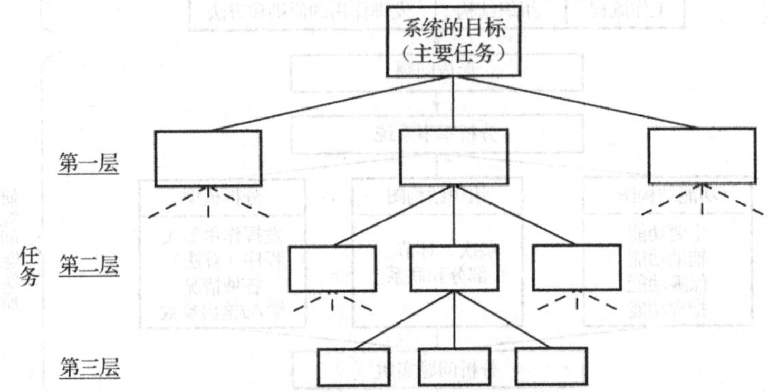

图 1-2　军事系统的任务结构示意图

（2）军事系统研究的第二个原则是必须关注研究对象的动态过程。不仅关注研究对象的具体过程，还要关注达到目标的总体过程。军事系统中的过程应该看作系统与外界环境相互作用的反应，特别要注意建立反映军事系统稳定发挥作用、实现系统目标的过程模式。

（3）军事系统研究的第三个原则是对研究对象进行结构分析，即研究军事系统的组织结构。系统组成部分的数量、名称和复杂性，以及组成部分的层次分布，各组成部分之间联系的性质和特征，系统外部联系的性质，隶属组成部分的数量和功能——以上这些就构成了军事系统的组织结构模式。

1.3　基于控制论的军事系统研究方法

军事系统研究方法是从一系列实用学科借用来的，如数学逻辑、控制论、博弈理论等，遵循上述军事系统研究的基本原则并综合使用这些方法可以取得理想的结果。

在控制论中，系统的运行是由输入、过程、输出、限制和反馈（逆向联系）等共同决定的。系统发挥作用的形式是过程改进的基础，可供改进的部分有输入、过程、输出、限制和逆向联系（反馈）。

采用控制论方法进行军事系统分析的一般过程如图 1-3 所示。

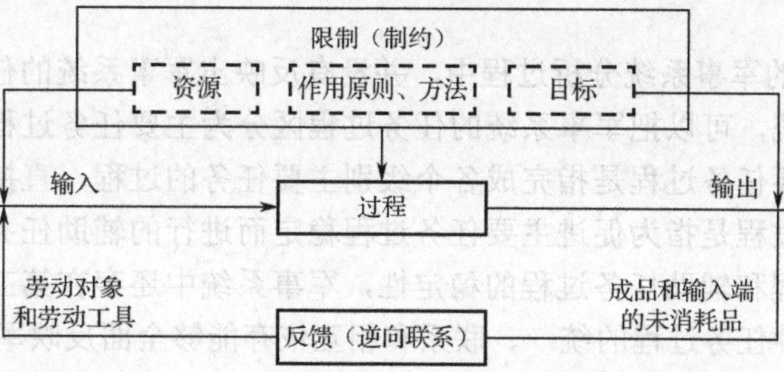

图 1-3 采用控制论方法进行军事系统分析的一般过程

过程的输入是指所有的物质部分及能源、劳动力、资金和其他资源，也就是劳动对象和劳动工具。过程是指所有的输入部分在系统工作时所经历的全部转换、变化。

过程的输出，首先是指实现过程所达到的那个目标；其次，输出还包括未耗尽的资源、资料和材料部分，它们可以重新参加输入过程。未耗尽的各种资源重新回到输入过程叫作逆向联系。逆向联系从一个方面反映了作为劳动对象的输入组成部分的变化，这种变化是系统发挥作用的结果。

限制是指军事系统工作的要求和上一级系统给本级系统的条件。

第一个限制是军事系统首先给它的从属系统提出目标，从属系统的目标是上一级系统目标中的一个分目标。

第二个限制是军事系统各组成部分之间协作所采用的作用原则和方法。每一个子系统的过程实现不是随意的，上级系统中使用的方法是子系统构建和发挥作用的原则。

军事系统发挥作用的原则反映了它们的外部联系，被研究系统所采用的方法决定了其内部联系，系统发挥作用的原则和方法应该是协调一致的。

在内部联系的构建和作用中，任何与由上而下原则的偏离，均可能导致系统过程的错误，从而导致系统过程失去稳定性。

第三个限制是作用于输入的资源。这里的资源包括物质资源、劳动资源、信息资源及时间资源。

另外，还有来自周围环境方面的限制，军事系统外部环境的改变会影响被研究系统的性质，这些限制包括军事系统作用的时间和地点、同一级别相邻系统的作用、敌对（对立）系统的作用等。

军事系统一般可以预先确定过程的质量标准，即军事系统的功能效率和经济效率。功能效率是指在实际条件下军事系统达到预定目标的程度，经济效率是指实现预定目标所耗费的资源。

根据功能效率和经济效率指标，可以对重新设计的军事系统方案进行比较，或者对现有军事系统完善的合理性进行评价。一般情况下，计算出具体军事系统中上述量化指标是非常困难的，计算精度取决于对被分析军事系统的建模水平和相关数据的可信程度。

1.4 军事系统任务过程及组织结构分析原则

在图 1-3 所示的军事系统分析过程中，并没有反映出军事系统的任务过程。为了全面描述和分析军事系统，可以把军事系统的任务过程区分为主要任务过程、辅助任务过程和保障任务过程。主要任务过程是指完成各个级别主要任务的过程，直接影响军事系统目标的实现；辅助任务过程是指为促进主要任务过程稳定而进行的辅助任务过程；为了保障军事系统主要任务过程和辅助任务过程的稳定性，军事系统中还存在第三种任务过程，即保障任务过程。这三种任务过程的统一、联系和相互依存能够全面反映军事系统的工作。

通常，军事系统实现具体任务的主要任务过程往往是一系列战斗行动，如进攻、防御、行军等。主要任务过程中的一些阶段任务可以具体化，如强渡水障行军、遭遇战、突破防御等。对于主要任务过程而言，各个级别的任务也可以细化，如联合战役的主要任务过程可以分解为：一部分战役军团在主要方向进攻，担负主要突击任务；另一部分战役军团在辅助方向进攻，实施引诱突击；还有一些战役军团处于第二梯队，担负支援和后续作战任务。在战术级别上（部队战斗），完成直接影响战役主要目标实现的任务范围更窄、更具体。因此，所有这些级别的一系列战斗行动组成了联合战役主要任务过程的内容。离开军事系统战斗保障子系统的工作，主要任务过程是不可能完成的，如侦察、通信、工程保障、防空等都是非常重要的战斗保障过程。对应这些子系统的工作构成了辅助任务过程的内容。还有一些过程，如保障各类人员的给养、机构的活动、医疗保障、在战役战斗过程中的装备维修保障、物资器材供应等，可以保障主要任务过程和辅助任务过程的稳定性，这些属于保障任务过程的范畴。

图 1-4 给出了各个级别的军事系统任务过程分析图。箭头表示每一个过程的结果运动方向。第一级别的主要过程（过程I）是其他所有过程的“用户”，第二、第三级别的主要过程构成了主要过程I的具体内容，从而体现出军事系统的层次性。

从图 1-4 中可以看出，第一级别的辅助过程和保障过程在自己的子系统中被看成主要过程。同时它们也有自己的辅助过程和保障过程，以这些辅助过程和保障过程为中心，又构成了新子系统的主要过程，使系统在水平方向也出现了分支。

在细化分析军事系统纵向任务过程时，至少应分离出 3 个级别，每个级别的辅助过程和保障过程也应细化到 3 个级别，这样的细化过程便于找出军事系统主要任务（主要目标）实现过程的特点，以及军事系统辅助子系统和保障子系统的具体内容。

在明确了进行军事系统任务过程分析原则的基础上，进而确定分析研究军事系统组织结构的原则。

军事系统的组织结构分析用来揭示军事系统的组成部分和子系统的名称、复杂性和按级别分布、它们之间联系的性质和特征、外部联系的性质、隶属组成部分的数量和功能。军事系统的组织结构是实际发挥作用的一定数量的物质组成部分（或子系统）及它们之间联系的综合。

在进行军事系统的组织结构分析时，首先确定主要子系统组织结构的 3 个级别，找出每个级别起辅助功能和保障功能的环节，将这些环节联合成具有各自级别的子系统。在这个步骤中，找出属于主要子系统、辅助子系统、保障子系统的隶属组成部分，从而可以确定子系统、整个系统与上一级系统之间的外部联系。

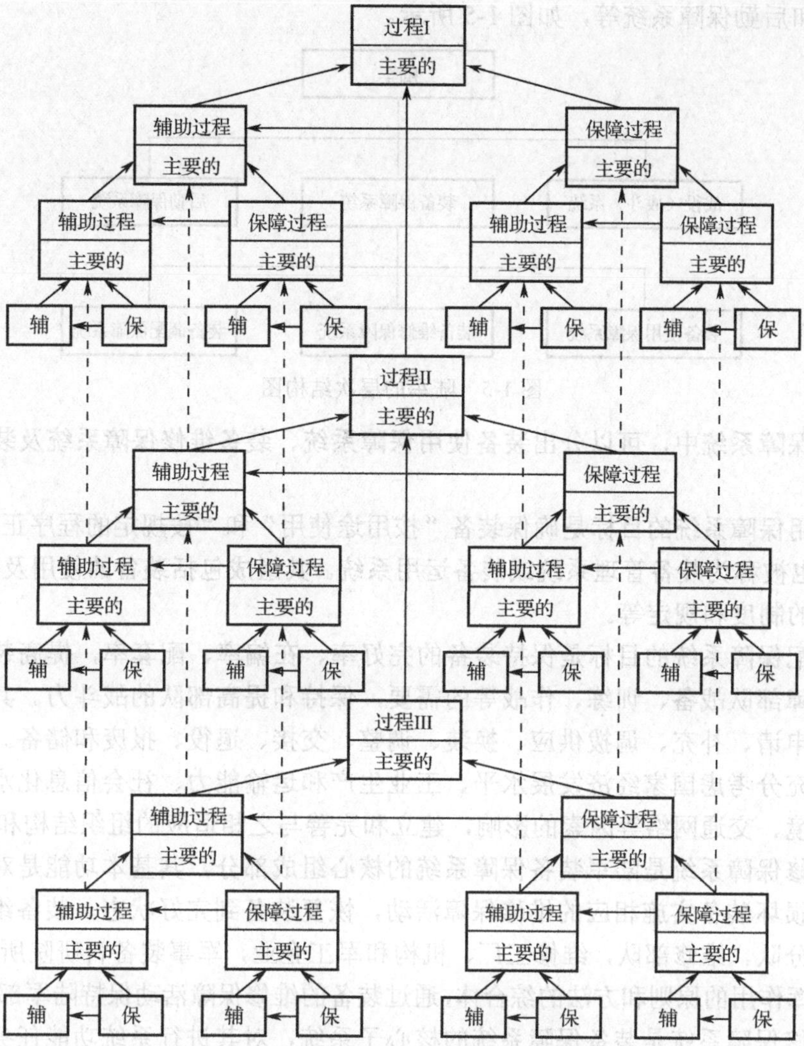

图 1-4 各个级别的军事系统任务过程分析图

其次找出军事系统的内部联系。军事系统的内部联系表现为各种形式的流：第一种是主要输入流，即劳动对象流；第二种是劳动工具流，包括各种能源、工艺设备及其一定量的储备，以及劳动资源和资金流等；第三种是军事系统中最重要、最广泛的信息流，通过信息的联系实现指挥子系统的管理活动。

综上所述，对军事系统进行分析研究就是对军事系统的目标、任务过程和组织结构依次分析的循环过程，需要根据上一个过程的分析结果修正后面的结果，需要建立各式各样的模型，借助计算机仿真等手段才能实现。

1.5 装备保障系统分析及建模框架

陆军是一个复杂军事系统，本书主要研究陆军中的装备保障系统。采用系统分析方法，将陆军看成一个包括执行主要作战任务的人员、装备系统，以及在作战行动中执行保障功能的一系列保障系统在内的复杂军事系统。在这个军事系统中，有战役（战斗）系统、装备保障系统和后勤保障系统等，如图 1-5 所示。

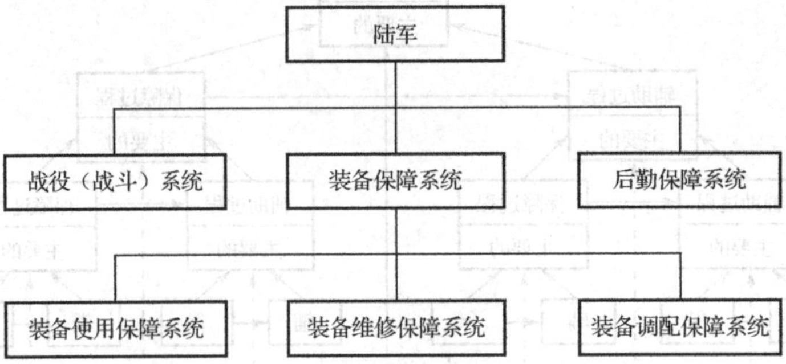

图 1-5　陆军的层次结构图

在装备保障系统中，可以分出装备使用保障系统、装备维修保障系统及装备调配保障系统。

装备使用保障系统的目标是确保装备“按用途使用”和“按规定的程序正确使用”。在部队中，它也被称为装备管理系统或装备运用系统。其组成包括装备的使用及其管理人员、装备及相应的制度和规定等。

装备调配保障系统的目标是保持装备的完好率、在编率、配套率，提高装备的持续保障能力，保障部队战备、训练、作战等的需要，保持和提高部队的战斗力。其主要保障活动包括装备申请、补充、调拨供应、换装、调整、交接、退役、报废和储备。装备调配保障系统应该充分考虑国家经济发展水平、工业生产和运输能力、社会信息化水平、自然条件、地理环境、交通网络等因素的影响，建立和完善与之相适应的组织结构和运行机制。

装备维修保障系统是陆军装备保障系统的核心组成部分，其基本功能是对技术故障或战损引起的损坏装备实施相应的维修保障活动，恢复装备到完好状态。装备维修保障系统是包括维修分队，维修部队，维修工厂、机构和军工企业，军事装备科研院所，军事院校，以及它们发挥作用的原则和方法的综合体，通过装备的维修保障活动保持陆军部队的战斗力。

装备维修保障系统是装备保障系统的核心子系统，对其进行系统功能任务分析、组织结构及运行分析基本上可以体现装备保障系统的本质特征。

1.5.1　保障系统功能任务分析

按照系统的功能层次和任务的重要性（主要任务、辅助任务和保障任务）来排列这些任务综合体，构成了装备保障系统的功能层次及任务类型图，如图 1-6 所示。前已述及装备保障系统可以分为装备维修保障、装备使用保障、装备调配保障 3 个子系统，下面以装备维修保障系统为主对装备保障系统进行功能任务分析。

装备维修保障系统的目标是直接在战斗行动中及时修复受损装备，使滞留、故障、受损的装备恢复作战使用，维持陆军部队的战斗力。

上述目标是通过完成一系列重要程度和复杂程度不同的任务而实现的。“装备维修保障”的任务包括搜索滞留装备、故障装备、受损装备，以及对它们进行后送、修理和维护，将修竣的装备送交部队，并为修理工作提供物资技术保障。这一系列工作构成了“装备维修保障”层次的任务。不管是根据任务的重要程度还是根据维修所需的工作量和复杂程度，在这一层次的主要任务是对装备进行修理，即恢复装备失去的战斗性能和技术性能。

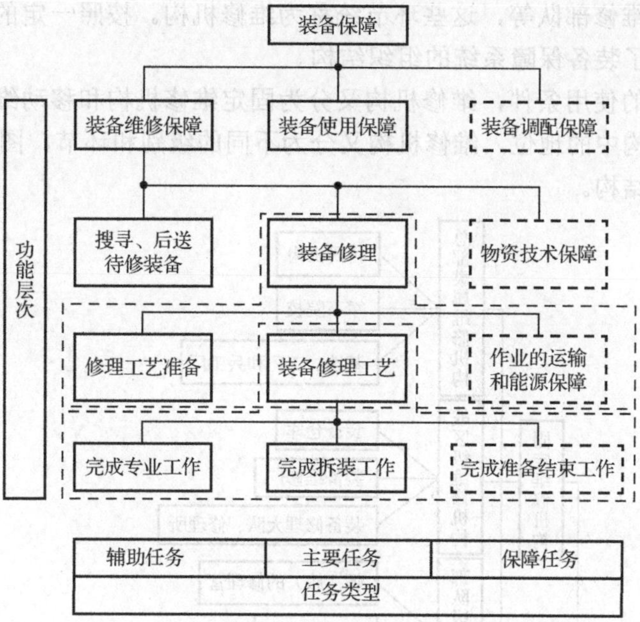

图 1-6　装备保障系统的功能层次及任务类型图

为了执行装备修理任务，首先需要完成一系列辅助任务。这些辅助任务包括在战场上搜索受损、故障和滞留装备，即实施技术侦察；对这些装备进行抢救后送到维修机构的集中地，即抢救后送。技术侦察和抢救后送工作对完成主要任务（装备修理）有重大影响，对装备修理的速度和数量起着非常重要的作用。因此，必须快速搜寻和后送所有待修装备。

该层次的辅助任务还包括修竣装备的归建，及时将修竣的装备送交作战部队。送交的方式主要有：距离比较近时，可以通过装备自行行驶至作战部队；距离比较远时，可以使用平板拖车公路输送或铁路输送到作战部队。

要成功完成主要任务和辅助任务，就必须为保障过程提供维修周转器材和维修备件，提供燃料和其他材料，以及维修工具和测量工具，弥补工艺设备的损耗等，这些任务构成了第三组任务即保障任务，为主要任务（即装备修理）和辅助任务（搜寻、后送）提供相应的物资技术保障。具体的保障任务包括提供维修所需的周转器材和维修备件、各种燃料和其他物质材料、维修作业手段工具及检测设备，以及弥补工艺设备的损耗等。

对于“装备修理”任务而言，其主要任务是装备修理工艺，其辅助任务是修理工艺的准备，其保障任务是为修理作业提供运输保障和能源保障。

装备修理工艺（流程）还可以分解为相互联系的第三层次的任务。第三层次的主要任务是待修装备的拆装工作，采用换件修理进行装备维修时，这一任务所消耗的工作量占整个维修工作量的 60%～90%；各种专业工作，如焊接、钳工工作、电气设备的维修和其他工作属于辅助任务；修理的准备及结束工作，如受理修理、故障检查、试验、维护等属于保障任务。

1.5.2　保障系统的组织结构

装备保障是由受过专业训练的技术人员在一定的物质基础支持下完成的，为了有效地利用技术人员的劳动和维修工艺设备，将人员和设备进行优化组合构成一定的组织结构环节，如维修分队、维修部队等，这些环节统称为维修机构。按照一定的高低级别合理配置维修机构，就构成了装备保障系统的组织结构。

根据维修机构的使用条件，维修机构又分为固定维修机构和移动维修机构。根据维修机构在陆军部队结构中的地位，维修机构又分为不同的级别和环节，图 1-7 所示是装备保障系统的典型组织结构。

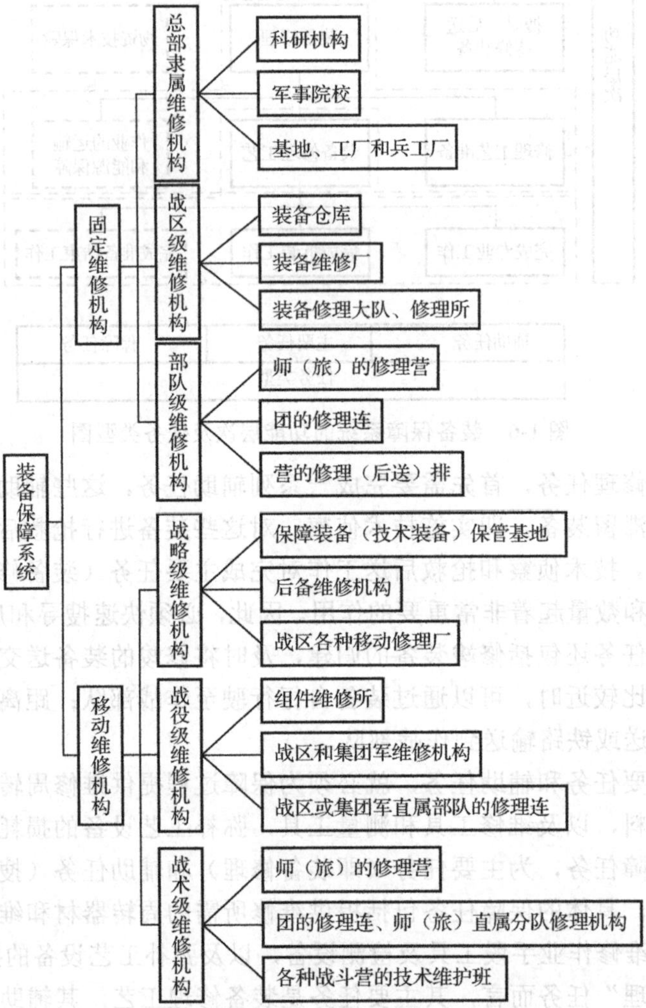

图 1-7　装备保障系统的典型组织结构

1）固定维修机构

第一组维修机构是固定维修机构。其任务包括在平时保障经常性的战备、在战时实施高难度的维修及对装备进行改装。固定维修机构的工作特点是具有固定的部署地点，使用固定的工艺设备，维修计划和工作制度相对稳定，建立规范的生产过程。

固定维修机构分为 3 个级别：部队级维修机构、战区级维修机构和总部隶属维修机构。

部队级维修机构的工作地点相对固定，在修理和维护过程中主要是动用部队维修机构的人员和固定的工艺设备。对于野外维修所用的技术设备（工程车、维修用的吊车、动力设备等）平时处于保管状态，仅在对人员进行培训时使用，其目的是平时储备下来以便战时可以直接使用。

战区级维修机构是指战区所属的修理所、修理基地、修理厂及其他维修机构，其任务是对一定型号的装备及其装配单元进行大修。

总部隶属维修机构包括维修所、兵工厂、维修厂等。这些维修机构的职能主要包括对装备进行大修并改装，与装备生产厂家经常保持联系，制定（修改）大修工艺流程，对装备设计进行改良，决定装备大修和改装的所有技术政策；在新型装备大修方面，掌握大修技术并向其他维修企业提供技术文件和专家咨询；生产装备维修所需的保障装备（技术设备），如牵引车、技术救援车、装甲维修后送车、移动吊车等。

总部还有一些科研机构、工艺设计和试验机构，其职能是向维修机构提供技术帮助，研制装备维修所需要的保障装备（技术设备）。

每个维修机构都是装备保障系统的一个环节，每个维修机构都承担一定的任务，具有相应的组成、工艺设备、一些必不可少的专家级维修人员，并且具有一定的生产能力。

2）移动维修机构

在装备保障系统中，第二组移动维修机构具有极其重要的作用，在战斗条件下通过对装备进行维修来保持部队战斗力水平。

由于战时复杂变化的环境影响，移动维修机构的工作具有以下特点：

（1）待修装备和待后送装备在数量和质量方面变化无常，散布在广阔的地域上；

（2）维修任务在内容、地点、时间上处于变化状态；

（3）由于战斗中修理设备和后送设备的损失及人员伤亡，移动维修机构的组成也是变化的；

（4）自然气候条件变化不定；

（5）敌方的威胁和其他因素对维修工作具有很大影响。

根据维修机构在陆军系统结构中的地位，移动维修机构又可分为不同的级别和环节。战术级维修机构有营的维修机构、团的维修机构和师（旅）的维修机构。战役级维修机构有集团军维修机构和战区维修机构。战略级维修机构有保障装备（技术设备）保管基地、各种移动修理厂、后备维修机构。每一类维修机构都具有各自的工作特点，对修竣装备的使用有各自的程序。

战术级维修机构的工作特点是直接编入战术级的作战分队、部队，在战斗中紧随作战分队、部队，在一个地点的连续工作时间有限，修竣的装备重新返回各自的作战分队、部队。

战役级维修机构在建制上与战术级作战部队没有隶属联系，其工作特点是可以在一个地方工作较长的时间，其修竣的装备作为后备力量使用。

战略级维修机构包括战区各种移动修理厂、预备维修机构，以及用于组建新的维修部队的保障基地、组织和机关等。

1.5.3 保障系统运行分析

采用前面论述的基于控制论的军事系统研究方法，按照系统的输入、系统的过程、系统的输出、影响系统运行的因素、系统的逆向联系（反馈）5 个方面，分析装备保障系统的运行形式，如图 1-8 所示。

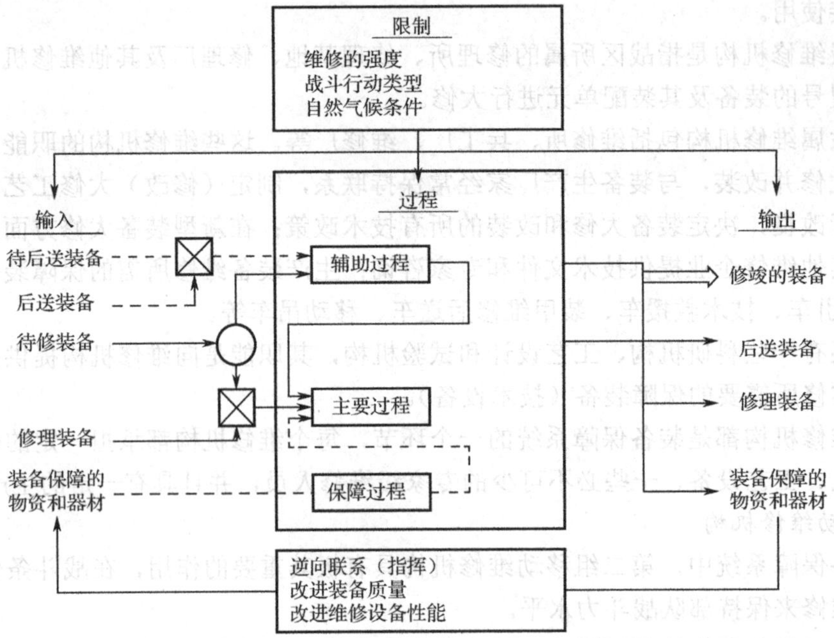

图 1-8　装备保障系统的运行形式

1）系统的输入

系统的输入包括两部分：一部分是待修装备和待后送装备；另一部分是用于修理作业的修理设备和用于抢救后送作业的后送设备。

待修装备是指故障的、受损的装备，恢复其工作性能所需要的维修工作量和维修的复杂程度有所差别。待后送装备包括两类：一类是在各种障碍下滞留的非故障装备，需要将它们拖出来；另一类是需要拖出或需要从敌人火力下后撤，转移到维修点或就近隐蔽处的故障和受损装备。

待修装备和待后送装备是保障系统输入的重要组成部分，它们对系统的工作效率有很大影响，因此，必须用相应的指标来评价待修装备和待后送装备。数量指标反映的是待修装备的数量。通常根据部队行动的地域和战役（战斗）的进程，并且考虑待修装备在空间上和时间上的分布，来预测待修装备的数量。质量指标是将待修装备分为小修、中修、大修及相应的比例，将待后送装备分为轻型、中型、重型和超重型。因此，对于待修装备来说，质量指标反映的是维修工作的内容和分类。

战前，制订保障计划时，通过预测来确定这一部分的输入（指标）；作战过程中，则是通过技术侦察来给出这一部分的输入（指标），即给出装备的损坏地点、评估装备的损坏程度，指出由哪一级机构负责抢救后送，后送到哪一级修理机构进行修理。

在图 1-8 所示装备保障系统的运行形式中，隐含了保障系统本身的特征，其中包括修理力量、后送力量及其使用原则和方法，既有修理设备、后送设备，也有修理人员、抢救后送人员等。事实上，随着战役（战斗）进程的发展，这些力量也在发生变化，系统的微观构成也在发生改变，从这种意义上来讲，保障力量（修理力量和后送力量）可以看成保障系统输入的第二部分。

依据上述分析，输入的第二部分是修理装备、后送装备，与其对应的是修理机构和后送机构，反映其基本性能的指标是标准生产能力和实际生产能力。维修机构的标准生产能力是指在标准条件下，采用先进的维修生产工艺和组织形式，充分使用人员和技术资源，单位时间内（昼夜、月）修复装备的最大可能数。维修机构的实际生产能力是指在具体战斗条件下，维修机构实际发挥出来的生产能力。实际生产能力与标准条件下的标准生产能力有一定的偏差（偏大或偏小），应该区分这两个概念。

系统输入的第二部分与第一部分一样，对保障系统的工作效率有很大影响。因此，需要进行科学的预测，包括对保障需求的预测和保障能力的评估。不仅要对待修装备和待后送装备的数量指标、质量指标进行合理的保障需求预测，还必须对维修机构在不同战斗条件下的实际保障能力进行相当准确的评价，即能力评估。

2）系统的过程

前已述及，根据保障系统的任务结构，系统过程可以分为主要过程、辅助过程和保障过程。

主要过程是指直接作用于装备，将装备从非战备状态转入战备状态的过程。对于待修装备来说，主要过程就是对装备进行修理和技术维护，对于滞留的非故障装备来说，就是对这些装备进行抢救拖救和牵引。

辅助过程是指对部队行动地域里的待修装备和待后送装备进行技术侦察，以及将受损装备和故障装备后送（牵引或运输）到最近的隐蔽处、后送到维修机构展开的地点、运送到后送线上或装载站里，以及将修竣的装备运送到战斗部队。

保障过程是指对主要过程和辅助过程实施的物资技术保障，包括提供备件、材料、工具、技术文件和各种给养。

考虑保障系统的结构环节，针对不同情形对系统的主要过程、辅助过程和保障过程进行完善，是提高保障系统工作效率的一条途径。

3）系统的输出

装备保障系统的工作结果，即系统（过程）的输出，包括修竣的可继续投入战斗使用的装备，以及扣除损失或折旧部分后仍可继续投入使用的后送装备、修理装备。

对保障系统的工作结果可以借助于功能指标和经济指标来进行评价。评价保障系统的指标主要有单位周期（如一个战役）内修竣的装备数量、维修强度（速度）、维修成本。第一个指标能够反映部队的战斗能力或完好装备数量，第二个指标反映的是单位时间内保障系统的修复能力及抢救后送能力，第三个指标是指取得结果所付出的代价。按照评价指标的定义，可以对保障系统的每一个级别和每一个环节进行评价。

4）影响系统运行的因素

对保障系统最重要的要求是装备的修复强度与装备的损坏强度一致。“装备的损坏强度”是指单位时间内产生的损坏装备的数量；“装备的修复强度”是指单位时间内能够修复损坏装备的数量。这个要求具体体现在一定条件下保障系统的目标上。确切地讲，保障系统追求的目标就是精确保障，使得投入的保障资源、保障力量适时、适地、适量，正好够用，没有多余，也不缺少，而影响保障系统目标实现的难以控制的因素有很多。

首先，部队战斗行动的类型、战斗企图等影响保障系统的输入。部队战斗行动的类型（进攻、防御）对保障系统的输入有重要影响，不仅影响待修装备和待后送装备的数量和质量指标，而且影响维修机构的保障能力。在进攻战斗（战役）中部队的伤亡和装备的受损往往比防御战斗中多，而维修机构的保障能力由于重新部署、展开、撤收和其他辅助过程耗费大量的时间而下降。

其次，战场的自然气候条件影响保障系统的工作。这些影响因素包括道路网络的发达程度，水、能源和生产资源的满足程度，林区、气温等环境情况。这些因素会促进或阻碍维修工作，进而缩短或增加维修的辅助过程，或者保障过程的时间。因为重新部署、隐蔽、工程保障等也需要大量时间，这些因素也会影响维修机构的保障能力。

5）系统的逆向联系

逆向联系作为保障系统的组成部分，主要体现在两个方面：第一，反映保障系统过程输出端的成分变化，这些成分会重新输入到保障系统的输入端，重新参加保障系统的工作过程；第二，逆向联系可以实现对保障系统运行的指挥管理。

在保障系统工作的时间历程中，保障对象（待修装备和待后送装备）在发生变化，修理设备、后送设备的数量和质量也在发生变化，只有动态地考虑保障对象和修理设备、后送设备在数量和质量上的变化，进行科学合理决策，才能保证保障对象在各级维修机构合理分配。因此，逆向联系的重要功能之一就是对保障系统进行科学决策、正确指挥。

指挥过程的本质是对系统的实际输出和理想输出（目标）进行比较，对偏差进行分析，并确定解决出现偏差的方案。

通常采用系统的方法、原理及依据指挥经验，对偏差进行分析和做出决定，提出解决方案，比如，通过改变装备保障系统的结构组成部分来实现：对某个层面（战略、战役、战术）的保障力量进行重新分配；改变某个层面（如战役、战术层面）维修机构的功能；合理储备维修设备（修理设备和后送设备）。

对于完善装备保障系统指挥方面的其他因素，如改进装备维修过程的组织方法、改进装备质量、提高维修设备性能等，其效果比较慢且不明显，通常只在组建新的保障系统或完善保障系统时才起很大作用。

1.5.4 保障系统建模框架

上述分析表明，装备保障系统是一个复杂的人工系统。根据保障任务需求，科学编配保障力量，形成最优的保障系统结构，是顺利完成保障任务的前提，也是实现精确保障的重要途径。无论是平时还是战时，研究保障系统设计方法、优化系统结构、合理分配资源、提高保障能力是保障指挥人员最关注的核心问题。因此，有必要运用系统科学理论和方法，研究建立一个能够支持保障系统设计与优化的理论体系，这个理论体系应该包括装备保障的指导理论、保障需求分析理论、系统结构分析理论、系统过程分析理论、系统建模与优化理论及系统效能评估理论。为达到上述目的，采用状态空间分析方法，研究建立系统的状态空间模型并分析系统的可控性，以此作为研究保障需求分析模型、保障系统结构模型、保障系统过程模型、保障系统优化模型和效能评估模型的框架。

1）系统状态变量

设保障系统输入为 $x_i(t)$，表示 t 时刻进入保障系统的第 i 种装备损伤数量，保障系统输出为 $y_i(t)$，表示 t 时刻保障系统修复的第 i 种装备数量。

用 $y_i(t)$（$i=1,2,\cdots,m$）就能完整描述保障系统的维修工作状态，其中，m 为待修装备的种类数。$y_i(t)$ 也是一组独立变量，可将 $y_i(t)$ 作为保障系统的状态变量，即

$$\boldsymbol{Y}(t)=\begin{bmatrix} y_1(t) \\ y_2(t) \\ \vdots \\ y_m(t) \end{bmatrix}$$

这里，$\boldsymbol{Y}(t)$ 就是系统的状态向量。

2）离散形式的系统状态模型

理论分析和实践经验表明，影响保障系统状态变化的因素主要有两个：一是保障系统对损伤装备的修复能力；二是战场损伤装备的数量和分布状况。考虑到实际运用中对离散形式数学模型的需求，建立离散形式的保障系统状态空间模型。

定义 1：战场损伤装备经过保障系统修复，由非堪用状态转化为堪用状态的过程称为修复过程。

设 $\beta_i(t)$ 为保障系统对第 i 种装备的按时修复率，即保障系统在 t 时刻到 $t+1$ 时刻对第 i 种装备的平均修复率，则保障系统在 $t+1$ 时刻对第 i 种装备的修复数等于保障系统 t 时刻对第 i 种装备的修复数加上 t 时刻到 $t+1$ 时刻保障系统对第 i 种装备的修复数，即

$$y_i(t+1)=y_i(t)+\beta_i(t)\cdot x_i(t) \quad (i=1,2,\cdots,m) \tag{1-1}$$

在装备保障方案确定后，保障系统结构随之确定，保障系统能够提供的最大维修能力为一定值，设为 $Q_i(t)$。$Q_i(t)$ 表示 t 时刻到 $t+1$ 时刻期间保障系统满负荷工作时能够修复的第 i 种装备的数量。当保障系统输入 $x_i(t)\leqslant Q_i(t)$ 时，$\beta_i(t)=1$；当保障系统输入 $x_i(t)>Q_i(t)$ 时，$\beta_i(t)=Q_i(t)/x_i(t)$。

一般情况下，$x_i(t)$ 和 $\beta_i(t)$ 都要分解为保障系统中各级维修机构对第 i 种装备的承修数量 $x_{ij}(t)$ 和修复率 $\beta_{ij}(t)$ 分别进行计算。其中，$j=1,2,\cdots,K$，表示保障系统中包含的维修机构级别，一般取 $K\leqslant 5$，分别对应总部、战区、集团军、师（旅）、团（营）5 级维修机构。式（1-1）表明，保障系统的状态主要由保障系统输入 $x_i(t)$ 和保障系统维修能力 $Q_i(t)$ 确定。

定义 2：在作战行动限定的时间内，需要修理的装备数与作战时间之比称为修理流，用修理流强度 $\lambda(t)$ 表示，单位为台/天。

修理流强度反映了单位作战时间内损伤装备的数量状况。显然，当按作战行动过程逐日计算时，有 $x(t)=\lambda(t)$。

装备的损坏主要由技术故障和战斗损伤两种原因造成，下面给出两种情况下的修理流强度计算。

（1）由于技术故障产生的第 i 种装备的修理流强度。

按战役过程中战斗行动的推进过程逐日计算，平均每天的修理流为

$$\lambda_{io}(t)=N_i(t-1)(1-P_i(t))L(t)\cdot k_{mi}(t)\cdot\omega_{io} \tag{1-2}$$

式中，$\lambda_{io}(t)$ 为第 t 天第 i 种装备发生技术故障的装备数量；$N_i(t-1)$ 为第 i 种装备在作战第 t 天的初始参战数量；$P_i(t)$ 为第 i 种装备在第 t 天因战斗损伤的概率；$L(t)$ 为战役第 t 天战斗任务的纵深；$k_{mi}(t)$ 为战役第 t 天第 i 种装备的机动系数，这是考虑在任务纵深距离上增加的因曲折行驶引入的系数；ω_{io} 为第 i 种装备的平均故障流强度，即单台装备平均每行驶

1km 发生故障的次数。

由式（1-2）可以计算得到第 t 天第 i 种装备因技术故障需要修理的装备数量。

（2）由于战损产生的第 i 种装备的修理流强度。

根据上述参数定义，战役第 t 天由于战损产生的第 i 种装备的修理流强度为

$$\lambda_{i\delta}(t) = N_i(t-1)\cdot P_i(t) \tag{1-3}$$

式中，$\lambda_{i\delta}(t)$ 为战役第 t 天由于战损产生的第 i 种装备的修理流强度。

由式（1-2）和式（1-3）可以得到第 t 天第 i 种装备总的修理流强度 $\lambda_i(t)$ 为

$$\lambda_i(t) = \lambda_{io}(t) + \lambda_{i\delta}(t) \tag{1-4}$$

（3）维修能力的计算。

对维修能力的计算以条令规定的各级维修机构能够提供的工作时间为限制条件，以保障系统组织结构组成为主要计算内容进行计算，将人员技术的熟练程度、维修备件供应等因素作为修正系数对计算结果进行修正。

第 j 级维修机构对第 i 种装备的按天修复数量为

$$q_{ij}(t) = n_{ij}\cdot \tau_{\phi j}(t)\cdot k_{uj}\cdot k_{cj} / \overline{\tau}_{\phi j}(t) \tag{1-5}$$

式中，$q_{ij}(t)$ 为第 t 天第 j 级维修机构对第 i 种装备的修复数量；n_{ij} 为第 j 级维修机构编配的第 i 种装备的专业修理小组数量；$\tau_{\phi j}(t)$ 为第 j 级维修机构的修理小组在一个地点可提供的修理人时数；k_{uj}、k_{cj} 为第 j 级维修机构的时间利用系数和修理工技术熟练程度系数；$\overline{\tau}_{\phi j}(t)$ 为第 j 级维修机构修理 1 台装备所需的平均修理工作量。

在作战行动中，各级维修机构经常会遭到敌方火力袭击并造成损失，当考虑维修机构损失时，战斗第 t 天保障系统对第 i 种装备的修复数量 $Q_i(t)$ 为

$$Q_i(t) = \sum_{j=1}^{K} B_j \cdot q_{ij}(t)\cdot\left(1-\sum_{d=1}^{t} f_j^d\right) \tag{1-6}$$

式中，K 为保障系统中包含的维修机构级别数量；B_j 为保障系统所拥有的第 j 级维修机构的数量；f_j^d 为战役第 d 天第 j 级维修机构的损失率。

1.6 集成化多视图装备保障系统模型体系

模型是实际事物、实际系统的抽象，是针对所需要了解和解决的问题，抽取其主要因素和主要矛盾，忽略一些不影响基本性质的次要因素，形成对实际系统的表示方法。模型的表示形式多种多样，可以是数学表达式、物理模型或图形文字描述等。总之，只要能回答所需研究问题的实际事物或系统的抽象表达形式，都可以称为模型。

在装备保障系统的研究中，由于装备保障实际问题的复杂性、不确定性和人的因素、主观因素的存在，更多应用的是图形模型和文字描述模型。装备保障系统模型是人们了解装备保障而经过抽象得到的对于装备保障系统某个或某些方面进行的描述。由于装备保障系统是非常复杂的系统，不可能用一个模型描述清楚，因此，装备保障系统模型的一个显著特点是由一组模型组成，每个子模型完成装备保障系统某一个局部特性的描述，按照一定的约束和连接关系将所有子模型组成在一起，构成整个装备保障系统模型。装备保障系

统模型的另一个显著特点是多视图特性，即需要采用多个视图从不同的侧面描述装备保障系统，每个视图从一个侧面描述一部分特性，不同的视图之间相互补充，共同完成装备保障系统的描述任务。

装备保障系统建模是根据装备保障系统建模的知识、以前的模型、参考模型、领域的本体论和模型表达语言来完成建立全部或部分装备保障系统模型（过程模型、组织模型、资源模型等）的一个过程。它通过一系列步骤和采用一定的方法，对装备保障系统进行分析和简化，在去掉对建模目的影响不大的许多细节后，得到一个抽象模型。为了能够方便、快速地构建装备保障系统模型，在装备保障系统建模方法中一般定义了一组模型构件作为建模的基本组件，一个模型构件是建模语言的一个基本单元，其语法和语义有精确定义。

在本书给出的集成化多视图装备保障系统模型体系结构中，包括功能模型、组织模型、信息模型、资源模型、过程模型，其模型体系拓扑结构如图 1-9 所示。

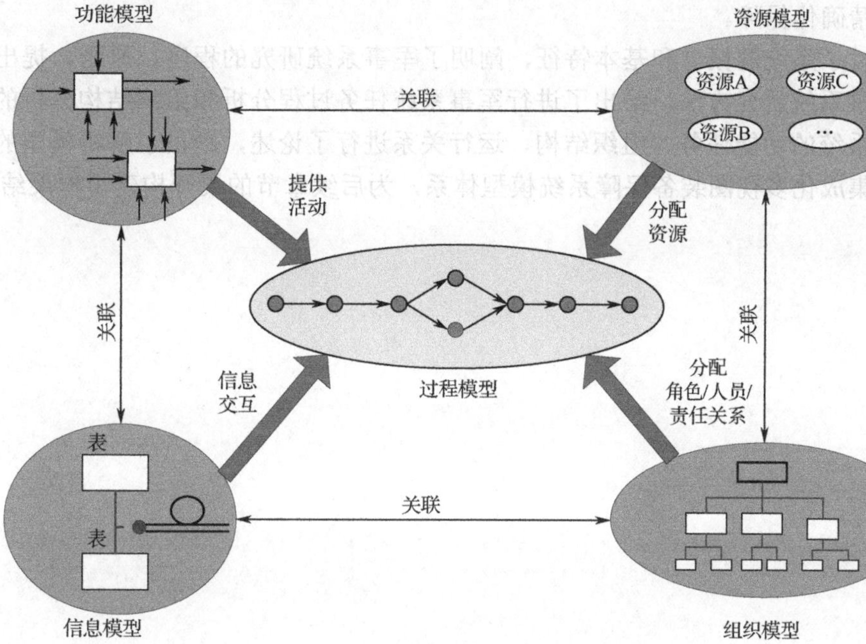

图 1-9 装备保障系统模型体系拓扑结构

功能模型是从功能活动的角度对装备保障系统及各组成部分功能进行的描述，它不仅有助于管理保障系统，而且有助于改进保障系统现状，促进保障系统演化。系统的集成更离不开功能模型的建立，功能模型描述了装备保障系统各功能模块之间的关系，为其他几种模型提供建模依据。

组织模型是利用抽象的模型和元素，构造出一系列关系，用于表达保障系统组织机构中组织实体及组织实体间的关系、组织实体与其他视图模型中实体间的关系、组织实体的职责与权限，以及组织视图与其他视图的一致性问题。

信息模型是从信息的角度对装备保障系统进行的描述。装备保障系统的信息模型反映了用于存储、维护、处理与装备保障相关的所有信息，而信息是保障系统集成的基础，是联系各个功能元素的纽带，因此建立装备保障系统的信息模型非常重要，它为信息共享提供了帮助，是实现装备保障信息化的基础。

资源模型描述装备保障系统的各种资源实体、资源类型、资源池、资源分类树、资源活动等，资源建模通过定义资源实体及其相互间的关系来描述装备保障系统的资源结构、资源构成与属性，为实现“资源共享、资源优化”打下基础。

过程模型是装备保障系统过程分析与过程重组的重要基础，通过定义其组成活动，以及活动之间的逻辑关系来描述设计保障过程。它用计算机可以理解和处理的形式化定义准确地描述装备保障系统的运行过程，供流程分析和优化使用。根据优化的过程模型设计相应的装备保障系统及其运行模式，可以使装备保障系统按过程而不是按传统的部门或功能划分结构实现横向集成，从而满足信息化条件下装备保障高效、敏捷的核心要求。过程模型还是记录和保存装备保障系统过程信息的一种有效途径，不同的组织或信息系统可以根据不同的需求访问过程模型，实现装备保障系统过程信息的共享，可以说装备保障系统的过程模型是整个模型体系的核心，模型体系最终通过过程模型进行仿真运行、分析优化，实现装备的精确化保障。

本章探讨了系统的概念和基本特征，阐明了军事系统研究的程序、原则，提出了基于控制论的军事系统研究方法，给出了进行军事系统任务过程分析和组织结构分析的原则。对装备保障系统的功能任务、组织结构、运行关系进行了论述，给出了解析模型的构建框架，简述了集成化多视图装备保障系统模型体系，为后续章节的展开构建了框架结构。

数学建模篇

第2章 保障对象的特性描述

通常，保障对象是有故障的装备和受损装备，即所谓的待修装备或修理对象。分析待修装备产生的原因及其特性，有利于装备保障系统对装甲装备、汽车装备、军械装备、工程装备、防化装备、通信装备等进行维修，有利于完善保障系统的结构和生产过程，也有利于完善装备本身，提高其质量特性及生存能力。

2.1 装备故障的原因及其度量

2.1.1 故障的分类及原因分析

故障是装备或装备的一部分不能或将不能完成预定功能的事件或状态。对装备故障进行分类是为了估计故障事件的影响深度，分析故障的原因，以便采取相应的对策。装备故障可从以下不同角度进行分类。

（1）按故障产生的原因。

人为故障——装备在使用过程中，使用人员没有按照操作规定有意或无意造成的故障。

自然故障——装备在使用过程中，因装备自身的原因或环境因素的影响而造成的故障。

（2）按故障发生的阶段。

早期故障——发生在装备寿命的早期，一般是由于设计、加工或材料上的缺陷引起的，在装备投入使用初期就暴露出来，此时故障率较高，经过一段时间的磨合，系统工作状况逐渐改善后故障率开始下降。

偶然故障——发生在装备有效寿命期，此时故障率低而稳定，近似为常数，故障主要由偶然因素引起，无法预测。

耗损故障——发生在装备寿命的后期，由于装备长期使用，零部件逐渐磨损、疲劳、老化而出现的故障。

（3）按故障的程度。

完全性故障——使装备不能完成其功能的故障，如发动机不能启动、变速箱挂不上挡等。

局部性故障——使装备的某项性能参数或结构参数超出允许的范围，如车辆加速性能不好、制动带不能完全抱死等。这种故障不会严重妨碍装备继续工作，但其工作能力已不能完全满足使用要求。

（4）按故障造成的危害。

轻度故障——没有造成人员伤亡、器材或系统损坏，对装备完成规定功能影响很小，使用人员可以自行排除，经济损失轻微。

严重故障——造成人员轻度受伤、器材或系统轻度损坏，从而造成执行任务被推迟，战斗分队在修理保养中可以排除，修复时间一般不超过一天，有一定的经济损失，需要更换较贵重的零件。

致命性故障——造成人员严重受伤、器材或系统严重损坏，从而造成任务无法完成。装备损失了规定功能，无法继续使用，修复时间一天以上，经济损失较大，有时需要更换主要零件。

灾难性故障——造成人员死亡、装备毁坏，带来重大经济损失。

（5）按故障发生的部位。

根据装备故障发生的部位，可将故障主要分为动力部分故障、传动部分故障、行动部分故障、操纵部分故障、武器部分故障、电气部分故障、火控部分故障、通信部分故障及其他部分故障等。

（6）按战场上装备出现故障的原因。

按战场上装备出现故障的原因，可以分为技术故障和战斗损坏（简称战损或战伤）。

装备战伤（战损）是指装备在遭受各种杀伤弹种的打击后，造成被损坏部件的功能丧失，导致装备无法在战场允许的条件下完成作战任务的状态。我军将装备战伤（战损）分为轻损、中损、重损和报废。俄军将装备战伤（战损）分为轻损、中损、重损和不可修复。美军将装备战伤（战损）分为机动性损坏、火力性损坏和完全被摧毁且无法再修。其中，机动性损坏是指装备不能实行机动或不能进行可控的运动，完全或部分地丧失行动能力。火力性损坏是指装备的主要武器完全或部分地丧失射击能力。

进行装备故障的原因分析对于装备保障具有重要意义，综上所述，装备故障的原因主要有以下几个方面。

（1）设计制造上的缺陷或薄弱环节。

装备在设计研制阶段对使用环境条件估计不足，材料、元件使用不当及工艺选择不当，或者未按规定工艺生产而形成隐患，造成零部件在外形设计、结构强度上存在缺陷，使用中易发生故障。

（2）使用环境的影响。

装备的使用条件恶劣，道路、气温、湿度及尘土等环境对装备的使用影响较大。例如，装甲装备克服障碍或在凹凸不平的路面上行驶时，行动部分就容易损坏，连接部件容易松动，从而引起关联部位的故障；在山地行驶时，操纵部分尤其是制动器的磨损加剧，容易导致早期损坏；在沙漠地带行驶时，履带板销孔和履带销磨损加剧，这种条件下履带的使用寿命一般仅为 800～1000km；高温或严寒条件下使用会使发动机及传动部分早期磨损而发生故障，如发动机长时间在100℃水温的条件下工作时，发动机的功率降低，磨损增加，机件过热，机械强度下降，可能造成活塞折断、汽缸盖裂纹等故障。

（3）自然耗损。

装备在使用过程中必然伴随着自然耗损，如磨损、疲劳、腐蚀和老化等。其中磨损是造成零件故障，进而导致装备故障的主要形式。据统计，机械零件有 75%是由于磨损而发生故障的。机械零件的断裂故障主要是由于疲劳引起的，有 80%～90%的断裂故障是因金属零件疲劳造成的。腐蚀是金属受周围介质的作用而引起损坏的现象，可分为化学腐蚀、电化学腐蚀、应力腐蚀等，造成零件的全面损坏而报废，也可使零件的强度下降，还会产生腐蚀脆性等不良后果。老化是非金属零部件，特别是橡胶制品故障的常见形式。

（4）使用不当。

在装备的使用过程中，由于使用不当而引起的技术故障较为常见。这些故障都是人为因素造成的，主要与组织管理水平、使用人员的技术水平及责任心有很大关系。例如，装甲装备的驾驶员启动过猛，容易打坏变速箱齿轮；空气滤清器清洗后安装不当，容易造成滤清效率低，进而导致发动机的早期磨损等。

（5）保养制度未得到有效执行。

装备在使用过程中，随着行驶里程及摩托小时的增加，各零部件会产生磨损、变形、腐蚀、疲劳损坏，非金属件老化变质，固定件松动等现象。如果严格执行各级保养制度，认真实施具体的保养内容，就会最大限度地减少上述故障的发生。反之，保养制度执行不利，必然使装备的故障率上升。例如，装甲装备的空气滤清器和柴油滤清器等未按时清洗，滤芯过脏阻力增大，容易造成发动机功率不足；需要润滑的部件未按时、按量、按规定牌号加注或更换润滑油，冷却系统冷却液不足或通道堵塞，容易烧坏机件。

装备故障产生的原因有很多，总体上可以归纳为三大类：第一类，设计制造上的缺陷或薄弱环节；第二类，自然损耗；第三类，外部作用。具体的原因分类如图 2-1 所示。

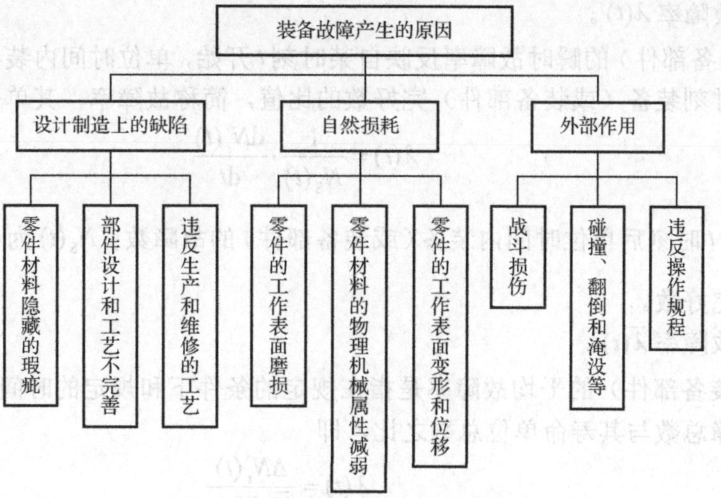

图 2-1　装备故障产生的原因分类

第一类原因有零件材料隐藏的瑕疵（砂眼、气孔、微缝等），机器部件的设计和工艺不完善，违反生产和维修的工艺。要确定这组原因产生的故障规律比较困难，这些故障的产生具有偶然性，引起装备的故障难以预见。

第二类原因是零件材料的自然损耗，即磨损、变形和老化。这些过程是有规律的，它们引起零件工作表面的尺寸和形状发生变化，物理机械性能减弱，导致连接接口、连接部件和机械装置的工作条件变差。当部件的连接空隙达到一定极限值，零件材料性质减弱到一定程度时，继续使用这样的装备是不合适的，甚至会出现安全事故。与第一类原因不同的是，这类故障的产生是可以预见的，因为零件的磨损、老化、变形的过程与装备累计工作时间（储存时间）之间存在函数关系。

第三类原因是对装备的各种外部作用。主要有敌人毁伤兵器的作用，碰撞、翻倒、卡住、淹没，以及违反操作规程。这类原因引起的故障和损坏与装备的使用时间不存在函数关系，它们的产生具有偶然性。

在平时使用装备时，其故障产生的原因主要是第一、第二类原因，而在作战条件下三类原因都有，并且第三类原因占比更大。通常情况下不管是哪类原因均会引起装备故障，导致装备不能完成预定的任务。排除故障的途径就是维修，这些维修在名称、工作量和复杂程度上均有所不同。

2.1.2　装备技术故障的度量

装备技术故障度量的参数有很多种，通常用故障密度、故障率参数指标来进行度量。

1）故障密度

装备（或装备部件）故障密度表示单位时间内装备（或装备部件）的故障数与被试装

备（或装备部件）总数之比，即累计故障概率$F(t)$对时间t的变化率，用$f(t)$表示。

$$f(t)=F'(t) \tag{2-1}$$

2）故障率

装备（或装备部件）的故障率可分为瞬时故障率和平均故障率。

（1）瞬时故障率$\lambda(t)$。

装备（或装备部件）的瞬时故障率反映自某时刻t开始，单位时间内装备（或装备部件）的故障数与该时刻装备（或装备部件）完好数的比值，简称故障率，其单位通常为h^{-1}。

$$\lambda(t)=\frac{1}{N_S(t)}\cdot\frac{dN_r(t)}{dt} \tag{2-2}$$

式中，$\frac{dN_r(t)}{dt}$为t时刻后单位时间内装备（或装备部件）的故障数；$N_S(t)$为t时刻时装备（或装备部件）的完好数。

（2）平均故障率$\bar{\lambda}(t)$。

装备（或装备部件）的平均故障率是指在规定的条件下和规定的时间内，装备（或装备部件）的故障总数与其寿命单位总数之比，即

$$\bar{\lambda}(t)=\frac{\Delta N_r(t)}{\bar{N}_S(t)\Delta t} \tag{2-3}$$

式中，$\bar{\lambda}(t)$为平均故障率；Δt为规定的时间段；$\Delta N_r(t)$为Δt内装备（或装备部件）的故障数；$\bar{N}_S(t)$为Δt内装备（或装备部件）的平均完好总数；$\bar{N}_S(t)\cdot\Delta t$为$\Delta t$内装备（或装备部件）的寿命单位总数。

由于在Δt内，装备（或装备部件）的完好总数是一个随时间变化的量，故取其在Δt时间段始末的算术平均值，即

$$\bar{N}_S(t)=\frac{N_S(t)+N_S(t+\Delta t)}{2} \tag{2-4}$$

则平均故障率可表示为

$$\bar{\lambda}(t)=\frac{N_S(t)-N_S(t+\Delta t)}{\frac{1}{2}[N_S(t)+N_S(t+\Delta t)]\Delta t} \tag{2-5}$$

式中，$N_S(t)$为在时刻t的装备（或装备部件）完好数；$N_S(t+\Delta t)$为在时刻$t+\Delta t$的装备（或装备部件）完好数。

2.1.3 装备战损率的测算

装备战损率是指在一次作战行动结束后或一定作战时间内，装备的战损数与参战装备总数的比值，通常用百分比表示，它是预测装备保障需求的一个重要参数。

装备战损率预测方法主要有两种：一种是根据经验数据的统计和分析得出，经验数据包括实战数据、演习数据、试验数据等；另一种是采用计算机仿真的方法对装备的作战进行模拟，得出仿真的战损率数据。前一种方法需要以大量历史经验数据为基础，进行战损率影响因素分析和数学建模，计算得出的战损率数据的可信度较高。后一种方法需要进行复杂的计算机仿真，技术难度较高，得出的战损率数据的可信度也需要进一步验证。这里仅对第一种装备战损率的测算方法进行描述。

影响装备战损率的因素主要有以下5个。

（1）作战类型。

作战类型是指按照作战任务、作战行动的性质对各种作战的基本分类，分为进攻作战和防御作战两大类。作战类型决定了作战目的、作战方式方法、敌我态势等因素，直接影响装备战损率。通常情况下，进攻作战装备的战损率高于防御作战的战损率。

（2）具体作战行动。

具体作战行动是指基本作战类型中的各种具体作战环节和阶段。根据当前作战任务和敌我态势等具体情况，进攻作战主要包括突破防御前沿地区、突破防御纵深地区、抗击敌优势兵力的反突击、强渡水障、追击作战等具体作战行动；防御作战主要包括预准备的阵地防御、仓促防御等具体作战行动。在不同的作战行动中，装备的战损率是不同的。

（3）单位战斗力水平对比。

单位战斗力水平是指作战单位部队（如一个陆军师）的战斗力水平，作战双方单位战斗力水平对比主要取决于作战双方的人员作战水平、武器装备先进程度、信息化程度、指挥员能力素质等因素。与不同单位战斗力水平的对象进行作战，装备的战损率也不同。

（4）兵力兵器对比。

作战双方的兵力兵器对比主要取决于作战双方参战部队的规模，即作战人员、武器装备的数量。不同规模的作战对象，双方的兵力兵器对比不同，战损率也不同。

（5）作战持续时间。

通常情况下，作战持续时间越长，装备的战损率越高。作战持续时间一般以昼夜为计算单位。根据装备战损率影响因素的分析，以集群装甲装备（装甲机械化师以上单位）为例，在各种作战行动具体阶段的战损率测算模型为

$$P_{ZS} = \overline{P} K_{XD} K_{ZDL} K_{BL} T_{ZZ} \tag{2-6}$$

式中，P_{ZS}为集群装甲装备的综合战损率；$\overline{P}$为集群装甲装备平均每昼夜的战损率，其取值根据一定的作战背景、作战对象等标准确定；K_{XD}为作战行动种类系数，对应不同的具体作战行动；K_{ZDL}为不同作战对象的单位战斗力对比系数；K_{BL}为不同作战对象的兵力兵器对比系数；T_{ZZ}为作战持续时间，单位为天（昼夜）。

上述各种参数的取值需要根据大量历史经验数据并进行作战仿真试验才能确定。俄军通过大量的作战实践和作战仿真试验，获得了系统完整的装甲装备战损规律数据，如表2-1、表2-2所示。可以借鉴分析俄军的这些数据，来确定式（2-6）中各参数的取值。

表2-1　俄军集群装甲装备平均每昼夜的战损率$\overline{P}$（%）

部队及作战类型 / 装甲装备	装甲师		
	进攻作战	第一梯队进攻作战	防御作战
西战区			
坦克	12.25	17.7	7.9
步战车	10	13.5	6.4
装甲运输车	6.5	11.5	5.4
远东战区			
坦克	8.9	13.5	5.9

续表

装甲装备 \ 部队及作战类型	装甲师		
	进攻作战	第一梯队进攻作战	防御作战
远东战区			
步战车	7.5	11	4.7
装甲运输车	7	8.5	3.8
南方战区			
坦克	6.5	8.75	4.5
步战车	5.25	6.75	4
装甲运输车	4.5	6	2.4

表 2-2　俄军集群装甲装备作战行动种类系数 K_{XD}

战区 \ 作战行动	进攻作战				防御作战	
	突破防御	反突击	强渡水障	追击作战	预有准备	仓促防御
西战区	2.1	1.5	1.4	1.3	1	1.3
远东战区	1.8	1.4	1.2	1.1	1.2	1.6
南方战区	2.1	1.1	1	0.9	1.2	1.4

俄军西战区的作战对象主要为北约的装甲机械化部队（装甲师、机步师），远东战区的作战对象主要为北约的轻型机械化部队，南方战区的作战对象主要为伊朗、巴基斯坦、土耳其等装甲机械化部队。与不同战斗力水平的作战对象进行作战，战损率相差较大，在表 2-1 中，俄军西战区进攻作战的坦克、步战车的战损率比南方战区高约 1 倍。

为此，将作战对象按照单位战斗力水平划分为三类，即强敌、次强敌、弱敌。设定作战对象为弱敌时，集群装甲装备平均每昼夜的战损率 $\overline{P}$ 的取值参考表 2-1 中俄军南方战区的战损率数值。根据表 2-1，给出不同作战对象的单位战斗力对比系数 K_{ZDL} 的取值，如表 2-3 所示。

表 2-3　不同作战对象的单位战斗力对比系数 K_{ZDL} 的取值

作战对象 \ 作战类型	进攻作战	第一梯队进攻作战	防御作战
强敌	1.8	2	1.6
次强敌	1.4	1.5	1.2
弱敌	1	1	1

通过对表 2-2 中数据的横向比较，俄军集群装甲装备在不同作战行动中的战损率有所不同，并呈现出一定的规律性；通过对数据的纵向比较，不同战区的同类作战行动系数相差较小。因此，取表 2-2 中不同战区同类作战行动系数的平均值作为作战行动种类系数 K_{XD} 的值，如表 2-4 所示。

表 2-4 集群装甲装备作战行动种类系数 K_{XD}

进攻作战				防御作战	
突破防御	反突击	强渡水障	追击作战	预有准备	仓促防御
2.0	1.3	1.2	1.1	1.1	1.4

战损率测算示例。假定作战背景如下：交战双方为红、蓝两军，两军的人员、装备等作战实力水平大致相当。红军以 1 个装甲师作为第一梯队向蓝军发起进攻，红军装甲师的当面之敌为蓝军的 1 个装甲团，当前作战任务为突破蓝军装甲团预有准备的防御阵地，作战持续时间为 1 昼夜。要求测算红军装甲师的战损率。根据作战背景和表 2-3、表 2-4 给出的参数数据，可以确定战损率相关参数的取值，如表 2-5 所示。

表 2-5 红军装甲师的战损率相关参数

作战行动种类系数 K_{XD}	2.0
作战对象的单位战斗力对比系数 K_{ZDL}	1.5
作战对象的兵力兵器对比系数 K_{BL}	1/3
作战持续时间 T_{ZZ}（昼夜）	1
集群装甲装备（坦克）平均每昼夜的战损率 $\bar{P}$	8.75%

将表 2-5 中的数据代入式（2-6）中，可求得红军装甲师在一定作战背景下的坦克综合战损率 P_{ZS}=8.75%。

2.2 装备维修类型的描述

为了科学组织装备维修，在各级维修部队、维修分队和维修工厂之间合理分配维修任务、配备技术设备及实施物资技术保障，必须采用一定方式对装备的维修工作进行分类。维修分类的主要依据包括维修工作的复杂性和维修工作量、质量特性参数恢复程度及维修的周期性。

以坦克为例，现行的维修主要有小修、中修和大修，为了阐述这些维修类型的实质，接下来考察坦克使用对维修的需求。在坦克的使用初期，由于第一类原因会出现偶然故障。为了排除这些故障进行的相对不复杂、工作量不大（通常不超过 100 人时）的维修叫作小修。小修可以排除故障，保证坦克良好的工作状态。因为出现的偶然故障与累计工作时间没有函数关系，小修可以不规定周期，根据需要和出现的故障来进行。但是这并不排除可以预见在一定时期内小修的数量。小修的预计是以可靠性指标（无故障工作里程或故障频率）为基础的。

表 2-6 给出了一些典型装备两次小修之间平均累计行驶里程的统计数据。

表 2-6 典型装备平均无故障行驶里程

装备型号	平均无故障行驶里程（km）
T-55 坦克	368

续表

装备型号	平均无故障行驶里程（km）
T-62 坦克	412
T-64 坦克	320
T-72 坦克	550
БМП-1 步战车	318

利用表 2-6 中的数据，可以预计装备在一定周期内的维修次数。比如，对于 T-72 坦克，平均故障间隔 $S_{故}=550\text{km}$，中修期储备 $S_{中修}=8000\text{km}$，那么在一个中修期内，小修的次数为

$$n_{小}=\frac{S_{中修}}{S_{故}}=\frac{8000}{550}\approx 15$$

随着行驶里程的增加，坦克的部件和机械装置会出现磨损故障。这样的坦克要恢复正常工作状态必须进行中修。与小修不同的是中修不仅要排除产生的故障，而且要对坦克没有出故障的功能单元的技术状态进行检查，必要时进行补充维修工作。因此，不仅坦克的工作性能得到恢复，其技术寿命也得到了恢复。坦克中修的工作量和复杂程度一般比小修高，中修工作量可以达到 600～900 人时。

如上所述，由于磨损产生的故障与累计工作时间之间存在关联，因此，可以利用耐久性参数对达到最大磨损的时刻进行预测。可以说这些耐久性参数决定了将坦克交付中修的时机。例如，综合考虑 T-62 坦克主要部件极限磨损的工作参数：变速箱 m_s=7246km，σ_s=409km；主摩擦离合器 m_s=6119km，σ_s=257km；行动部分 m_s=8095km，σ_s=520km，确定了 T-62 坦克中修的维修间隔期为 6000～8000km。

随着累计工作时间和使用时间的增加，由于磨损老化坦克的大部分装配件和主要零件的技术状态逐步达到极限状态，这时继续使用是不合适和危险的，必须对坦克进行大修。大修时将坦克完全拆开，对所有的零件和部件进行故障分析，必要时进行维修或更换新的零部件。坦克的大修工作量通常为 2000～3000 人时。

通过大修可以恢复坦克的质量特性指标：工作性能、寿命和储存性。对坦克进行改装还可以提高维修性指标。通常坦克大修的周期是以磨损故障预测为基础进行的硬性规定。

以上就是由第一、二类原因引起的待修装备形成的基本规律。众所周知，战时装备用于部队的战斗行动。在战斗条件下装备出现损坏，不仅是由于第一、二类原因造成的，而且出现损坏的主要原因是在战斗条件下敌方武器火力的作用。

根据前面的分析，给出装备维修类型的基本性能，如表 2-7 所示。

表 2-7　装备维修类型的基本性能

维修类型	复杂性和工作量			装备质量特性指标恢复程度				实施时机	
	轻微	中等	高	工作性能	寿命	储存性	维修性	按照需要	规定
小修	+			+				+	
中修		+		+	+				+
大修			+	+	+	+	+		+

装备维修指南规定了装备维修间隔期、维修内容、维修工作量及有关标准。各种装备的维修间隔期可以采用行驶里程、发动机工作时间、循环次数、启动次数和发射次数等来规定。

对于坦克来说，到中修前的工作时间为规定寿命的 55%～65%，由中修到大修的工作时间为规定寿命的 35%～45%。经过大修后的装备寿命为新装备寿命的 90%～100%。小修的两次维修间隔期可以根据坦克使用的经验确定。

装备的维修工作量是维修的重要特性之一。对于平时、战时装备的小修、中修和大修的工作量制定了标准。战时装备的维修工作量要比平时少得多，这是因为：第一，战斗损伤往往是局部的；第二，战时维修工艺简化，广泛使用换件修理方法。

高精度武器对装备的损伤导致维修工作量会有一定增加，维修工作的性质会有所变化。在进行坦克维修时，焊接工作的比重将会增加，动力传动组合部件和组件更换数量会增加，行驶部分部件更换的数量相对会缩小。

表 2-8 给出了部分装甲装备小修、中修和大修的维修工作量标准。

表 2-8 装甲装备维修工作量标准

装备型号	维修工作量（人时）					
	小修		中修		大修	
	平时	战时	平时	战时	平时	战时
T-54，T-55，T-62	180	100	600	300	3500	900
T-64、T-72	250	180	900	540	8250	1500
步兵战车	180	100	600	300	3000	900
轮式装甲输送车	100	50	300	150	1200	450
装甲空降侦察车	80	40	250	120	1000	360

俄军的装备维修指南等指导文件给出了各种装备的大修、中修工作量标准，以及小修组件和部件的更换工作量标准。例如，汽车装备小修平均工作量和中修平均工作量分别是：轮式汽车为 25 人时和 115 人时，履带式汽车装备为 35 人时和 330 人时。工程装备小修工作量范围一般为 3～60 人时，中修工作量范围为 200～310 人时。对于防化装备，防毒面具的小修和中修工作量分别为 0.15 人时和 0.20 人时，洗消喷洒汽车小修和中修工作量分别为 15 人时和 350 人时。

在实施换件修理时，绝大多数装备的拆装工作量占比可以达到 75%～78%，其他专业工作，如焊接工作、锻造-钣金工作、钳工机械工作、光学仪器设备的维修、电气设备的维修工作量等占 22%～25%。通信装备的维修具有特殊性，对其进行维修时故障定位时间占总维修时间的 80%以上，而对故障件的更换所需要的时间很少。

现行的维修分类与维修机构承担的维修任务如何匹配，是一个始终值得研究的问题，应该根据装备保障系统的各个层次和环节，对维修类型及维修工作量进行恰当、合理的分配，特别是在野战条件下应该建立更细化的分类标准。

俄军院校按照待修装备维修工作量的分布规律、保障系统组织环节的数量及它们在典型战役中的维修能力，对战时装甲装备的维修类型进行研究和细化分类。根据卫国战争中装甲装备的维修经验、战后的军事训练和作战试验的研究成果，以及对未来战争待修装备预测方面的研究成果，找出了按维修工作量分配维修任务的规律，如图 2-2 所示。

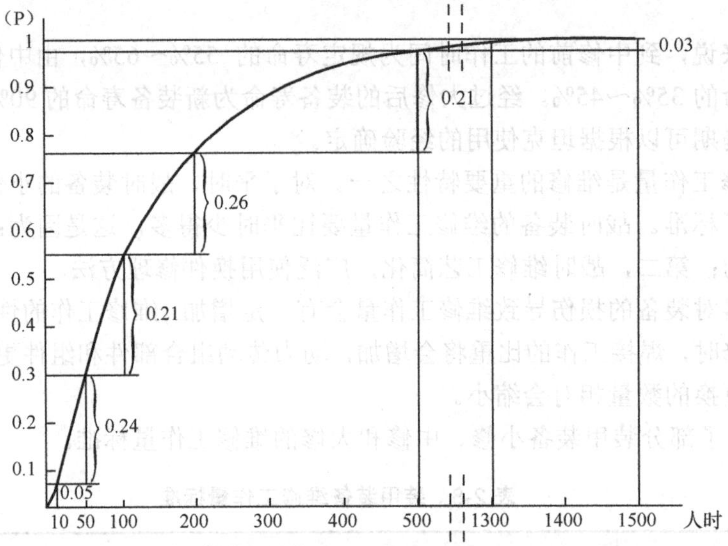

图 2-2 按照维修工作量对待修装备进行分配的曲线

以战役军团进攻战役作为典型的情况来考察，其战役行动通过装备保障系统的多个环节来进行保障。按照各个层级环节所完成维修的工作量、每个环节在一个地方的工作时间及维修组的人员组成，确定每个环节的维修能力。

2.3 装备维修性的描述

维修性是装备作为保障对象时最全面的性能描述。在装备的不同阶段，关注维修性的重点是不一样的，在论证阶段关注如何提出维修性要求，在设计研制生产阶段关注维修性的设计及其实现，在使用阶段则是关注维修性的保持和发挥。

2.3.1 维修性的定义

我军关于维修性的定义是装备在规定的条件下和规定的时间内，按规定的程序和方法进行维修时，保持或恢复到规定状态的能力。通常可用平均修复时间、重要部件更换时间等来度量。规定的条件是指维修条件，具体是指在规定的维修级别，规定的维修人员的专业技术水平，规定的维修场所、设施和设备、技术手册等环境；规定的时间是指对直接用于维修的时间的限制；规定的程序和方法是指按维修技术文件，采用的统一操作规程；规定的状态是指对于维修效果的标准，具体是指装备通过维修应达到的技术状态。

美军关于维修性的定义是装备在每一规定的维修和维修级别，由具有规定等级的人员和按照规定的程序和资源进行维修时，保持或恢复到规定状态的能力。

根据俄罗斯国家标准 ГОСТ 27.001-81《技术装备的可靠性》的主要条款，维修性是指维修对象适应故障预防、故障发现和受损原因查找，并通过修理和技术维护来排除这些故障和损坏的特性。对于装备来说，维修性还包括维修对象适合于消除战斗损伤后果的特性。

装备的维修性对装备的作战效能有着重要影响。作战效能可以用装备的可用性进行评价，对于“单台装备”，可以采用处于完好技术状态的时间进行描述，对于“成建制装备”，则可以采用任意时刻在编技术状态完好的装备数量及其完好率描述。

装备的维修性对装备可用性的影响，可以通过可用性综合评价指标可用度进行度量。装备的可用度（完好性参数）K_1是指装备处于能工作状态的概率：

$$K_1 = \frac{T_1}{T_1 + T_2} \tag{2-7}$$

式中，T_1为装备处于工作状态的时间；T_2为装备处于维修状态的时间。

从部队的战备需求来讲，要求完好性参数（可用度）$K_1 \geqslant 0.95$。高水平的维修性可以大大节省维修的时间和资源消耗，可以改善装备使用的经济指标。为了提高K_1，应该减少故障次数，缩短维修时间，提高装备的维修性。

2.3.2 维修性的定性及定量描述

装备维修性可以通过定性指标与定量指标进行描述。定性指标主要有维修的可达性、易拆装性、互换性，人机工程学特性、维修工作的安全性等。这些指标及维修性水平与诸多因素相关，如部件的数量和相互位置、部件的质量和体积、安装表面连接结构的数量等。

为了控制装备的维修性，对设计的装备需要提出维修性要求，需要制定维修性指标体系。例如，俄罗斯国家标准 ГОСТ21623-76 制定了维修性的指标体系：共 65 个指标，这些指标可以用来评价装备适宜于维护和各种修理的特性，还可以用来评价装备的工艺特性。装备适宜于维护和修理的特性有维修时间、维修工作量、维修成本、给定时间内完成维修的可能性等。在进行维护和修理时，装备的工艺特性借助于下列系数进行评价：可达性系数、互换性系数、易拆装性系数、统一化系数、标准化系数等。上述这些指标可以描述维修性的各个方面，在设计新装备时可以形成更清晰的维修性方面的要求。

按照世界主要军事强国的国家标准规定，装备维修性的总要求应该归入技术任务进行研究，在装备的论证、设计、试验、生产、使用和维修阶段根据这些要求对装备进行评价。

与战时装备维修联系最紧密的指标包括维修时间t_p、维修工作量τ、维修的费用。其中，维修时间的构成如图 2-3 所示。

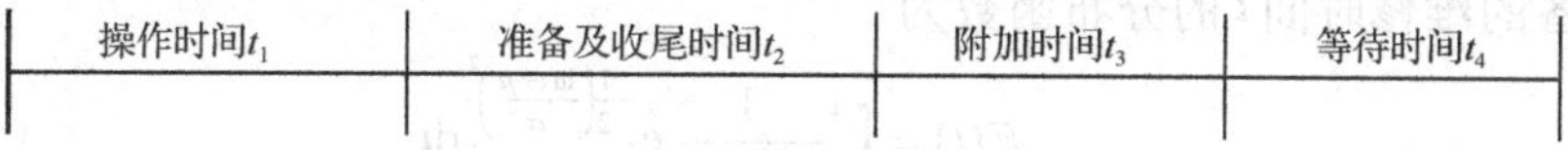

图 2-3 维修时间的构成

各种时间的描述如下：

（1）操作时间t_1是指完成保养和修理花费的时间，包括基本时间和辅助时间。其中，基本时间是指保养、修理装备的部件花费的时间；辅助时间是指为了要进行保养、修理，将待修装备进入部队的停放地点及拆卸、安装部件花费的时间。

（2）准备及收尾时间t_2是指修理机构展开和收拢保障装备、准备备件及材料、准备技术文件等花费的时间。

（3）附加时间t_3是指人员休息、就餐等所需的时间。

（4）等待时间t_4是指判断损伤部位及等待花费的时间。

总的维修时间 $t_p = t_1 + t_2 + t_3 + t_4$。

通常在装备维修指南中给出各种典型装备在野外条件下换件修理的维修时间（维修工作量）。对于一些装备战损后的换件维修时间，也有一定的统计分析可供战时维修使用。这里作为示例，给出国外一些坦克典型部件换件修理时的维修时间（维修工作量）如表 2-9 所示。

表 2-9　一些坦克典型部件换件修理时的维修时间（维修工作量）

维修性指标	换件修理项目	T-62	T-72	M-1	豹-Ⅱ
维修时间 t_p(h)	负重轮	2.5	1.7	0.8	0.8
	履带	2	2	1.5	1.3
	动力模块	8	24	1.5	1.5
	传动箱	11	10	—	—
维修工作量 τ（人时）	动力模块	143	200	100	60

2.4　维修工作量的分布规律及确定方法

待修装备是指在战斗过程中因技术故障或战损而造成的损坏装备。按照以往经验，待修装备的维修工作量多服从指数分布、维修时间服从对数正态分布或艾拉姆咖（Эрланга）分布。由于指数分布、对数正态分布是比较常见的分布类型，这里只给出它们的分布函数，而对艾拉姆咖（Эрланга）分布进行简单的分析研究。

2.4.1　指数分布

待修装备的维修工作量 τ 的分布函数为

$$P(\tau) = 1 - \mathrm{e}^{-\frac{\tau}{\tau_0}} \quad (0 \leqslant \tau < \infty) \tag{2-8}$$

式中，τ_0 为待修装备维修工作量的数学期望（人时）。

2.4.2　对数正态分布

待修装备的维修时间 t 的分布函数为

$$F(t) = \int_0^t \frac{1}{\sqrt{2\pi}\sigma t} \mathrm{e}^{-\frac{1}{2}\left(\frac{\ln t - \mu}{\sigma}\right)^2} \mathrm{d}t \tag{2-9}$$

式中，μ 为对数均值；σ^2 为对数方差。

2.4.3　艾拉姆咖（Эрланга）分布

待修装备的维修时间 t 的分布函数为

$$F(t) = 1 - \left(1 + \frac{2t}{t_0}\right)\mathrm{e}^{-\frac{2t}{t_0}} \quad (0 \leqslant t < \infty) \tag{2-10}$$

式中，t_0 为待修装备的平均维修时间，是唯一的一个分布参数，并且 $t_0 > 0$。

1）Э 分布的概率密度函数

对 Э 分布的分布函数求导，得到其概率密度函数表达式为

$$f(t)=F'(t)=\frac{4t}{t_0^2}\mathrm{e}^{-\frac{2t}{t_0}} \tag{2-11}$$

当 $t=0$ 时，$f(t)=0$；$t=\infty$ 时，$f(t)=0$，说明概率密度曲线是有单峰值的曲线，如图 2-4 所示。

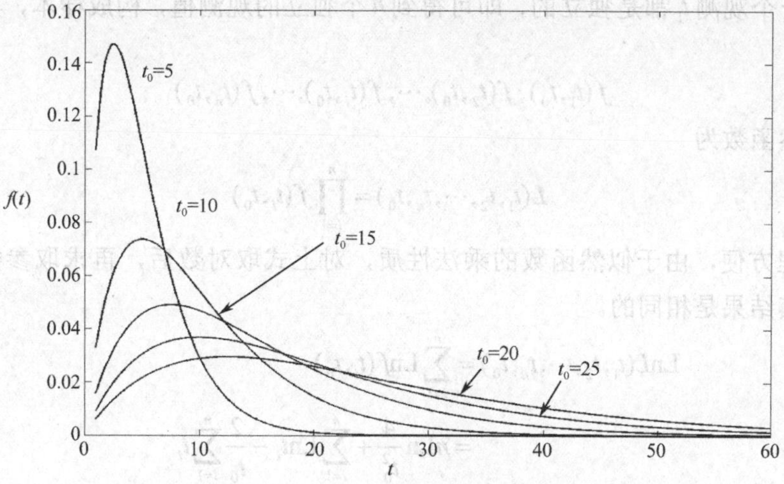

图 2-4　Э 分布的概率密度函数曲线

令 $f'(t)=0$，可得到极值点 $t=t_{\mathrm{m}}=t_0/2$，即在密度函数出现极值点的时间 t_{m} 为其分布参数 t_0 的一半。其密度函数的峰值为 $f(t_{\mathrm{m}})=2\mathrm{e}^{-1}/t_0=0.74/t_0$。当分布参数 t_0 的值增大时，极值点右移，并且极值逐渐减小。

2）均值与方差

Э 分布的均值为

$$E(T)=\int_0^{\infty}tf(t)\mathrm{d}t=\int_0^{\infty}\frac{4t^2}{t_0^2}\mathrm{e}^{-\frac{2t}{t_0}}\mathrm{d}t=t_0 \tag{2-12}$$

Э 分布的分布参数 t_0 即为均值。在进行维修保障的数据分析时，t_0 可表示待修装备的平均维修时间或平均保障时间。

方差为

$$D(T)=E[T-E(T)]^2=\int_0^{\infty}(t-E(T))^2f(t)\mathrm{d}t$$

$$=\int_0^{\infty}(t-t_0)^2f(t)\mathrm{d}t=t_0^2/2 \tag{2-13}$$

均方差为

$$\sqrt{D(T)}=t_0/\sqrt{2}=\frac{\sqrt{2}}{2}t_0 \tag{2-14}$$

变异系数为

$$v=\frac{\sqrt{D(T)}}{E(T)}=\frac{t_0/\sqrt{2}}{t_0/2}=1.414 \tag{2-15}$$

所以，对于 Э 分布来说，其方差（或均方差）是分布参数 t_0 的函数，并且随着 t_0 的增大，而其变异系数 v 与 t_0 无关，是个大于 1 的常数。

3）Э分布参数 t_0 的极大似然估计

在装备保障实践中，往往是先获得一组随机变量的观测值，再对分布的未知参数进行估计，即从样本数据提供的有关未知参数的信息对分布参数做出估计，而极大似然法是进行参数点估计的实用而有效的经典方法。

假设每一个观测 t_i 都是独立的，即可得到 n 个独立的观测值，构成样本，其对应的概率密度函数为

$$f(t_1,t_0),f(t_2,t_0),\cdots,f(t_i,t_0),\cdots,f(t_n,t_0)$$

则构造的似然函数为

$$L(t_1,t_2,\cdots,t_n,t_0)=\prod_{i=1}^{n}f(t_i,t_0) \tag{2-16}$$

为了处理方便，由于似然函数的乘法性质，对上式取对数后，再求取参数 t_0 的极大似然估计值，其结果是相同的。

$$\begin{aligned}\mathrm{Ln}L(t_1,t_2,\cdots,t_n,t_0)&=\sum_{i=1}^{n}\mathrm{Ln}f(t_i,t_0)\\&=n\mathrm{Ln}\frac{4}{t_0^2}+\sum_{i=1}^{n}\mathrm{Ln}t_i-\frac{2}{t_0}\sum_{i=1}^{n}t_i\end{aligned} \tag{2-17}$$

对式（2-17）t_0 求导，并令其值为零，即可解出 t_0，这里用符号 $\hat{t}_0$ 表示估计值。

$$\frac{\partial \mathrm{Ln}L}{\partial t_0}=0\text{，}\quad \hat{t}_0=\frac{\sum_{i=1}^{n}t_i}{n} \tag{2-18}$$

式（2-18）说明，Э分布参数 t_0 的极大似然估计值 $\hat{t}_0$ 可用随机变量样本观测值的均值表示。

由以上推导，可以得出以下结论：

（1）Э分布是一种单参数的概率分布，概率密度函数是有峰值、两侧趋于零的不对称曲线，曲线的形状由分布参数 t_0 唯一确定。

（2）此种分布的均值即为分布参数 t_0，方差为 $t_0^2/2$，其变异系数 $v=1.414$ 是个常数，说明服从此种分布的随机变量在其均值的周围有较大离散。

（3）在完全样本的情况下，用样本的均值可作为概率分布均值的极大似然估计，为计算带来很大简化。

2.4.4 维修工作量分布规律的确定方法

准确预测装备保障需求，合理分配装备保障任务，部署装备保障力量，实现保障指挥的科学化，达成在准确的时间、准确的地点投入适当的装备保障力量，才能充分发挥装备保障系统的效能。准确预测保障需求的基本依据就是保障对象（待修装备）维修工作量（维修时间或人时）分布规律及各级维修机构的修理任务划分标准等。

维修工作量分布规律的确定方法通常有两种。一是基于历史数据统计的分析方法，运用数理统计方法，对历史数据或演习数据进行统计分析，得出各种装备维修工作量的分布规律。二是基于神经网络算法的战伤装备维修人时分析方法，应用均匀分布随机变量的特性和神经网络算法，建立战伤装备维修工作量仿真数据生成模型，通过计算机仿真，得出

维修工作量分布规律。

因为受到样本量的限制，用统计历史数据的方法研究维修工作量分布规律存在一定的局限性，有的甚至表现不出明显的分布特征，同样的统计数据可以拟合为不同的分布形式，还可能丢掉某些信息。用试验方法可以获得相对准确的数据，但战损试验耗费大量人力、物力和财力且同样会受到样本量的限制。用仿真方法可以获取较为准确和全面的维修工作量信息，但需要具备底层维修活动时间的分布规律，这些信息的获取也具有一定的局限性。因此，应该综合运用不同研究方法，根据所掌握的信息情况分析相应分布规律，辅以不同方法对其进行验证。

2.5 基于统计数据的维修工作量分布规律确定

装备技术故障损伤的维修工作量是受损伤模式、修理人员技术水平、修理作业条件等多种因素影响的随机变量，可以通过数理统计的方法确定其分布规律及数学期望。平时技术故障损伤装备的维修工作量数据可以通过在部队训练、演习中的记录得到。

这里以某型装备维修改革试验中的基层级修复性维修时间统计数据为例，给出平时技术故障损伤维修工作量分布规律的确定示例。

基层级修复性维修时间是指基层Ⅰ级和基层Ⅱ级两级修复性维修时间。基层Ⅰ级修复性维修时间是指由使用分队乘员在装备使用过程中排除随机故障所占用的时间，其计算方法是从发现并开始排除故障计时，到消除故障并恢复使用功能为止。基层Ⅱ级修复性维修时间是指由旅（团）修理分队在装备使用过程中修复随机故障所耗用的时间，其计算方法是从开始修复故障计时，到恢复使用功能为止。

通过观测记录，得到某型装备基层级修复性维修时间的统计观测值，如表2-10所示。

表2-10 基层级修复性维修时间统计观测值

i	时间区间/h	统计观测值 t_i（次数）/h	频数
1	0～4	0.10（1），0.17（2），0.20（3），0.25（1），0.30（2），0.33（3），0.40（1），0.50（65），0.60（2），0.70（2），0.75（1），0.80（1），1.00（64），1.20（1），1.30（2），1.50（38），1.60（3），2.00（64），2.50（8），2.80（1），2.98（1），3.00（35），3.20（1），3.50（8），3.60（1），3.70（1），4.00（28）	340
2	4～8	4.20（1），4.50（1），5.00（18），5.50（7），6.00（21），6.50（1），7.00（9），7.40（1），7.50（4），8.00（18）	81
3	8～12	8.50（2），9.00（1），9.50（4），10.00（6），10.50（2），11.00（4），11.50（1），11.70（1），12.00（4）	25
4	12～16	12.50（1），12.60（1），13.00（3），14.00（2），15.00（2），15.50（2），16.00（3）	14
5	16～20	17.40（1），17.50（1），18.00（1），19.00（2）	5
6	20～24	21.00（3），21.50（1），22.00（1），22.50（1），22.87（1），23.00（1）	8
7	24～28	24.24（1），24.50（1），25.00（2），27.00（1），27.50（1），28.00（1）	7
8	28～32	32.00（2）	2
9	32～36	33.90（1），34.50（1），35.00（1），36.00（1）	4
合计		2204.82	486

由表 2-10，绘制装备基层级修复性维修时间的频数直方图，如图 2-5 所示。

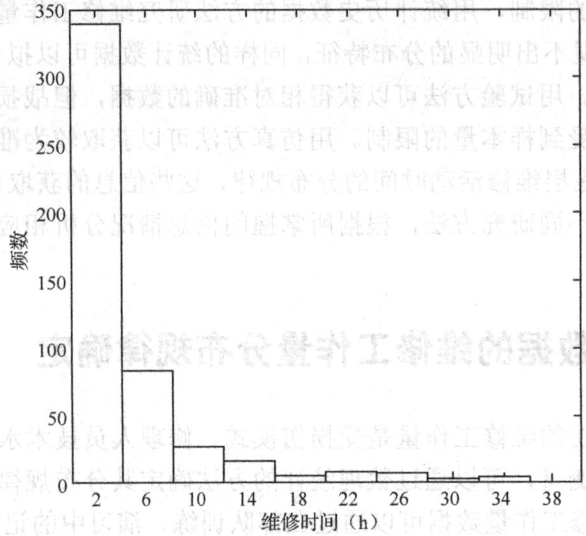

图 2-5　基层级修复性维修时间的频数直方图

由于直方图的外廓曲线接近于随机变量总体的概率密度曲线，通过对上述装备基层级修复性维修时间频数直方图的观察可知，其外廓曲线接近于指数分布。因此，可应用 χ^2 拟合优度检验法做出假设 H_0：总体 T 服从指数分布（$\alpha=0.01$），并由表 2-10 对其分布参数 θ 进行点估计可得：

$$\hat{E}(T)=\hat{\theta}=\overline{t}=\frac{1}{n}\sum_{i=1}^{n}t_i=2204.82/486=4.54$$

原假设即为总体 T 服从参数为 $\theta=4.54$ 的指数分布（$\alpha=0.01$），计算每个时间区间的理论概率值 $\hat{p}_{i0}$，进行假设检验，计算结果如表 2-11 所示。

表 2-11　维修时间原假设 H_0 的 χ^2 拟合优度检验计算结果

时间区间/h	频数 n_i	$\hat{p}_{i0}$	$n\hat{p}_{i0}$	$(n_i-n\hat{p}_{i0})$	$(n_i-n\hat{p}_{i0})^2$	$\frac{(n_i-n\hat{p}_{i0})^2}{n\hat{p}_{i0}}$
0～7	398	0.786	382.0	16	256	0.67
7～10	36	0.104	50.5	−14.5	210.25	4.16
10～∞	52	0.110	53.5	−1.5	2.25	0.04
合计	486	1.000	486	—	—	4.87

由表 2-11，经计算得 $\hat{\chi}_n^{\ 2}=\sum_{i=1}^{3}\frac{(n_i-n\hat{p}_{i0})^2}{n\hat{p}_{i0}}=4.87$，自由度是 $3-1-1=1$，对 $\alpha=0.01$，$\chi_{0.01}^{\ 2}(1)=6.635$，由于 $\hat{\chi}_n^{\ 2}=4.87<6.635=\chi_{0.01}^{\ 2}(1)$，故在水平 0.01 下接受 H_0，认为 T 服从指数分布，即修复性维修时间服从均值为 4.54 的指数分布，分布函数为

$$M(t)=1-\mathrm{e}^{-t/4.54} \tag{2-19}$$

其分布曲线如图 2-6 所示。

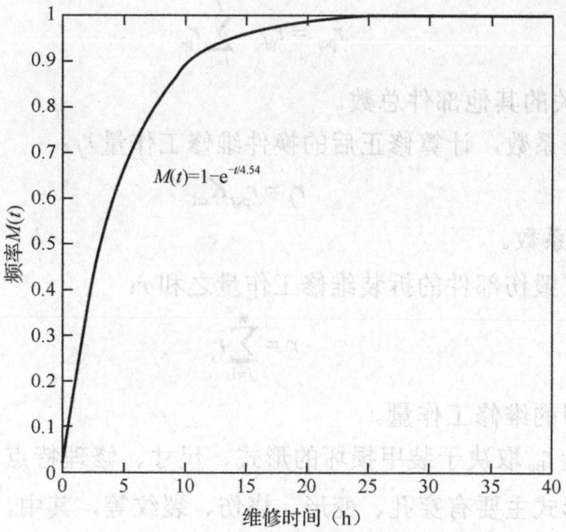

图 2-6 技术故障修复性维修时间分布曲线

2.6 基于神经网络算法的战伤装备维修工作量分布规律确定

2.6.1 战伤装备维修工作量的计算方法

根据战伤装备维修的特点和准则，对于战伤装备，维修时只考虑对重要功能部件进行换件修理。重要功能部件选取的准则主要有以下两点：第一，一旦此类部件被击毁，所引起的故障是致命性的，直接影响作战任务的成功性或人员的安全性，必须进行换件修理；第二，部件的毁伤概率比较高。

战伤装备的换件修理是在战场条件下进行的，环境条件相对恶劣，必须完成一些与毁伤部件修理相关的辅助工作，比如，需要卸下弹药、倒出液体、焊接、打磨、电气修理、支架修理、调校等。这些辅助工作大大增加了战伤装备维修的难度，战伤装备的换件修理工作量要比平时的换件修理工作量增加数倍。因此，在平时维修工作量的基础上计算战伤装备维修工作量必须采用专门修正系数进行修正。

专门修正系数是指更换战伤装备毁伤部件的维修工作量与平时由于技术故障而需要更换同种部件的维修工作量的比值。由于不同杀伤弹种的毁伤机理不同，造成毁伤装备的维修工作量也大不相同，所以不同杀伤弹种对应的专门修正系数也不同。战伤装备修理的专门修正系数需要进行大量的实弹试验，经过数据统计才能确定。

战伤装备维修工作量计算的步骤如下：

（1）确定战伤部件的清单，设有 m 个部件毁伤。

（2）根据修理指南中给出的数据，确定部件 j 平时（技术原因）换件维修工作量 r_{pj} （$j=1,2,\cdots,m$）。

（3）根据部件 j 更换的工艺流程，计算平时换件修理的实际维修工作量 r_{pcj}，即部件 j 的平时换件维修工作量减去重复计算的维修工作量，重复计算的维修工作量由各部件之间拆装的相关性决定，r_{pcj} 的计算公式为

$$r_{pcj} = r_{pj} - \sum_{i=1}^{I} r_{pi} \tag{2-20}$$

式中，I 为与部件 j 相关的其他部件总数。

（4）依据专门修正系数，计算修正后的换件维修工作量 r_j：

$$r_j = r_{pcj} K_{cn} \tag{2-21}$$

式中，K_{cn} 为专门修正系数。

（5）计算更换所有毁伤部件的拆装维修工作量之和 r：

$$r = \sum_{j=1}^{m} r_j \tag{2-22}$$

（6）确定毁伤装甲的维修工作量。

装甲的维修工作量 r_{Bp} 取决于装甲损坏的形式、尺寸、修理特点和所选择的修理方式。在战时，装甲损坏的形式主要有穿孔、变形、烧伤、裂纹等，其中，以穿孔损伤最为常见。

一般情况下，装甲裂纹焊接修复及装甲穿孔修复所需的维修工作量在整个装备维修工作量中所占的比例不是很大，其计算公式为

$$r_{Bp} = r_{Bp1} + r_{Bp2} + \cdots + r_{Bpl} \tag{2-23}$$

式中，l 为装备各主要部位装甲的毁伤总数。

（7）计算战伤装备换件修理总维修工作量 r_p：

$$r_p = 1.25 \times (r + r_{Bp}) \tag{2-24}$$

式中，1.25 为考虑准备和收拢工作时的经验修正系数；r_p 为战伤装备的换件维修工作量。

2.6.2 装备部件毁伤仿真生成原理

装备部件的毁伤概率，是指在一定作战样式和战场威胁环境条件下装备的各部件被各种杀伤弹种命中并造成其毁伤的概率分布。

假设事件 A_j 代表部件 j 毁伤，则事件 A_j 发生的概率 $P(A_j)$ 即为部件 j 的毁伤概率；设部件 j 的毁伤概率为 u_j，即 $P(A_j)=u_j$。令 X_j 为服从[0,1]区间均匀分布的随机变量，则其分布函数 $F(x_j)=x_j$（$0\leqslant x_j<1$），即 $P\{X_j\leqslant x_j\}=x_j$（$0\leqslant x_j<1$），从而 $P\{X_j\leqslant u_j\}=u_j$（$0\leqslant u_j<1$）。

由于关系表达式 $X_j\leqslant u_j$ 的取值（真/假）与事件 A_j 具有相同的概率，说明可以用关系表达式 $X_j\leqslant u_j$ 的值（真/假）来仿真部件 j 毁伤这一事件是否发生。

定义随机变量 X_j 的取值 x_j 为部件 j 的毁伤判断值，关系表达式 $X_j\leqslant u_j$ 为部件 j 的状态评判标准式，该式的值 b_j 为部件 j 的状态值，以此确定部件 j 是否毁伤。如果 $X_j\leqslant u_j$ 的值为真，即 $b_j=1$，则表示部件 j 毁伤；如果 $X_j\leqslant u_j$ 的值为假，即 $b_j=0$，则表示部件 j 未毁伤。

随机变量 X_j 的取值 x_j 可用计算机产生伪随机数的方法得到，部件 j 的毁伤概率 u_j 可根据已有的战损规律研究成果得到。通过确定整台装备所有部件的状态值，即可得到整台装备的毁伤状况。

2.6.3 战伤装备维修工作量仿真生成算法

根据上述装备毁伤部件的仿真生成原理和维修工作量的计算方法，采用人工神经网络的算法，通过计算机编程实现战伤装备维修工作量数据的仿真生成。

设所选取的 m 个重要功能部件的毁伤概率分别为 u_1，u_2，…，u_m；取服从[0,1]区间上均匀分布的 m 个随机变量 x_1，x_2，…，x_m 分别作为 m 个重要功能部件的毁伤判断值；同时令 b_1，b_2，…，b_m 分别作为 m 个部件的状态值。如果 $x_j \leqslant u_j$，则 $b_j=1$（$j=1,2,\cdots,m$），表示部件 j 毁伤；如果 $x_j>u_j$，则 $b_j=0$（$j=1,2,\cdots,m$），表示部件 j 未毁伤。

根据所有部件的毁伤状态确定整台战伤装备的维修工作量。上述战伤装备换件维修工作量的产生过程采用两层神经网络的算法予以实现。第一层神经网络由 m 个单输入神经元组成，以第 j 个神经元为例（$j=1,2,\cdots,m$），令 $-x_j$ 作为其输入值，权值 $w_j=1$，偏置值为 u_j，净输入值 $n_j=u_j-x_j$，将硬极限函数作为其传输函数，有 $f(n_j)=0(n_j \leqslant 0)$ 或 $f(n_j)=1(n_j>0)$，则第一层神经元的输出值即为部件 j 的状态值 b_j；第二层神经网络由一个多输入神经元构成，其输入值为第一层神经网络各个输出值组成的 m 维列向量，即（$b_1,b_2,\cdots,b_m$）'，权值为由相应部件修正后的换件维修工作量组成的 m 维行向量，即（$r_1,r_2,\cdots,r_m$），偏置值为毁伤装甲的维修工作量 r_{Bp}，于是第二层神经网络的净输入值为

$$n=\sum_{j=1}^{m}(r_j b_j)+r_{\mathrm{Bp}}=r+r_{\mathrm{Bp}} \tag{2-25}$$

将线性函数 $f(n)=1.25n$ 作为传输函数，则最终整个神经网络的输出值为 $r_{\mathrm{p}}=1.25(r+r_{\mathrm{Bp}})$，即战伤装备的维修工作量。

实现上述过程的算法结构如图 2-7 所示，将算法执行 n 次，则得到 n 台战伤装备的维修工作量，进而可对其进行统计分析。

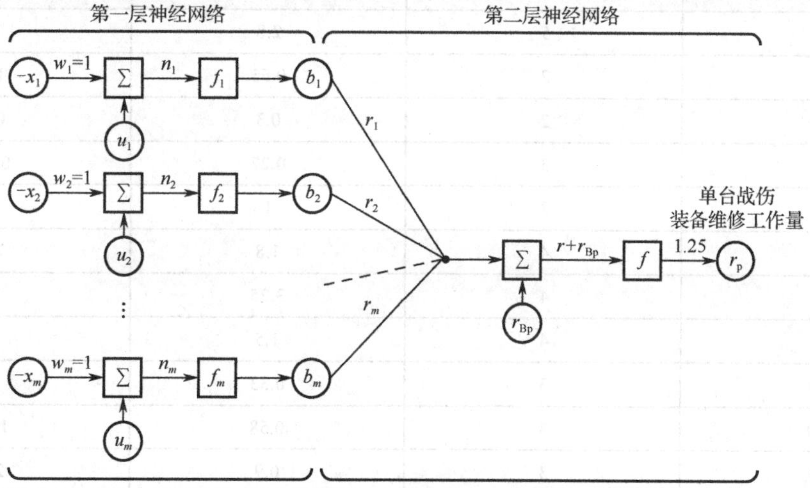

图 2-7 战伤装备维修工作量的仿真算法结构图

2.6.4 仿真应用示例

以某型坦克为研究对象，在已知部件毁伤概率的条件下，进行战伤坦克维修人时和维修时间的仿真，并对仿真数据进行统计分析，得到维修工作量的分布规律。

（1）坦克重要功能部件及平时换件维修工作量的确定。

根据装备重要功能部件的界定准则和确定方法，经过分析和专家咨询，确定出坦克重要功能部件如表 2-12 所示，坦克重要功能部件的平时换件维修工作量如表 2-13 所示。

表 2-12　坦克重要功能部件表

部件代码	重要功能部件	部件代码	重要功能部件
1	发动机	13	主离合器
2	水散热器	14	空气滤清器
3	机油散热器	15	驾驶员潜望镜
4	履带	16	火炮身管
5	传动箱	17	炮塔座圈
6	变速箱	18	炮塔总成
7	行星转向器	19	炮瞄准镜
8	侧减速器（被动部分）	20	电台
9	主动轮	21	车长指挥镜
10	负重轮	22	天线
11	扭力轴	23	天线座
12	平衡肘（含支架）	24	火炮稳定器

表 2-13　坦克重要功能部件的平时换件维修工作量

部件代码	换件修理所需人数	换件时间（h）	换件人时（人时）
1	5	2.8	14
2	2	0.65	1.3
3	2	0.3	0.6
4	3	0.27	0.81
5	3	1	3
6	4	1.8	7.2
7	4	3.25	13
8	4	1.5	6
9	3	0.33	1
10	3	0.58	1.74
11	3	0.9	2.7
12	3	1.14	3.42
13	4	2.67	10.68
14	1	0.22	0.22
15	1	0.24	0.24
16	5	1.25	6.25
17	5	2.5	12.5
18	5	0.63	3.15
19	1	0.08	0.08
20	1	0.29	0.29

续表

部件代码	换件修理所需人数	换件时间（h）	换件人时（人时）
21	1	0.16	0.16
22	1	0.05	0.05
23	1	0.26	0.26
24	2	4	8

（2）重要功能部件战伤换件维修工作量的确定。

通过专门的修正系数对其平时换件维修工作量进行修正，得到战伤坦克重要功能部件的换件维修工作量。

俄军根据大量实弹射击后进行的装甲装备修理试验分析，得到与杀伤弹种和平时换件修理人时取值相关的专门修正系数值。根据专门修正系数的定义可知，在维修人员数量一定的条件下，战伤装甲装备维修时间与维修人时的专门修正系数是一致的。

根据装甲装备重要功能部件的毁伤概率和杀伤弹种研究成果，借鉴俄军战伤坦克修理专门修正系数，可以得到坦克重要功能部件的战伤换件维修工作量，如表2-14所示。

表2-14 坦克重要功能部件的战伤换件维修工作量

部件代码	毁伤概率（%）	杀伤弹种	专门修正系数	战伤换件时间（h）	战伤换件人时（人时）
1	36.4	穿	3.6	10.1	50.5
2	6.5	穿	6	3.9	7.8
3	3.7	穿	6	1.8	3.6
4	9.1	地雷	2.4	0.65	1.95
5	4.70	穿	6	6	18
6	3.29	穿	4.6	8.28	33.12
7	39	穿	3.6	11.7	46.8
8	11.25	穿	4.6	6.9	27.6
9	11.16	穿	6	1.98	5.94
10	18.2	穿	6	3.48	10.44
11	3.44	穿	6	5.4	16.2
12	9.1	破	3	3.42	10.26
13	1.5	穿	4.1	11	44
14	9.1	穿	6	1.32	1.32
15	19.35	榴	2.2	0.53	0.53
16	45.5	榴	2.2	2.75	13.75
17	36.4	穿，榴	2.5	6.25	31.25
18	2.76	穿，榴	4.1	2.6	13
19	27.3	榴	2.2	0.18	0.18
20	6.47	穿	7.0	2.03	2.03
21	14.57	榴	2.2	0.35	0.35

续表

部件代码	毁伤概率（%）	杀伤弹种	专门修正系数	战伤换件时间（h）	战伤换件人时（人时）
22	21.36	榴	2.2	0.11	0.11
23	1.8	榴	2.2	0.57	0.57
24	18.2	穿	7.1	28.4	56.8

说明：表中，“穿”表示穿甲弹；“破”表示破甲弹；“地雷”表示反坦克地雷；“榴”表示榴弹。战伤换件维修工作量是依据专门修正系数计算得到的，这里借鉴了俄军T-72坦克战伤专门修正系数。

（3）战伤坦克维修工作量仿真结果。

在仿真初始条件的基础上，根据仿真算法，通过计算机编程运行计算，得到已知部件毁伤概率条件下的大量战伤维修工作量仿真数据。这里分别给出100台战伤坦克维修人时和维修时间的仿真数据，如表2-15和表2-16所示。

表2-15　战伤坦克的维修人时仿真数据

i	人时区间（人时）	维修人时仿真数据（人时）
1	0～25	17.58　3.830　12.71　24.39　19.85　0.11　16.19　13.86　16.59
2	25～50	48.34　29.94　29.83　34.28　49.30　44.80　48.36　46.18　38.06　34.17　40.24
3	50～75	53.00　63.00　74.03　72.70　66.45　74.76　55.53　64.57　56.94 53.00　71.32　57.85　74.55　61.46　67.02　73.49　53.11　60.04
4	75～100	79.13　89.95　79.46　78.39　84.33　81.80　83.00　99.80　80.90 93.19　96.77　82.84　81.58　88.68
5	100～125	102.00　110.24　105.70　110.24　113.55　110.65　100.51　109.84　113.55　124.10 102.07　113.55　122.67　115.09　110.64　103.32
6	125～∞	166.43　167.75　161.94　167.17　140.52　171.91　154.24　130.07　151.50 131.15　126.09　125.18　206.05　128.71　162.05　135.49　146.41　180.76 146.09　145.32　167.84　126.89　190.50　142.11　172.20　125.94　151.50 185.00　141.58　233.79　167.88　151.61
平均维修人时（人时）		96.9

表2-16　战伤坦克的维修时间仿真数据

i	时间区间（h）	维修时间仿真数据（h）
1	0～4	2.18　2.75　0.11　0.11　2.75
2	4～8	6.23　4.67
3	8～12	11.35　8.30　10.88　10.73　11.46　9.60　10.31　8.13　10.48　10.31　8.15　9.51 11.35　10.88　11.18
4	12～16	13.08　12.95　15.70　12.35　13.33　14.53　15.81　12.86　14.64　12.95
5	16～20	19.48　17.35　16.43　18.01　19.87　19.85　18.13
6	20～24	22.66　21.77　23.70　22.40　21.63　21.63　22.03　23.02　22.71　23.26 23.05　21.42　20.73　23.91　23.13

续表

i	时间区间（h）	维修时间仿真数据（h）									
7	24～28	24.87	24.38	26.35	25.80	27.04	25.50	25.98	25.80	25.80	24.37
		24.70	27.10								
8	28～32	29.10	28.53	28.36	29.28	30.60					
9	32～∞	49.48	43.17	48.95	45.92	45.64	40.00	47.48	43.64	34.04	34.16
		36.85	32.66	36.04	40.78	52.23	44.85	41.04	58.48	41.06	32.65
		51.48	35.75	49.40	37.99	36.81	38.00	39.88	39.33	38.36	
平均维修时间（h）		24.45									

（4）战伤坦克维修工作量仿真数据统计分析。

根据表 2-15 中的仿真数据，可以绘制出战伤坦克维修人时频数直方图，如图 2-8 所示。

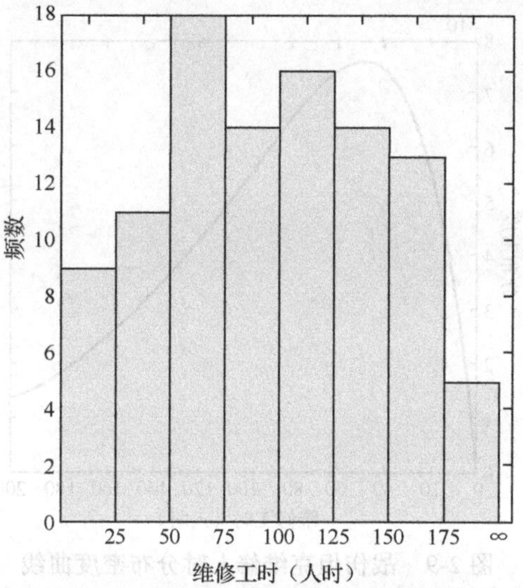

图 2-8　战伤坦克维修人时频数直方图

一般直方图的外廓曲线接近于随机变量总体的概率密度曲线。通过对图 2-8 的分析，其外廓曲线接近于艾拉姆咖分布。因此，可做出原假设 H_0：战伤坦克维修人时总体 T 服从参数为 t_0=96.9 的艾拉姆咖分布（α=0.05），其概率分布函数为

$$F(t)=1-\left(1+\frac{2t}{t_0}\right)e^{\frac{-2t}{t_0}}, \quad t_0=96.9 \tag{2-26}$$

对 H_0 进行 χ^2 拟合优度检验，计算结果如表 2-17 所示。

表 2-17　原假设 H_0 的 χ^2 拟合优度检验计算结果

人时区间（人时）	频数 n_i	$\hat{p}_{i0}$	$n\hat{p}_{i0}$	$\frac{(n_i-n\hat{p}_{i0})^2}{n\hat{p}_{i0}}$
0～25	9	0.095	9.5	0.028
25～50	11	0.181	18.1	2.785
50～75	18	0.182	18.2	0.002

续表

人时区间（人时）	频数 n_i	$\hat{p}_{i0}$	$n\hat{p}_{i0}$	$\frac{(n_i-n\hat{p}_{i0})^2}{n\hat{p}_{i0}}$
75～100	14	0.153	15.3	0.110
100～125	16	0.118	11.8	1.495
125～∞	32	0.271	27.1	0.886
合计	100	1	100	5.306

由上表，经计算得 $\hat{\chi}_n^2=\sum_{i=1}^{6}\frac{(n_i-n\hat{p}_{i0})^2}{n\hat{p}_{i0}}=5.306$，自由度是 6−1−1=4，对于$\alpha$=0.05，$\chi_{0.05}^2(4)$=9.488，由于 $\hat{\chi}_n^2$=5.306< $\chi_{0.05}^2(4)$=9.488，故接受原假设，即认为坦克战伤维修人时服从参数为 t_0=96.9 的艾拉姆咖分布，其分布密度曲线如图 2-9 所示。

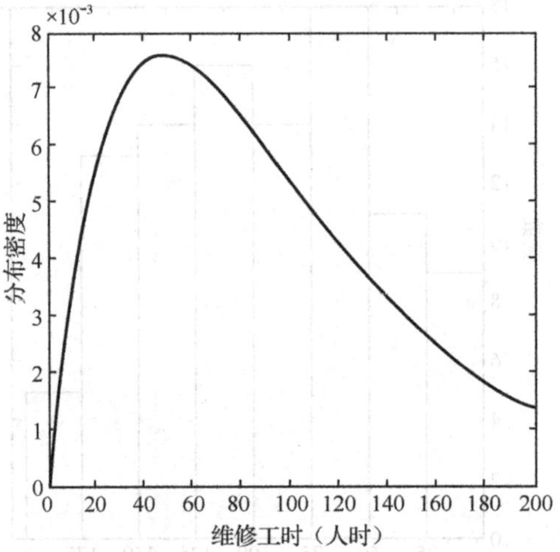

图 2-9 战伤坦克维修人时分布密度曲线

由表 2-16 中的仿真数据，绘制战伤坦克维修时间频数直方图，如图 2-10 所示。

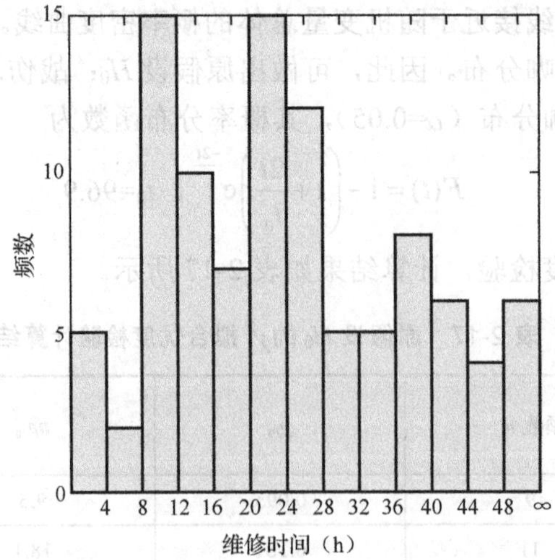

图 2-10 战伤坦克维修时间频数直方图

同理，做出原假设 H_0：战伤坦克维修时间总体 T 服从参数为 t_0=24.45 的艾拉姆咖分布（α=0.05），其概率分布函数为

$$F(t)=1-\left(1+\frac{2t}{t_0}\right)\mathrm{e}^{\frac{-2t}{t_0}}，\ t_0=24.45 \tag{2-27}$$

对 H_0 进行 χ^2 拟合优度检验，计算结果如表 2-18 所示。

表 2-18　原假设 H_0 的 χ^2 拟合优度检验计算结果

时间区间（h）	频数 n_i	$\hat{p}_{i0}$	$n\hat{p}_{i0}$	$\frac{(n_i-n\hat{p}_{i0})^2}{n\hat{p}_{i0}}$
0～12	22	0.257	25.7	0.533
12～16	10	0.119	11.9	0.303
16～20	7	0.110	11.0	1.455
20～24	15	0.097	9.70	2.896
24～28	12	0.083	8.30	1.649
28～32	5	0.069	6.90	0.523
32～∞	29	0.265	26.5	0.236
合计	100	1	100	7.595

经计算得 $\hat{\chi}_n^2=\sum_{i=1}^{7}\frac{(n_i-n\hat{p}_{i0})^2}{n\hat{p}_{i0}}=7.595$，自由度是 7−1−1=5，对于 α=0.05，$\chi_{0.05}^2(5)$= 11.071，由于 $\hat{\chi}_n^2$=7.595< $\chi_{0.05}^2(5)$=11.071，故接受原假设，即认为坦克战伤维修时间服从参数为 t_0=24.45（h）的艾拉姆咖（Эрланга）分布，其分布密度曲线如图 2-11 所示。

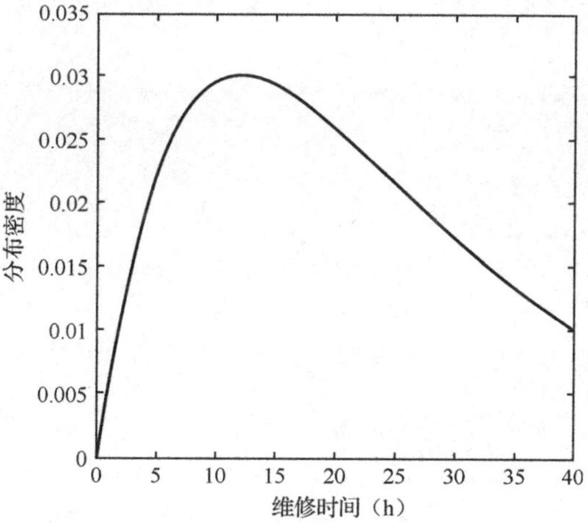

图 2-11　战伤坦克维修时间分布密度曲线

第3章 装备保障系统模型构建及计算示例

本章采用数学解析方法，按照作战背景的战役战术参数和装备保障系统的力量编成，建立装备保障系统的输入模型、能力模型、决策模型和输出模型，通过典型数据方案进行应用示例计算。

3.1 装备保障系统模型的逻辑结构和形式化描述

3.1.1 装备保障系统模型的作用及逻辑结构

装备保障系统模型的主要作用是：陆军装备在战役（战斗）期间损坏后，根据其维修工作量的分布规律、战时装备保障系统的体制与运行机制、战时装备保障的组织方法及装备保障系统的维修能力等情况，定量分析战时装备保障的效果，对保障方案进行量化评估，为进一步优化设计保障系统方案提供理论基础和方法手段。

模型可为保障指挥员提供以下具体信息：

（1）战时进入各级维修机构的损伤（故障）装备数量；

（2）武器装备在战役期间每天的完好率；

（3）需要筹措和供应的维修器材数量；

（4）所属保障资源的利用程度。

本章建立的装备保障系统模型属于数学解析模型。建立模型的总体思路是：根据作战任务要求和装备保障系统的力量编成，分别建立保障需求和保障能力的计算模型，得出各级维修机构的实际维修能力和进入各级维修机构的待修装备数量，对二者进行比较，给出按时间分布的修复装备数量和保障系统的效能分析结果。模型的逻辑结构如图 3-1 所示。

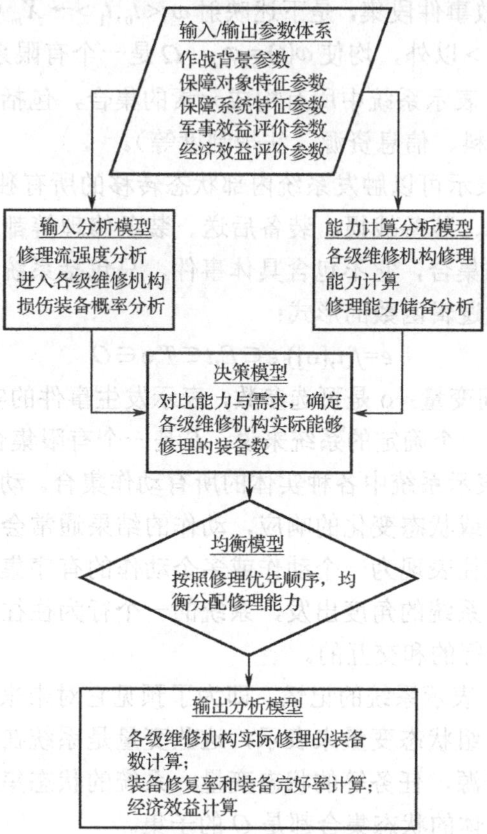

图 3-1　模型的逻辑结构

3.1.2 装备保障系统的形式化描述

装备保障系统是一种典型的离散事件系统，除具有离散事件系统的特征外，还具有以下自身特征：

（1）系统行为是任务驱动的，以完成特定形式、强度的任务为目标；

（2）系统整体性能在很大程度上依赖于系统各构成部分之间的交互规则和方式。

装备保障系统可用十元组描述如下：

$$S::=<T,X,\Omega,O,E,A,Q,\delta,Y,\lambda>$$

其中，T 是时间基；X 是输入集合；Ω 是输入段集；O 是实体集合；E 是事件集合；A 是动作集合；Q 是状态集合；δ是状态转移函数；Y 是输出集合；λ是输出函数。

具体含义与限制描述如下。

（1）时间基 T：T 是描述时间和为事件排序的整数集合。

（2）输入集合 X：X 是系统输入参数的集合，可以表示为

$$X::=<E_p,A_b>$$

其中，E_p 是待修和后送装备的数量和质量信息；A_b 是修理和后送装备的生产能力和生产效能信息。

（3）输入段集 Ω：Ω 描述在某时间间隔内系统的输入模式。一个输入段集是这样一个映射：$\omega:<t_0,t_1>\rightarrow X$，其中 $<t_0,t_1>$ 是时间集中从初始时刻 t_0 到终止时刻 t_1 的一个区间。Ω 为外部事件集 X_m 上的离散事件段集，是下述映射 $\omega:<t_0,t_1>\rightarrow X_m\cup\{\phi\}$，并且除有限的事件时间集合 $\{\tau_1,\cdots,\tau_n\}\in<t_0,t_1>$ 以外，均使 $\omega(t)=\varphi$。Ω 是一个有限系列集。

（4）实体集合 O：O 表示系统中所有构成元素的集合，包括主动实体（如人员）和被动实体（如装备、技术资料、信息资源、法规制度等）。

（5）事件集合 E：E 表示可以触发系统内部状态转移的所有独立事件类型（元事件）的集合，例如装备技术故障、装备战损、装备后送、装备修理等都是触发系统状态变迁的事件。E 是一个抽象事件的集合，它不包含具体事件，只包括系统中可能发生的事件类型，所以 E 的元素可以表示为逻辑函数的形式：

$$e=f(t,[\mathrm{o}])\ e\in E,t\in T,\mathrm{o}\in O$$

其中，t 是事件发生的时间变量；o 是可选参数，表示发生事件的实体。当函数的值为真时，表示该事件已发生。对于一个确定的系统来说，E 是一个有限集合。

（6）动作集合 A：A 表示系统中各种实体的所有动作集合。动作是系统中最小的操作单位，是系统中实体对事件或状态变化的响应，动作的结果通常会改变实体或系统的状态。系统中实体的一个行为往往表现为一个动作或多个动作的有序集合，如实施技术侦察、抢救后送、修理等。从整个系统的角度出发，系统的一个行为往往表现为多个实体的一系列行为，这些行为通常是并行的和交互的。

（7）状态集合 Q：Q 表示系统的记忆，即为了预见它对未来的影响，对系统过去的记录。系统的状态通常用一组状态变量来表示，这些变量是系统在某一时刻所有描述变量的值的集合，如描述保障资源、任务等的状态变量。系统的状态集合是有限可分的，系统内部环境状态集合和单个实体的状态集合都是 Q 的子集。

（8）状态转移函数 δ：δ 表示系统状态的变化规律，它是一个映射：

$$\delta: Q \cdot E^{+} \cdot A^{+} \rightarrow Q$$

其中，$E^{+}=\{(e_1, e_2, \ldots, e_n)|\ e_i \in E, i \in I^{+}\}$是 E 中元素的所有 n 元组构成的集合（I^{+}是正整数子集）；$A^{+}=\{(a_1, a_2, \ldots, a_m)|\ a_j \in A, j \in I^{+}\}$是 A 中元素的所有 m 元组构成的集合。上式表示若系统在 t_s 时的状态是 q，系统在时间段ω：$<t_s, t_f>$内发生 n 个事件子集 E_n，做出 m 个响应动作子集 A_m，那么$\delta(q, E_n, A_m, \omega)$表示系统在 t_f 时刻的状态。因此，在任意时刻的内部状态和该时间段内系统发生的事件，以及系统做出的响应唯一地决定了时间段结束时系统的内部状态。值得说明的是，这里用事件集合 E 的子集 E_n 和行为集合 A 的子集 A_m 表示系统在同一时刻或同一时间段内可能有多个事件发生。实际应用中，δ通常可理解为系统响应事件和状态变化的行为规则。

（9）输出集合 Y：Y 是系统输出参数的集合，通过它来描述系统在运行过程中所表现出的特性。

$$Y ::= <S_m, Q_m, R>$$

其中，S_m，Q_m，R 分别为修竣装备的种类、数量和消耗集合。

（10）输出函数 λ：输出函数λ是一个映射：

$$\lambda: (X, T, Q) \rightarrow Y$$

其表示当输入子集为 X_r、在时间基子集 T_n 中经历的所有状态集合为 Q_m 时，系统的输出为$\lambda(X_r, T_n, Q_m)$。λ把系统的输入、内部状态和输出联系起来。换句话说，系统的输出可以通过对时间基内系统状态的动态观察而测量出来。在具体的应用中，λ起到一种解释器的作用，它将系统的外部输入、内部行为和状态变化的源数据，解释为外部环境可以理解的对系统特性的描述（即输出），它可以是一组函数，也可以是一组规则。

系统的状态模型描述装备保障系统在战场空间中实施维修时战场环境、装备保障系统和保障对象的状态。装备保障系统的状态模型可以描述为

$$S_x = <X_e, X_m, X_o, \sigma, \tau>$$

其中，X_e 是战役战术参数输入集；X_m 是装备保障系统特征参数输入集；X_o 是保障对象特征参数输入集；映射$\sigma: X_m \cdot X_o \rightarrow P[0,1]$称为维修级别函数；映射$\tau: X_e \cdot X_m \cdot X_o \rightarrow N^{+}$称为修理流函数。

3.2 装备保障系统输入模型

3.2.1 模型假设条件

（1）以陆军主战装备为主要研究对象；

（2）装备损坏包括技术故障和战斗损伤两种情况并分别进行计算处理，不考虑由于储备消耗引起的计划中修、大修和操作使用不当引起的损坏；

（3）只考虑对损坏装备的及时修理，并在修理完成后及时返回作战单位，不考虑由于技术侦察（鉴定、分类）、后送及维修器材供应等相关环节对战场维修的时延影响，后送的时间也不包含在修复时间之内；

（4）装备维修时间（维修人时）是随机变量，服从指数分布或艾拉姆咖（Эрланга）分布；

（5）部队在作战行动过程中，没有接受上级对装备的调配补充和支援。

3.2.2 模型的输入参数集

模型的输入参数是装备保障系统开展工作的条件，包括战役战术参数集、保障对象特征参数集、装备保障系统特征参数集三大部分。

1. 战役战术参数集

$$X_e=<N_i^0, a, P_i^d, L^d, k_{mi}^d, f_j^d>$$

其中 N_i^0——战役开始时第 i 种装备的数量（台）；

a——战役的持续时间（天）；

P_i^d——第 i 种装备一天的损失概率；

L^d——战役第 d 天战斗任务的纵深（km）；

k_{mi}^d——战役第 d 天第 i 种装备的机动系数；

f_j^d——第 j 级维修机构一天的损失。

2. 保障对象特征参数集

$$X_o=<i, \tau_{io}, \tau_{i\delta}, P_{ikp}, P_{i\delta n}, \omega_{io}>$$

其中 i——装备的种类标识，例如，分别用 i=1～5 表示导弹及防空导弹系统、坦克、步兵战车、装甲输送车、装甲抢救抢修车；

τ_{io}——技术故障装备的平均维修工作量（人时）；

$\tau_{i\delta}$——战损装备的平均维修工作量（人时）；

P_{ikp}——战损装备中需要大修的概率；

$P_{i\delta n}$——战损装备中不可修复的概率；

ω_{io}——第 i 种装备的故障流参数（次/km·台）。

3. 装备保障系统特征参数集

$$X_m=<j, B_j, T_{uj}, T_{nj}, n_{ij}, m_j, k_{uj}, k_{cj}>$$

其中 j——维修机构的级别标识，例如，分别用 j=1～5 对应营、团、师、集团军、战区的修理机构；

B_j——装备保障系统中拥有第 j 级维修机构的个数；

T_{uj} (a_{uj})——第 j 级维修机构修理周期的持续时间（h）；

T_{nj}——第 j 级维修机构在修理周期内的非生产时间（h）；

n_{ij}——第 j 级维修机构中拥有第 i 种履带或轮式装备底盘修理小组的数量；

m_j——第 j 级维修机构的底盘修理小组拥有的人数；

k_{uj}——维修中工作时间的利用系数；

k_{cj}——专业修理人员技术熟练程度系数。

3.2.3 系统输入计算模型

定义： 在作战行动限定的时间内，需要修理的装备数与作战时间之比称为修理流，用修理流强度 λ 表示，单位为台/天。

由于战时装备损坏主要是由技术故障和战斗损伤两种原因造成的，所以分别考虑两种情况下产生的修理流强度。

1. 修理流强度计算模型

1）由于技术故障原因产生的第 i 种装备的修理流强度

技术故障原因产生的修理流强度在战时和平时并无区别。按战斗行动推进过程逐日计算，得到每天平均故障流为

$$\lambda_{ijo}^{d'} = N_i^{d-1}(1-P_i^d)L^d k_{mi}^d \omega_{io} \tag{3-1}$$

上式计算得到的是第 d 天第 i 种装备因技术故障原因需要进行修理的装备数量。式中，$\lambda_{ijo}^{d'}$ 为第 d 天第 i 种装备发生技术故障的装备数，单位为台/天；ω_{io} 为第 i 种装备的平均故障流强度，即单台装备平均每行驶 1km 发生故障的次数，单位为次/km·台；L^d 为战役第 d 天战斗任务的纵深，单位为 km；k_{mi}^d 为战役第 d 天第 i 种装备的机动系数，这是考虑在任务纵深距离上增加的因曲折行驶引入的系数；N_i^{d-1} 为第 i 种装备在作战第 d 天的初始参战数量；P_i^d 为第 i 种装备在第 d 天因战斗损伤的概率。

2）由于战损原因产生的第 i 种装备的修理流强度

战役第 d 天造成的战损装备数为 $N_i^{d-1}P_i^d$ 。由于实际的修理流强度在战损装备中应扣除直接送大修及不可修复的概率，即 $(1-P_{i\text{kp}}-P_{i\delta\text{n}})$ 。式中，$P_{i\text{kp}}$ 为第 i 种战损装备中需要大修的概率；$P_{i\delta\text{n}}$ 为第 i 种战损装备中不可修复的概率。

由于战损原因实际产生的第 i 种装备的修理流强度为

$$\lambda_{ij\delta}^{d'} = N_i^{d-1}P_i^d\,(1-P_{i\text{kp}}-P_{i\delta\text{n}}) \tag{3-2}$$

第 d 天第 i 种装备由于技术故障原因和战损原因需要进入维修机构的修理流强度为两者之和，即

$$\lambda_{ij}^{d'} = \lambda_{ijo}^{d'} + \lambda_{ij\delta}^{d'} \tag{3-3}$$

2. 第 i 种装备进入第 j 级维修机构进行修理的概率计算模型

公式（3-1）、（3-2）、（3-3）计算的是每天需要送修的装备数量，但这些损伤装备并非由一级或一个维修机构承担全部修理任务，而根据每台装备修理所需时间及每级维修机构的实际修理能力进行任务区分，然后分送到各级维修机构。

如前所述，假设各种装备维修工作量服从指数分布或艾拉姆咖（Эрланга）分布，这里仅讨论指数分布情况（艾拉姆咖分布情况可视情况引用），则装备维修工作量 τ 的分布概率为

$$P(\tau) = 1-\exp(-\tau/\tau_i)$$

式中，τ_i 为第 i 种装备维修人时的数学期望。

1）由于技术故障原因进入第 j 级维修机构的概率

由于技术故障原因进行修理时，其维修人时服从指数分布。对于进入第 j 级维修机构的待修装备，需扣除进入前一级维修机构的装备，因此进入第 j 级维修机构的概率为

$$\begin{aligned} P_{ijo}^d &= [1-\exp(-\tau_{\phi j}^d/\tau_{io})]-[1-\exp(-\tau_{\phi(j-1)}^d/\tau_{io})] \\ &= \exp(-\tau_{\phi(j-1)}^d/\tau_{io})-\exp(-\tau_{\phi j}^d/\tau_{io}) \end{aligned} \tag{3-4}$$

式中，τ_{io} 为由于技术故障原因第 i 种装备的维修人时均值；$\tau_{\phi(j-1)}^d$ 为第 j-1 级维修机构的维修人时上限；$\tau_{\phi j}^d$ 为第 j 级维修机构的维修人时上限。

2）由于战损原因进入第 j 级维修机构进行修理的概率

同理，可直接写出其表达式为

$$P_{ij\delta}^{d}=\exp(-\tau_{\phi(j-1)}^{d}/\tau_{i\delta})-\exp(-\tau_{\phi j}^{d}/\tau_{i\delta}) \tag{3-5}$$

式中，$\tau_{i\delta}$ 为第 i 种战损装备的平均维修工作量（人时）。

3. 考虑各级维修机构任务划分时的修理流强度计算模型

战时组织装备修理时，依据现场技术侦察，判断装备故障和战损程度后，初步估计进行修理所需的维修人时，按照规定分别送到不同级别的维修机构。

俄陆军战时各级维修机构承担的损坏装备的维修工作量范围有明确的划分，表 3-1 是其中一个方案。在式（3-4）中，参数 $\tau_{\phi j}^{d}$ 为表 3-1 中各级维修机构所承担修理任务对应维修工作量的上限。

表 3-1　俄陆军的修理种类及维修级别划分方案

维修种类和等级	维修时间限额（h）	维修人时限额（人时）	维 修 机 构
微修	0～5	0～10	营装备保障排
一级小修	5～10	10～50	团修理连
二级小修	10～20	50～100	师修理营
一级中修	20～40	100～200	集团军维修基地
二级中修	40～80	200～500	战区维修基地
野外大修	80～	500～1300	总部移动工厂
固定大修	80～	1300～	总部固定工厂

当考虑实际维修人时和各级维修机构修理任务的划分后，将式（3-1）、式（3-2）转化为式（3-6）、式（3-7），即

$$\lambda_{ij\mathrm{o}}^{d}=\lambda_{ij\mathrm{o}}^{d'}P_{ij\mathrm{o}}^{d}=N_{i}^{d-1}(1-P_{i}^{d})L^{d}k_{mi}^{d}\omega_{i\mathrm{o}}P_{ij\mathrm{o}}^{d} \tag{3-6}$$

$$\lambda_{ij\delta}^{d}=\lambda_{ij\delta}^{d'}P_{ij\delta}^{d}=N_{i}^{d-1}P_{i}^{d}(1-P_{i\mathrm{kp}}-P_{i\delta\mathrm{n}})P_{ij\delta}^{d} \tag{3-7}$$

$$\lambda_{ij}^{d}=\lambda_{ij\mathrm{o}}^{d}+\lambda_{ij\delta}^{d} \tag{3-8}$$

式（3-8）为战役第 d 天第 i 种装备由于技术故障和战损原因进入第 j 级维修机构的修理流强度，单位为台/天。

3.3　装备保障系统能力计算模型

3.3.1　能力模型的形式化描述

装备保障系统的能力模型可以描述为

$$C=<k, p, \Psi, \eta, \lambda>$$

其中，k 为维修机构级别标识；p 为维修机构维修装备的时间条件集和人员条件集；Ψ为维修能力评价指标集；η: $k\times p\rightarrow\Psi$为以维修时间衡量的能力函数；　λ: $k\times p\rightarrow\Psi$为以修复数量衡量的能力函数。

3.3.2 保障机构的编成及任务区分

对于保障机构的编制及任务区分，各国陆军有所不同。例如，俄陆军战役、战术层次的装备保障力量共有 5 级维修机构，其任务区分如表 3-2 所示。按其担负的任务，战区、集团军为战役层次，师以下为战术层次。俄陆军战时战术级维修机构的主要功能如表 3-3 所示。

表 3-2 俄陆军战区以下各级维修机构和任务区分

维修机构			任务区分
战区各修理厂（营）			各种车辆、武器、器材的中修和大修
集团军	维修基地（营）		各种车辆、武器、器材的中修和大修
	后送分队		从师、必要时从团后送损坏的装备
师	修理营	坦克修理连	坦克、装甲车辆中修
		汽车修理连	汽车中修、大修
		军械修理连	轻武器中修、火炮更换主要部件
		工程、通信和防化器材修理连	工程、通信、防化等特种装备器材的小修和中修
		后送排	后送损坏的装备到师收集地和修理所
团	修理连	坦克修理排	坦克、装甲车辆小修和中修
		汽车修理排	汽车小修和中修
		特种修理排	工程、通信、防化等特种装备器材的小修和中修
		军械修理排	轻武器小修、火炮更换部件
		后送班	收集团、营前方修理组不能就地修理的装备
营	装备保障排（班）		坦克、装甲车辆小修或在 60min 内完成的修理任务
连	无专门修理机构，由装备副连长、驾驶员和使用者进行		负责装备的技术保养和 15min 内能完成的修理任务

表 3-3 俄陆军战时战术级维修机构的主要功能

移动式维修机构	作战类型	主要功能	装备保障机构编组
营装备保障排（班）	行军	1. 对乘员进行技术指导 2. 保养车辆	殿后装备保障组
	进攻（防御）	1. 抢救及修理组的技术侦察 2. 对乘员进行技术指导 3. 保养车辆	修理组或抢救修理组
团修理连	行军	1. 沿行军路线后送 2. 限定范围的小修	殿后装备保障组
	进攻（防御）	1. 抢救及修理组的抢救（后送） 2. 限定范围的小修 3. 在车辆保养时给予帮助	修理组或 损坏装备收集所 （抢修所）

续表

移动式维修机构	作 战 类 型	主 要 功 能	装备保障机构编组
师修理营	行军	1．沿行军路线后送 2．小修	3～4 个殿后 装备保障组
	进攻（防御）	1．抢救和修理组的抢救（后送） 2．小修（限定范围的中修）	同时在 2～3 个地域 开设损坏装备收集所 （抢修所）

在进攻战斗中，约 30%～40%的战损装备属小修范围。所以，师以下维修机构在战斗过程中只对武器装备进行小修，在紧急情况下，对指挥车和导弹发射架进行中修。在防御战斗中，师维修机构通常也只完成小修任务。一般情况下，将师修理营分为两个装备保障群，进攻时，分别编在第一梯队团之后和师主力之后。防御时，两个装备保障群保持一定距离，使一枚中等威力的核弹爆炸时不致于同时杀伤两个保障分队。

团修理连通常编成 1～2 个抢救修理组（修理后送组），直接在战斗队形中展开工作，负责从敌人火力下抢救损坏的装备，并且在隐蔽地点和装备损坏较多的地域开设损坏装备收集所（抢救修理所），一般只完成装备的小修任务。

营装备保障排在战斗中编成营抢救修理组，负责损坏装备的后送和修理，抢救修理组的配置地点应选择在便于坦克牵引车和坦克修理工程车通行的道路近旁的隐蔽地。其作业时间取决于营在冲击队形的前进速度。作业量超过作业时间的损坏装备，可拖到附近的隐蔽地和团后送道路上，然后交上级修理机构。

3.3.3 保障能力的计算模型

各级维修机构修理能力的计算以维修机构能提供的工作时间作为计算依据，而将人员技术熟练程度、维修器材（备件）供应等对工作时间有影响的因素作为修正系数对修理能力进行修正。

（1）第 j 级维修机构的一个修理小组在一个地点每天的维修工作量 $\tau_{\Phi j}^{d}$，以人时表示，其计算公式为

$$\tau_{\Phi j}^{d}=(T_{\text{цj}}-T_{\text{nj}})m_j / a_{\text{цj}}=T_{\Phi j}m_j / a_{\text{цj}} \tag{3-9}$$

式中，$T_{\text{цj}}$ 为第 j 级维修机构修理小组在一个地点修理周期的持续时间，单位为 h；T_{nj} 为第 j 级维修机构修理小组在一个地点修理周期中的非生产时间，单位为 h；m_j 为第 j 级维修机构专业修理小组拥有的人数，单位为人；$T_{\Phi j}$ 为第 j 级维修机构修理小组在一个地点的可工作时间，单位为 h；$a_{\text{цj}}$ 为第 j 级维修机构修理周期的持续时间，单位为天。

由于各级维修机构的 $T_{\text{цj}}$、T_{nj}、$a_{\text{цj}}$ 在进攻和防御战役（战斗）中有所不同，所以必须分别进行计算。表 3-4 给出了俄陆军的一个参考数据方案。

表 3-4 各级维修机构的相关特征参数值

特征参数		修理机构				
		$j=1$	$j=2$	$j=3$	$j=4$	$j=5$
修理周期持续时间 a_{uj}（天）	进攻	1	1	1	2	4
	防御	1	1	1.5	3	6
修理周期持续时间 T_{uj}（h）	进攻	24	24	24	48	96
	防御	24	24	36	72	144
修理周期中非生产时间 T_{nj}（h）		20	12	6	12	26

（2）第 j 级维修机构对第 i 种装备每天的修理（生产）能力 q_{ij} 为

$$q_{ij} = \text{每天可提供的维修工时/修理一台装备所需的平均工时}$$

其对装备的修理能力为

$$q_{ij}^d = n_{ij}\tau_{\Phi j}^d k_{uj} k_{cj} / \overline{\tau}_{\phi j}^d \text{（台/天）} \tag{3-10}$$

式中，n_{ij} 为装备修理小组数；k_{uj}、k_{cj} 为第 j 级维修机构的时间利用系数和修理工技术熟练程度系数；$\overline{\tau}_{\phi j}^d$ 为第 j 级维修机构修理一台装备所需的平均维修人时数（由装备大、中、小修人时标准给出）。

（3）考虑维修机构损失时的修理能力计算。

在作战行动中，各级维修机构经常会遭到敌方火力袭击。维修机构的装备虽具有一定的防护能力，但也会造成损失。

当考虑维修机构损失时，战斗第 d 天第 j 级的维修机构对第 i 种装备的修理能力为

$$Q_{ij}^d = B_j q_{ij}^d \left(1 - \sum_{k=1}^{d} f_j^k\right) \tag{3-11}$$

式中，f_j^k 为战役第 k 天第 j 级维修机构的损失率；B_j 为装备保障系统中拥有第 j 级维修机构的个数（个）；$\sum_{k=1}^{d} f_j^k$ 为从战斗第一天开始到第 d 天的累积损失率；$1-\sum_{k=1}^{d} f_j^k$ 为到战役第 d 天结束时第 j 级维修机构的剩余率。

3.4 装备保障系统决策模型

前面给出了进入各级维修机构修理流强度的计算方法和各级维修机构修理能力的计算方法。在此基础上，可以用对比的方法计算出各级维修机构实际完成修理的装备数量，并据此调整各级维修机构的修理任务。

（1）如果 $\lambda_{ij}^d \leqslant Q_{ij}^d$，则说明维修机构任务不满，实修装备数量为修理流强度；

（2）如果 $\lambda_{ij}^d > Q_{ij}^d$，则说明待修装备数量超过修理能力，实修装备数量为修理能力数。

第 d 天第 j 级维修机构对第 i 种装备实际完成修理的装备数为

$$M_{ij}^d = \min\{\lambda_{ij}^d, Q_{ij}^d\} \tag{3-12}$$

如果是第二种情况，则本级维修机构的修理能力不能承担送来的待修装备数量，应将不能承担的待修装备移交给上一级维修机构，移交数量为

$$\lambda_{ij(j+1)}^{d}=\lambda_{ij}^{d}-Q_{ij}^{d} \tag{3-13}$$

上一级（即 $j+1$级）维修机构的修理流强度调整为

$$\lambda_{i(j+1)}^{d'}=\lambda_{i(j+1)}^{d}+\lambda_{ij(j+1)}^{d} \tag{3-14}$$

式中，$\lambda_{ij(j+1)}^{d}$为第 d 天第 i 种装备，由第 j 级维修机构移交到第 $j+1$级维修机构的修理流强度；$\lambda_{i(j+1)}^{d}$ 为正常进入第 $j+1$级维修机构的修理流强度。

各级维修机构实际对第 i 种装备的修理总数量为

$$M_i^d=\sum_{j=1}^{5}M_{ij}^d \tag{3-15}$$

上述决策流程如图 3-2 所示，其中的决策模块由维修机构的环节数 J 控制，图中所有符号的含义同上。

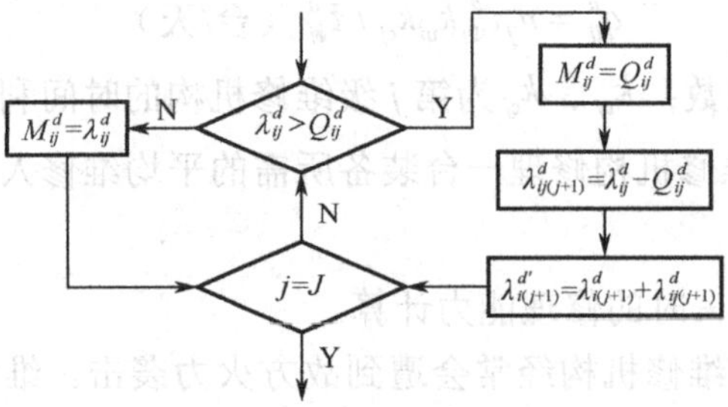

图 3-2　决策流程图

3.5　装备保障系统输出模型

模型的输出参数是对装备保障系统效能的评价指标，反映了装备保障系统通过具体的编组、行动达成对损坏装备修理的效果。因此，提出的评价指标必须能够进行统计和计算，反映对装备的使用要求，并直接与装备的战备完好、任务成功、力量编组和人力及保障资源相关联。

建立装备保障系统模型，可以回答以下三个方面的问题：

（1）装备保障系统的修理能力，即在一天战斗中装备保障系统相应的修理机构可以修竣的最大装备数量，单位为台/天。

（2）修理流强度，即单位时间（天）内落入各级维修机构需要进行修理的损坏装备数量，单位为台/天。

（3）修复流强度，即单位时间（天）内各级维修机构实际修复的装备数量，单位为台/天。

在上述计算的基础上，通过对各级维修机构修理能力与其相应的修理流强度进行比较，可以得出各级维修机构的修复流强度（装备的实际修理数），从而对装备保障系统的保障效果进行分析。在具体计算中，还需要求出以下中间结果和最终结果，以评价装备保障系统保障效果的好坏。

装备保障系统模型计算的中间结果包括：

① 第 j 级维修机构的一个修理小组在一个地点的工作时间 $T_{\phi j}(\tau_{\phi j})$；

② 各级维修机构的生产能力 Q_{ij}；

③ 装备修理流在各级维修机构的分布概率 P_{ij}；

④ 各级维修机构的修理流强度 λ_{ij}；

⑤ 各级维修机构完成修复的装备数 M_{ij}, M_i；

⑥ 战役中每天装备的完好数 N_i。

装备保障系统模型计算的最终结果包括：

① 装备完好率 K_{yk}；

② 战术级和战役级及战役、战术两级总的装备修复率（K_{b}^{ty}、K_{b}^{oy}、K_{b}）；

③ 修理系统的总费用 C_{pu}、修理效益扣除修理费用支出后产生的经济效益 C_{ypu}。

3.5.1 军事效益评价指标

（1）作战行动第 d 天战术级维修机构（师以下维修机构完成的小修）的第 i 种装备的修复率 $K_{\text{b}i}^{\text{ty}}$ 为

$$K_{\text{b}i}^{\text{ty}} = M_{i\text{tp}}^{d} / L_{i\text{tp}}^{d} \tag{3-16}$$

式中，$M_{i\text{tp}}^{d}$ 为第 d 天第 i 种装备完成战术级小修的数量（台/天）；$L_{i\text{tp}}^{d}$ 为第 d 天第 i 种装备的修理流强度，即第 d 天第 i 种装备送修（小修）的数量（台/天）。

在实际作战行动中，对不同种类的装备、不同的作战时间（天数），其修复率不同，必须分别进行统计与计算。

（2）作战行动第 d 天战役级维修机构（师以上维修机构完成的中修）的第 i 种装备的修复率 $K_{\text{b}i}^{\text{oy}}$ 为

$$K_{\text{b}i}^{\text{oy}} = M_{i\text{cp}}^{d} / L_{i\text{cp}}^{d} \tag{3-17}$$

式中，$M_{i\text{cp}}^{d}$ 为第 d 天第 i 种装备完成修理（中修）的数量（台/天）；$L_{i\text{cp}}^{d}$ 为第 d 天第 i 种装备的修理流强度，即第 d 天第 i 种装备送修（中修）的数量（台/天）。

（3）作战行动第 d 天战役、战术级装备保障系统修理的第 i 种装备总的修复率为

$$K_{\text{b}} = (M_{i\text{tp}}^{d} + M_{i\text{cp}}^{d}) / (L_{i\text{tp}}^{d} + L_{i\text{cp}}^{d}) \tag{3-18}$$

式中，各参数的含义同上。

（4）作战行动第 d 天第 i 种装备的完好率 $K_{\text{yk}i}^{d}$。

装备完好率是装备完好性的概率度量，是指部队接到作战命令时，装备能够投入并执行作战任务的概率。装备完好率与装备编制数量、装备保障性、可用性等多种因素有关，其模型的建立和表达必须考虑装备的使用和维修情况。当装备在执行任务前没有发生需要进行修理的故障及战伤时，装备可以立即投入作战使用；当装备在执行任务前曾发生技术故障或在第 d 天之前的战斗行动中发生战伤，但已经过修理恢复了装备原有功能并返回作战部队时，可以立即投入第 d 天的作战行动。

参战装备完好率的计算公式为

$$K_{\text{yk}i}^{d} = N_i^d / N_i^0 \tag{3-19}$$

式中，N_i^0 为战斗行动开始时第 i 种装备完好的数量（台）；N_i^d 为作战行动第 d 天第 i 种装备的完好数量，包括第 $d-1$ 天装备完好数与因技术故障和战伤进行修理后返回部队的装备数量之和。

在作战行动中，对于不同装备每天都有因技术故障和战伤而送修的装备，也有修理完毕返回部队的装备，为准确掌握装备的完好情况，必须按不同装备和不同作战时间（天数）进行统计与计算。

3.5.2 经济效益评价指标

反映保障系统经济效益的评价指标由维修活动产生的经济效益扣除装备修理系统的支出费用，二者之差为产生的经济效益，即

$$C_{\text{ypu}} = C_{\text{b}} - C_{\text{pu}} \tag{3-20}$$

式中，C_{b} 为被修复装备的价值；C_{pu} 为装备修理系统的费用支出。

3.5.3 系统输出计算模型

1. 装备损失量的计算

在战役过程中需要按天统计参战装备的损失量。战役进行到第 d 天第 i 种装备的损失量为

$$\lambda_i^d = \sum_{j=1}^{5} \lambda_{ij\text{o}}^d + N_i^{d-1} P_i^d \tag{3-21}$$

式中，第一项为由于技术原因造成的损失量，包括 5 级维修机构累加起来的待修装备；第二项为由于战损造成的损失量，其中包括第 d 天战损中不可修及送大修的数量。

2. 装备完好数及完好率的计算

在战役过程中还需要按天统计参战装备的完好数。战役第 d 天第 i 种装备的完好数为

$$N_i^d = N_i^{d-1} - \lambda_i^d + M_i^d \tag{3-22}$$

式中，N_i^{d-1} 为前一天（即第 d-1 天）第 i 种装备的完好数；λ_i^d 为第 d 天第 i 种装备的损失数，即式（3-21）所得的结果；M_i^d 为第 d 天经过修理后返回部队的第 i 种装备的数量，即式（3-15）所得的结果。

由式（3-19）和式（3-22），可计算出作战行动第 d 天第 i 种装备的完好率。

3. 装备修复率的计算

在前面列出的效能评价参数中，装备修复率是按战术级（师以下维修机构）完成小修、战役级（师以上维修机构）完成中修时分别提出要求的，所以用式（3-15）计算修复装备数量时也要分开计算。对第 i 种装备的修理数量，可表示为

$$\begin{gathered} M_{i\text{tp}}^d = \sum_{j=1}^{3} M_{ij}^d \\ M_{i\text{cp}}^d = \sum_{j=4}^{5} M_{ij}^d \end{gathered} \tag{3-23}$$

式中，M_{itp}^{d}为第 d 天第 i 种装备完成的战术级小修数量；M_{icp}^{d}为第 d 天第 i 种装备完成的战役级中修数量。

第 i 种装备战术级、战役级的修理流强度为

$$L_{itp}^{d}=\sum_{j=1}^{3}\lambda_{ij}^{d}$$
$$L_{icp}^{d}=\sum_{j=4}^{5}\lambda_{ij}^{d} \tag{3-24}$$

式中，L_{itp}^{d}为第 i 种装备战术级（师以下维修机构）的修理流强度；L_{icp}^{d}为第 i 种装备战役级（师以上维修机构）的修理流强度。

第 i 种装备在战术级、战役级维修机构的修复率分别为

$$K_{bi}^{ty}=M_{itp}^{d}/L_{itp}^{d}$$
$$K_{bi}^{oy}=M_{icp}^{d}/L_{icp}^{d} \tag{3-25}$$

上述参数都是按战役行动逐日进行统计计算的，这是各级指挥员必须及时掌握的装备动态变化过程。当需要掌握一次战役结束后总的装备情况时，由下列公式得出。

若整个战役进行 a 天，则第 i 种装备战术级、战役级的修理流强度为

$$L_{itp}^{a}=\sum_{d=1}^{a}\sum_{j=1}^{3}\lambda_{ij}^{d}$$
$$L_{icp}^{a}=\sum_{d=1}^{a}\sum_{j=4}^{5}\lambda_{ij}^{d} \tag{3-26}$$

对第 i 种装备战术级、战役级的实际修理数量为

$$M_{itp}^{a}=\sum_{d=1}^{a}\sum_{j=1}^{3}M_{ij}^{d}$$
$$M_{icp}^{a}=\sum_{d=1}^{a}\sum_{j=4}^{5}M_{ij}^{d} \tag{3-27}$$

当需要对第 j 级维修机构第 i 种装备计算整个战役进程中的修理流强度和实际修理数量时，可由下面公式计算得出：

$$L_{ij}^{a}=\sum_{d=1}^{a}\lambda_{ij}^{d}$$
$$M_{ij}^{a}=\sum_{d=1}^{a}M_{ij}^{d} \tag{3-28}$$

4. 战役中装备保障系统经济效益的计算

装备保障系统的经济性评价可以用被修复装备产生的经济效益扣除修理子系统的费用支出来体现。修理子系统的费用支出包括综合修理小组的装备（工程车）损失造成的费用支出、维修备件和材料的费用支出、保障指挥系统的设备损失造成的费用支出和修理人员损失造成的费用支出。

（1）综合修理小组的装备（工程车）损失造成的费用支出 C_{p1} 为

$$C_{p1}=R_{m}^{u}K_{cm}F \tag{3-29}$$

式中，$R_{\mathrm{m}}^{\mathrm{u}}=\sum_{i=1}^{I}\sum_{j=1}^{5}n_{ij}B_j$ 为以拆装抢修工程车和专用工程车为基础的综合修理小组的数量，其中 B_j 为第 j 级维修机构的个数，在拥有履带式和轮式（装甲）装备的情况下，I=2；K_{cm} 为综合修理小组的工程车的价格系数；$F=\sum_{d=1}^{a}f^d$ 为战役中工程车的总损失数。

（2）修理所需的维修备件和材料费用支出 C_{p2} 为

$$C_{\mathrm{p2}}=k_{\mathrm{ctp}}\sum_{i=1}^{5}M_{i\mathrm{tp}}^{a}+k_{\mathrm{ccp}}\sum_{i=1}^{5}M_{i\mathrm{cp}}^{a} \tag{3-30}$$

式中，k_{ctp}、k_{ccp} 为一次小修、中修所需的维修备件、材料费用系数。

（3）保障指挥系统的设备损失造成的费用支出 C_{p3} 为

$$C_{\mathrm{p3}}=k_{\mathrm{cy}}F(R_{\mathrm{m}}^{\mathrm{u}}-k_{\mathrm{an}}\sum_{j=1}^{5}T_{\mathrm{n}j}) \tag{3-31}$$

式中，k_{an} 为换算系数（$k_{\mathrm{an}}=1$）；k_{cy} 为指挥设备的费用系数；$T_{\mathrm{n}j}$ 为修理周期中的非生产时间支出（h）。

（4）修理人员损失造成的费用支出 C_{p4} 为

修理人员损失由用于装备修理训练和专业人员培训的费用支出换算得出

$$C_{\mathrm{p4}}=R_{\mathrm{m}}^{\mathrm{u}}k_{\mathrm{cn}}k_{\mathrm{c}}F \tag{3-32}$$

式中，k_{cn} 为专业人员培训和维持的费用系数；$k_{\mathrm{c}}=0.2\times\sum_{j=1}^{5}k_{\mathrm{c}j}$ 为修理专业人员技术熟练程度的平均系数。

由式（3-29）～式（3-32）可得装备修理系统的总费用支出 P_{pu} 为

$$P_{\mathrm{pu}}=C_{\mathrm{p1}}+C_{\mathrm{p2}}+C_{\mathrm{p3}}+C_{\mathrm{p4}} \tag{3-33}$$

扣除装备（底盘）修理的费用支出，可以确定出整个战役的装备保障产生的经济效益为

$$C_{\mathrm{ypu}}=\sum_{d=1}^{a}\sum_{i=1}^{5}k_iM_i^d-C_{\mathrm{pu}} \tag{3-34}$$

式中，M_i^d 为第 i 种装备的日实际修理数量，即式（3-15）计算的结果；k_i 为第 i 种装备产品的相对费用系数。

3.5.4 模型的总体算法流程

模型的总体算法流程图是对模型算法的总体描述，其既为算法编程提供指导，也有助于分析人员更好地理解该模型和算法，具体流程如图 3-3 所示。

在 3.4 节中已经分析了系统的决策过程，给出了流程图，在总体算法流程中，决策模块的位置如图 3-4 所示。

装备的修理顺序是按照其优先级进行的。图 3-3 中的模块 8.1 用来检查判断流程中装备的种类数 i 是否等于装备种类总数 I。

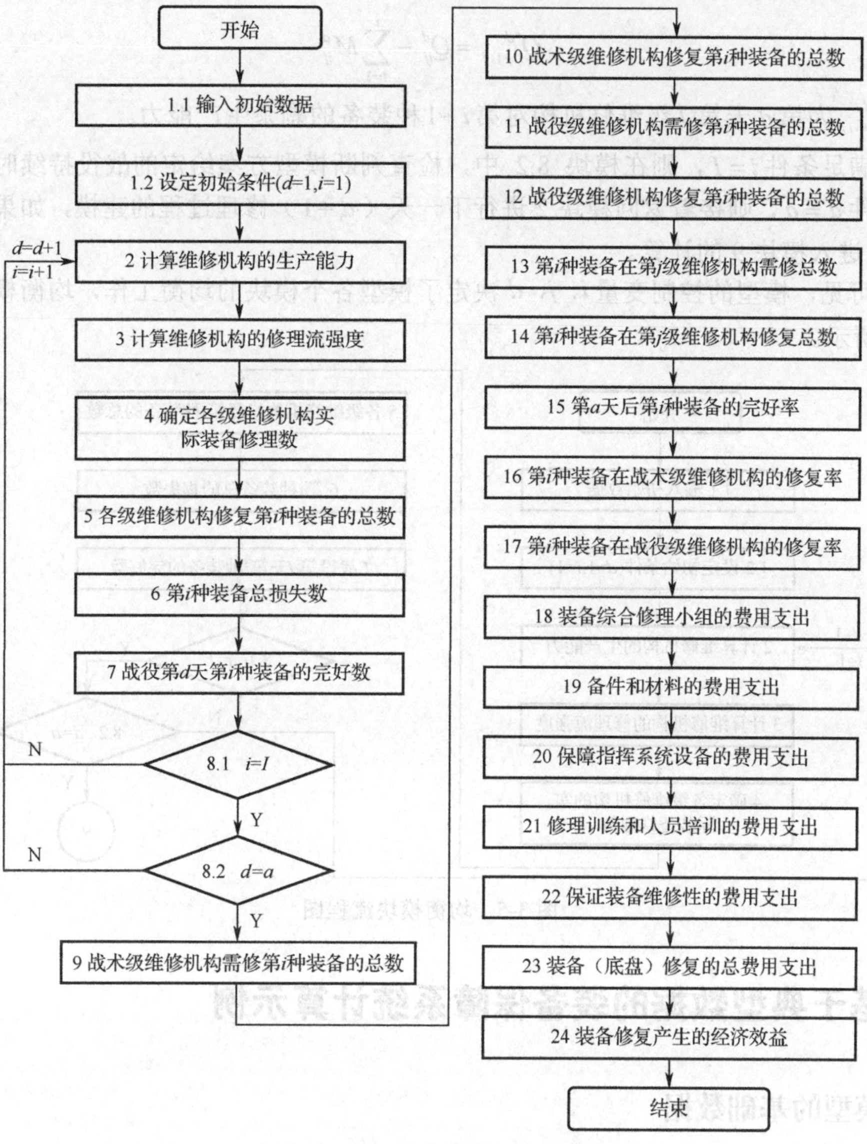

图 3-3 模型的总体算法流程图

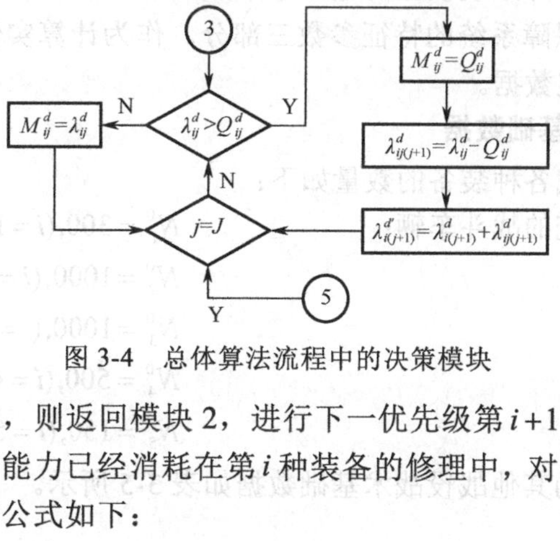

图 3-4 总体算法流程中的决策模块

如果不满足条件$i=I$，则返回模块 2，进行下一优先级第$i+1$种装备修理过程的计算。这时维修机构的部分生产能力已经消耗在第i种装备的修理中，对于$i>1$的装备，计算各级维修机构剩余生产能力的公式如下：

$$Q_{(i+1)j}^{*d} = Q_{ij}^{d} - \sum_{i=1}^{i} M_{ij}^{d} \tag{3-35}$$

式中，$Q_{(i+1)j}^{*d}$ 为第 d 天第 j 级维修机构对第 $i+1$ 种装备的剩余生产能力。

如果满足条件 $i=I$，则在模块 8.2 中，检查判断模型方案给定的战役持续时间。如果不满足条件 $d=a$，则接着返回模块 2 进行下一天（$d+1$）修理过程的建模，如果满足条件 $d=a$，则进入模块 9 的计算。

由此可见，模型的控制变量 i、j、d 决定了模型各个模块的均衡工作，均衡模块流程图如图 3-5 所示。

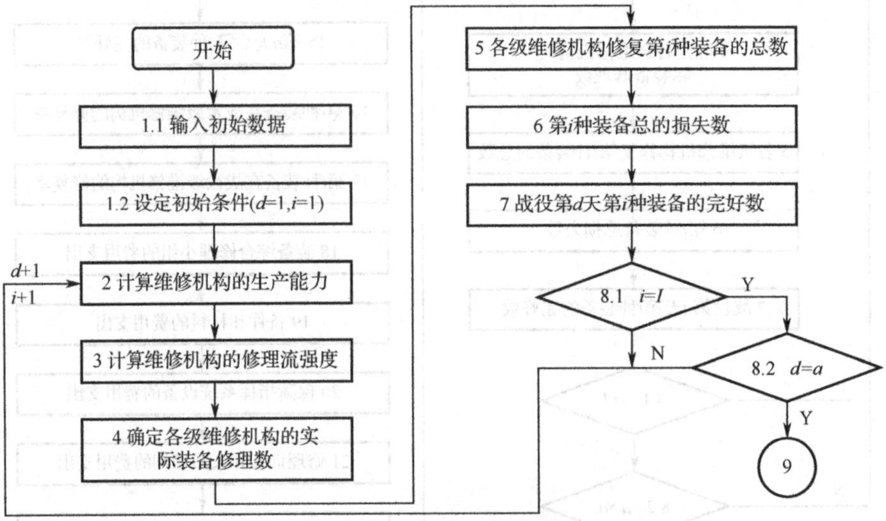

图 3-5　均衡模块流程图

3.6　基于典型数据的装备保障系统计算示例

3.6.1　模型的基础数据

前面已经给出装备保障系统模型的输入参数集，包括模型的战役战术基础数据、保障对象的特征参数和装备保障系统的特征参数三部分。作为计算实例，下面给出在进攻战役和防御战役中的具体想定数据。

1. 模型的战役战术基础数据

在战役开始时，参战各种装备的数量如下：

导弹与防空导弹系统的战斗车辆：　$N_1^0 = 300, (i=1)$

坦克：　$N_2^0 = 1000, (i=2)$

步兵战车：　$N_3^0 = 1000, (i=3)$

轮式装甲输送车：　$N_4^0 = 500, (i=4)$

装甲抢救抢修车：　$N_5^0 = 150, (i=5)$

在进攻战役中模型的其他战役战术基础数据如表 3-5 所示。

表 3-5 在进攻战役中模型的其他战役战术基础数据

参数		战役天数 d							
		1	2	3	4	5	6	7	8
装备一天的损失率 P_i^d	导弹与防空导弹系统的战斗车辆	0.1	0.2	0.2	0.1	0.1	0.1	0.1	0.1
	坦克	0.2	0.3	0.3	0.2	0.2	0.2	0.15	0.15
	步兵战车	0.2	0.2	0.2	0.2	0.15	0.15	0.15	0.15
	轮式装甲输送车	0.1	0.15	0.15	0.1	0.1	0.1	0.1	0.1
	装甲抢救抢修车	0.1	0.1	0.1	0.05	0.05	0.05	0.05	0.05
战斗任务纵深 L^d (km)		20	15	15	20	20	20	30	30
修理机构一天的损失率 f^d		0.03	0.05	0.05	0.03	0.03	0.03	0.03	0.03

假定：（1）在进攻战役中，每天装备的机动系数取 $k_{mi}=2$，与装备的种类无关；（2）在防御战役中，每天装备的机动系数取 $k_{mi}=1$，与装备的种类无关；（3）在防御战役中，装甲装备一天的损失取上述数据的3/4；（4）在防御战役中，装备的行程取战斗任务纵深 L^d 值的1/2，其他基础数据不变。

2. 保障对象的特征参数

保障对象的基础数据如表 3-6 所示。

表 3-6 保障对象的基础数据（初始方案）

装备种类 i	战役开始前的装备数量 N_i^0（台）	战役战术级不可修复的损失率		战役战术级平均维修工作量（人时）	
		大修 $P_{i\text{kp}}$	不可挽回的损失 $P_{i\text{бп}}$	故障引起的 τ_{io}	战损引起的 $\tau_{iб}$
导弹及防空导弹系统的战斗车辆*	300	0.2	0.3	15	50
坦克	1000	0.1	0.25	20	125
步兵战车	1000	0.1	0.25	20	100
轮式装甲输送车*	500	0.1	0.25	15	50
装甲抢救抢修车	150	0.2	0.3	20	125

说明：（1）表中带"*"号表示绝大部分为轮式底盘车辆；（2）所有装备底盘的故障流参数取 $\omega_{io}=0.001$次/（km·台）。

3. 装备保障系统的特征参数

这里选取的装备保障系统的控制变量有以下几个：

n_{ij}——第 j 级维修机构修理（折装）小组的数量，反映编制情况；

T_{nj}——第 j 级维修机构修理周期中的非生产时间，反映维修机构的快速反应能力；

k_{cj}——专业修理人员的技术熟练程度系数，反映维修机构的训练水平和人员素质。

装备保障系统各个维修级别维修机构工作时间利用系数取 $k_{uj}=0.75$，反映维修机构的工作效率。

装备保障系统特征参数的具体数据如表 3-7 所示。

表 3-7 装备保障系统特征参数的具体数据（初始方案）

特征参数		修理机构				
		$j=1$	$j=2$	$j=3$	$j=4$	$j=5$
修理周期的持续时间 a_{uj}（天）	进攻	1	1	1	2	4
	防御	1	1	1.5	3	6
修理周期的持续时间 T_{uj}（h）	进攻	24	24	24	48	96
	防御	24	24	36	72	144
修理周期中总的非生产时间 T_{nj}（h）		20	12	6	12	26
专业修理小组的数量 n_{ij}（个）	履带式	1*	4	14**	32	48
	轮式	0	0	2	4	6
一个修理小组拥有的人数 m_j（人）		2	5	5	6	7
专业修理人员技术熟练程度系数 k_{cj}		0.5	0.6	0.7	0.8	0.9
同类维修机构的个数 B_j（个）		30***	16	4	1	1

说明：表中各种符号的含义如下：

（1）“*”号表示在坦克营对坦克进行修理，在摩步营对步兵战车和装甲输送车进行修理；

（2）“**”号表示进攻战役时的修理小组数量，防御战役时修理小组数量取 7；

（3）“***”表示对于坦克营和摩步营，同类修理机构的个数为 30 个。

对装备保障系统进行经济效益评价的基础数据如表 3-8 和表 3-9 所示。表 3-8 给出了装甲装备产品的相对价格系数；表 3-9 给出了装备保障系统中各元素的相对费用，价格的单位为单台坦克的价格。

表 3-8 装甲装备产品的相对价格系数

装备种类 i	相对价格系数	
	符号	值
导弹及防空导弹系统战斗车辆	k_1	2.0
坦克	k_2	1.0
步兵战车	k_3	0.5
轮式装甲输送车	k_4	0.25
装甲抢救抢修车	k_5	0.5

表 3-9 装备保障系统中各元素的相对费用

装备保障系统的元素名称	系数符号	系数的值	
		相对于坦克的价格	相对于综合修理小组装备的价格
综合修理小组的装备	k_{cm}	0.1	1.0
一个小修所需的维修备件、材料	k_{ctp}	0.005	0.05
一个中修所需的维修备件、材料	k_{ccp}	0.15	1.5

续表

装备保障系统的元素名称	系数符号	系数的值	
		相对于坦克的价格	相对于综合修理小组装备的价格
装备保障系统的指挥设备	k_{cy}	0.02	0.2
专业人员的培训和维持	k_{cn}	0.03	0.3

3.6.2 模型的输出结果

利用编制的计算软件进行计算，模型的输出结果包括中间输出结果和最终输出结果。模型的中间输出结果主要包括：

（1）第 j 级维修机构的一个修理小组在一个地点的工作时间；

（2）各级维修机构的生产能力；

（3）装备修理流在各级维修机构中的分布概率；

（4）各级维修机构的修理流参数；

（5）各级维修机构完成修复的装备数；

（6）战役中装备每天的完好数。

模型的最终输出结果主要有：

（1）装备的完好率 K_{yk}；

（2）战术、战役级及总的装备保障系统的装备修复率（K_b^{ty}、K_b^{oy}、K_b）；

（3）装备保障系统的费用支出 C_{pu}、装备保障系统产生的经济效益 C_{ypu}。

表 3-10 和表 3-11 给出的是模型的中间计算输出结果，表 3-12 给出的是模型的最终输出结果。

表 3-10 维修机构维修时间 $T_{\phi j}$ 和生产能力 Q_{ij}（台/天）

维修机构的级别 j	维修时间 $T_{\phi j}$（h）	装备种类 i	作战（战役）天数 d							
			1	2	3	4	5	6	7	8
			Q_{ij}							
1	4	1,2,3,4,5	17	17	16	15	15	14	14	13
2	12	1,2,3,4,5	56	53	50	48	47	45	43	41
3	18	1,2,3,4,5	39	37	35	34	33	31	30	29
4	36	1,2,3,4,5	15	14	14	13	13	12	12	11
5	70	1,2,3,4,5	12	12	11	11	10	10	10	9

表 3-11 修理流在各级维修机构中的分布概率（指数分布）

装备种类 i	技术原因引起的分布概率					战损原因引起的分布概率				
	维修机构的级别 j					维修机构的级别 j				
	1	2	3	4	5	1	2	3	4	5
1，4	0.49	0.48	0.03	0	0	0.19	0.45	0.24	0.11	0.01
2，5	0.39	0.53	0.08	0	0	0.08	0.26	0.22	0.25	0.18
3	0.39	0.53	0.08	0	0	0.09	0.29	0.25	0.24	0.13

表 3-12 装备保障系统的效能评价结果

装备种类	参数	战役天数（*d*）								
		0	1	2	3	4	5	6	7	8
导弹及防空导弹系统战斗车辆	N	300	285	257	231	220	210	199	189	180
	K_{yk}	1.00	0.95	0.86	0.77	0.73	0.70	0.66	0.63	0.60
	K_b^{ty}	—	1.00	1.00	1.00	1.00	1.00	1.00	1.00	1.00
	K_b^{oy}	—	1.00	1.00	1.00	1.00	1.00	1.00	1.00	1.00
	K_b	—	1.00	1.00	1.00	1.00	1.00	1.00	1.00	1.00
坦克	N	1000	904	772	661	607	559	512	487	463
	K_{yk}	1.00	0.90	0.77	0.66	0.61	0.56	0.51	0.49	0.46
	K_b^{ty}	—	0.92	0.73	0.80	0.98	0.98	0.98	0.98	0.98
	K_b^{oy}	—	0.56	0.62	0.62	0.82	0.83	0.81	1.00	1.00
	K_b	—	0.79	0.68	0.72	0.92	0.93	0.92	1.00	1.00
步兵战车	N	1000	768	596	462	388	347	312	280	255
	K_{yk}	1.00	0.77	0.60	0.46	0.39	0.35	0.31	0.28	0.25
	K_b^{ty}	—	0.00	0.00	0.00	0.50	0.65	0.74	0.72	0.81
	K_b^{oy}	—	0.00	0.00	0.00	0.00	0.00	0.00	0.00	0.00
	K_b	—	0.03	0.00	0.00	0.32	0.42	0.50	0.52	0.62
装甲输送车	N	500	432	356	294	254	219	189	160	141
	K_{yk}	1.00	0.86	0.71	0.59	0.51	0.44	0.38	0.32	0.28
	K_b^{ty}	—	0.00	0.00	0.00	0.00	0.00	0.00	0.00	0.23
	K_b^{oy}	—	0.00	0.00	0.00	0.00	0.00	0.00	0.00	0.00
	K_b	—	0.00	0.00	0.00	0.00	0.00	0.00	0.00	0.18
装甲抢救抢修车	N	150	130	113	99	90	82	78	70	63
	K_{yk}	1.00	0.87	0.75	0.66	0.60	0.55	0.52	0.47	0.42
	K_b^{ty}	—	0.00	0.00	0.00	0.00	0.00	0.00	0.00	0.00
	K_b^{oy}	—	0.00	0.00	0.00	0.00	0.00	1.00	0.00	0.00
	K_b	—	0.00	0.00	0.00	0.00	0.00	0.5	0.00	0.00
装备保障系统的费用支出：$C_{pu}=69.13$					装备保障系统的经济效益：$C_{ypu}=1254.87$					

根据表 3-12 给出的结果，装备保障系统在战役期间产生的经济效益反映在投入的维修费用约为 69.13 台坦克价格时，产出的效益值为 1254.87 台坦克价格，扣除费用支出，相当于在战役期间装备保障系统产生了 1185.74 台坦克价格的价值。

从以上表格数据可以直接看出战役进展期间各种装备每天的装备完好数、各种装备的完好率及装备保障系统战术级、战役级修复率的变化趋势，图 3-6 和图 3-7 给出与模型最终输出结果相对应的装备完好数、完好率的直方图或折线图。

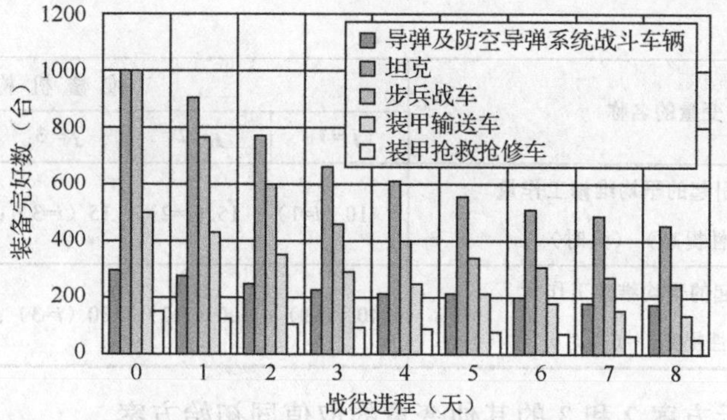

图 3-6 战役进展期间各种装备每天的完好数（直方图）

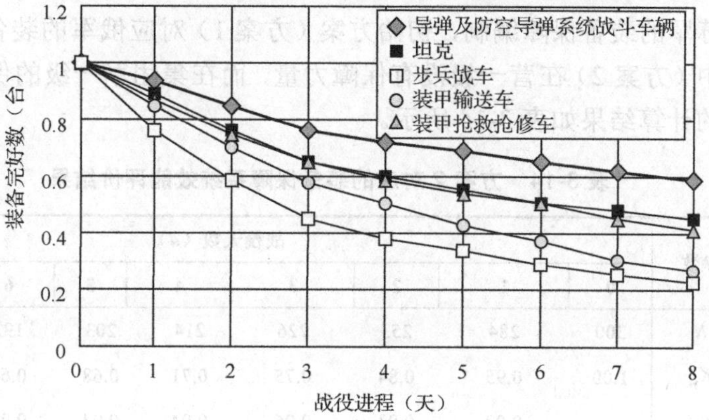

图 3-7 战役进展期间各种装备每天的完好率

3.6.3 模型的灵敏度分析

在以上初始数据计算的基础上，考察装备保障系统的主要控制变量 n_{ij} 及装备维修性参数发生变化时模型计算结果的变化，并对计算结果进行对比分析，进而得出相关结论。

表 3-13 的方案 1 为控制变量 n_{ij}、维修性参数的初始数据，方案 2 与方案 3 分别对应控制变量 n_{ij} 与维修性参数变化后的数据。

表 3-13 分析模型 3 个方案中控制变量的取值

方案编号	变量的名称		维修机构				
			$j=1$	$j=2$	$j=3$	$j=4$	$j=5$
1 初始方案	履带式装备底盘修理小组数		1	4	14	32	48
	轮式装备底盘修理小组数		0	0	2	4	6
	技术故障引起的平均维修工作量（人时）		15（i=1）；20（i=2）；20（i=3）；15（i=4）；20（i=5）				
	战损引起的平均维修工作量（人时）		50（i=1）；125（i=2）；100（i=3）；50（i=4）；125（i=5）				
2*	履带式装备底盘修理小组数	进攻	0	4	14	56	32
		防御	0	4	7	56	32
	轮式装备底盘修理小组数		0	0	2	8	4

续表

方案编号	变量的名称	维修机构				
		$j=1$	$j=2$	$j=3$	$j=4$	$j=5$
3*	技术故障引起的平均维修工作量（维修性提高）（人时）	10（i=1）；15（i=2）；15（i=3）；10（i=4）；15（i=5）				
	战损引起的平均维修工作量（维修性提高）（人时）	40（i=1）；100（i=2）；80（i=3）；40（i=4）；100（i=5）				

说明："*"表示方案 2 和 3 的其他变量的取值同初始方案。

1. 编制对装备保障效果的影响分析

方案 2 对应苏军的装备保障编制，初始方案（方案 1）对应俄军的装备保障编制。苏军的装备保障编制中（方案 2）在营一级没有保障力量，而在集团军一级的保障力量是比较强大的。对方案 2 的计算结果如表 3-14 所示。

表 3-14 方案 2 对应的装备保障系统效能评价结果

装备种类	参数	战役天数（d）								
		0	1	2	3	4	5	6	7	8
导弹及防空导弹系统战斗车辆	N	300	284	253	226	214	203	192	182	172
	K_{yk}	1.00	0.95	0.84	0.75	0.71	0.68	0.64	0.61	0.57
	K_b^{ty}	—	0.92	0.93	0.96	0.94	0.94	0.94	0.94	0.94
	K_b^{oy}	—	1.00	1.00	1.00	1.00	1.00	1.00	1.00	1.00
	K_b	—	0.92	0.94	0.96	0.94	0.94	0.94	0.95	0.94
坦克	N	1000	905	774	664	605	553	505	473	444
	K_{yk}	1.00	0.90	0.77	0.66	0.61	0.55	0.50	0.47	0.44
	K_b^{ty}	—	0.90	0.70	0.77	0.97	0.96	0.96	0.96	0.96
	K_b^{oy}	—	0.63	0.67	0.67	0.75	0.78	0.80	0.85	0.89
	K_b	—	0.81	0.68	0.73	0.89	0.90	0.90	0.93	0.94
步兵战车	N	1000	768	596	462	388	354	326	303	288
	K_{yk}	1.00	0.77	0.60	0.46	0.39	0.35	0.33	0.30	0.29
	K_b^{ty}	—	0.00	0.00	0.00	0.44	0.63	0.68	0.68	0.75
	K_b^{oy}	—	0.00	0.00	0.00	0.07	0.30	0.50	0.85	0.92
	K_b	—	0.03	0.00	0.00	0.31	0.52	0.62	0.72	0.79
装甲输送车	N	500	432	356	294	254	219	189	160	135
	K_{yk}	1.00	0.86	0.71	0.59	0.51	0.44	0.38	0.32	0.27
	K_b^{ty}	—	0.00	0.00	0.00	0.00	0.00	0.00	0.00	0.00
	K_b^{oy}	—	0.00	0.00	0.00	0.00	0.00	0.00	0.00	0.00
	K_b	—	0.00	0.00	0.00	0.00	0.00	0.00	0.00	0.00

续表

装备种类	参数	战役天数（d）								
		0	1	2	3	4	5	6	7	8
装甲抢救抢修车	N	150	130	113	99	90	82	78	70	63
	K_{yk}	1.00	0.87	0.75	0.66	0.60	0.55	0.52	0.47	0.42
	K_b^{ty}	—	0.00	0.00	0.00	0.00	0.00	0.00	0.00	0.00
	K_b^{oy}	—	0.00	0.00	0.00	0.00	0.00	0.00	0.00	0.00
	K_b	—	0.00	0.00	0.00	0.00	0.00	0.00	0.00	0.00
装备保障系统的费用支出：$C_{pu}=71.05$					装备保障系统的经济效益：$C_{ypu}=1222.45$					

比较表 3-14 与表 3-12，可以看出：

（1）对于导弹及防空导弹系统战斗车辆，方案 2 战役进展期间装备的完好数、完好率、战术级装备保障系统的修复率和整个装备保障系统的修复率比方案 1 大幅下降。

（2）对于坦克，方案 2 战役进展期间装备的完好数、完好率、战术级装备保障系统的修复率、战役级装备保障系统的修复率和整个装备保障系统的修复率比方案 1 也降低了。

（3）对于步兵战车，方案 2 在战役初期（第一天到第三天）装备保障系统的各项评价指标没有变化，而从战役的第四天开始，装备保障系统的各项评价指标比方案 1 均有所增加，相对来说装备保障系统的修复率增大幅度较大。

（4）对于装甲输送车，装备保障系统的评价指标在战役后期（第七天到第八天）只有很微小的变化。而对于装甲抢救抢修车，装备保障系统的评价指标没有变化。

综合上述 4 点，可以得出以下结论：方案 1 对应的俄军装备保障编制，其装备保障效果优于方案 2 对应的苏军装备保障编制的保障效果，特别是方案 1 的战术级伴随保障能力较苏军的方案 2 有了明显提高，符合现代战争对装备保障的要求。

2. 保障对象的维修性水平对装备保障效果的影响分析

在方案 3 中保障对象的平均维修工作量（包括技术故障引起的平均维修工作量和战损引起的平均维修工作量）比方案 1 的减小了，也就是说保障对象的维修性提高了。

经过计算得到方案 3 的计算结果，如表 3-15 和表 3-16 所示。

表 3-15　修理流在各级维修机构的分布概率（指数分布）

装备种类 i	维修机构的级别 j					维修机构的级别 j				
	1	2	3	4	5	1	2	3	4	5
	技术原因引起的分布概率					战损原因引起的分布概率				
1，4	0.63	0.36	0.01	0	0	0.22	0.49	0.20	0.08	0.01
2，5	0.48	0.47	0.05	0	0	0.09	0.29	0.23	0.23	0.16
3	0.48	0.47	0.05	0	0	0.11	0.34	0.24	0.20	0.11

表 3-16 方案 3 对应的装备保障系统的效能评价结果

装备种类	参数	战役天数（d）								
		0	1	2	3	4	5	6	7	8
导弹及防空导弹系统战斗车辆	N	300	284	257	232	221	210	200	191	183
	K_{yk}	1.00	0.95	0.86	0.77	0.74	0.70	0.67	0.64	0.61
	K_b^{ty}	—	1.00	1.00	1.00	1.00	1.00	1.00	1.00	1.00
	K_b^{oy}	—	1.00	1.00	1.00	1.00	1.00	1.00	1.00	1.00
	K_b	—	1.00	1.00	1.00	1.00	1.00	1.00	1.00	1.00
坦克	N	1000	912	188	685	634	586	543	516	491
	K_{yk}	1.00	0.91	0.79	0.69	0.63	0.59	0.54	0.52	0.49
	K_b^{ty}	—	0.89	0.68	0.73	0.97	0.97	0.96	0.96	0.96
	K_b^{oy}	—	0.66	0.72	0.75	0.91	0.93	0.96	1.00	1.00
	K_b	—	0.82	0.69	0.74	0.95	0.96	0.96	1.00	1.00
步兵战车	N	1000	768	596	462	384	343	309	293	276
	K_{yk}	1.00	0.77	0.60	0.46	0.38	0.34	0.31	0.29	0.28
	K_b^{ty}	—	0.00	0.00	0.00	0.37	0.61	0.65	0.70	0.73
	K_b^{oy}	—	0.00	0.00	0.00	0.00	0.00	0.00	0.0.92	0.69
	K_b	—	0.03	0.00	0.00	0.25	0.44	0.47	0.75	0.72
装甲输送车	N	500	432	356	294	254	219	189	160	135
	K_{yk}	1.00	0.86	0.71	0.59	0.51	0.44	0.38	0.32	0.27
	K_b^{ty}	—	0.00	0.00	0.00	0.00	0.00	0.00	0.00	0.00
	K_b^{oy}	—	0.00	0.00	0.00	0.00	0.00	0.00	0.00	0.00
	K_b	—	0.00	0.00	0.00	0.00	0.00	0.00	0.00	0.00
装甲抢救抢修车	N	150	130	113	99	90	82	79	71	67
	K_{yk}	1.00	0.87	0.75	0.66	0.60	0.55	0.53	0.47	0.45
	K_b^{ty}	—	0.00	0.00	0.00	0.00	0.00	0.00	0.00	0.00
	K_b^{oy}	—	0.00	0.00	0.00	0.00	0.00	0.00	0.00	0.00
	K_b	—	0.00	0.00	0.00	0.00	0.00	0.00	0.00	0.00
装备保障系统的费用支出：$C_{pu}=73.93$					装备保障系统的经济效益：$C_{ypu}=1336.07$					

比较表 3-15 与表 3-11 可以看出：保障对象的维修性提高后，修理流的分布偏向于级别较低的维修机构，即损坏装备在级别较低的维修机构中的分布比重增大了。

比较表 3-16 与表 3-12 可以看出：保障对象的维修性提高之后，除了由于较低级别维修机构修理负荷加重引起坦克、步兵战车的战术级修复率略有降低之外，其他装备保障系统的各项评价指标都比方案 1 有很大提高。

综合上述比较，可以得出以下结论：

（1）在装备保障系统（编制等）一定的情况下，提高保障对象的维修性水平，降低装备维修所需的平均维修工作量，即改善装备保障系统的输入，可以提高装备保障系统输出的效果。

（2）为了获得给定的装备保障效果，对维修性好的装备，可以降低对装备保障系统的要求。

第4章 装备保障系统优化模型构建及计算示例

装备保障系统的优化是根据具体的优化准则和作战任务，确定装备保障系统最佳结构组成的动态多目标决策问题。本章在前面建立的装备保障系统数学解析模型基础上，以陆军装备保障系统为背景，建立基于最小二乘法原理的装备保障系统优化模型，明确优化准则和优化函数，给出基于遗传算法的装备保障系统优化方法。以典型数据为基础，给出装备保障系统的优化计算示例。

4.1 装备保障系统优化模型分析

4.1.1 优化模型的用途和假设条件

1. 优化模型的用途

优化模型的用途在于，根据作战类型和作战初始数据等已知条件，通过计算，得出各级保障力量的最佳匹配方案，使得保障系统能以较小的力量投入达到最佳的保障效果，从而最大限度地发挥战时装备保障系统的作用，实现装备保障的精确化。

本优化模型得出的维修力量的最佳匹配方案可为保障指挥员提供以下信息：

（1）各级维修机构的配置数。

（2）各级维修机构所含基本保障单元数。

（3）各级维修机构的基本保障单元修理人员数。

（4）各级维修机构的基本保障单元平均每天工作时间。

（5）各级维修机构应具有的侦察能力（发现概率）。

（6）各级维修机构应具有的后送能力（后送概率）。

（7）各级维修机构所能达到的修复率。

（8）为了达到规定的修复率，各级维修机构还需要加强的维修力量。

2. 优化模型的假设条件

（1）以陆军主战装备为保障对象。

（2）装备保障系统的输入部分为技术故障损坏的装备和战伤损坏的装备，其中不包含由于储备消耗引起的需大修的装备及战伤报废的装备。

（3）修竣装备及时补充返回作战部队，根据各级维修机构所承担的修理任务时限可以认为，师以下维修机构的修竣装备当天返回作战部队，计入次日的初始参战装备数；集团军维修机构的修竣装备隔一天返回作战部队，计入次日的初始参战装备数；战区维修机构的修竣装备隔两天返回作战部队，计入次日的初始参战装备数。

（4）各级维修机构每天返回参战部队的装备数为平均值。

（5）装备维修工作量是随机变量且服从指数分布规律。

（6）参战部队在作战过程中，上级没有新装备补充。

（7）作战的最大时限为 8 天。

4.1.2 可控参数及取值范围

按照前面论述的系统研究方法，根据装备保障系统的功能描述和各级维修机构的编制分析，提出 5 个战时装备保障系统的可控参数及其取值范围。

1）各级维修机构的配置数 B_j（j=1,2,3,4,5）

陆军战术级和战役级维修机构共有 5 级划分，按照 1～5 级依次为营、团、师、集团军、战区级维修机构。以战区以下可能拥有的维修力量为参考数据，B_j（j=1,2,3,4,5）的取值范围为

$B_1 \in \{x|25 \leqslant x \leqslant 36$ 且 x 为整数$\}$

$B_2 \in \{x|12 \leqslant x \leqslant 20$ 且 x 为整数$\}$

$B_3 \in \{x|2 \leqslant x \leqslant 6$ 且 x 为整数$\}$

$B_4 \in \{x|1 \leqslant x \leqslant 2$ 且 x 为整数$\}$

$B_5 \in \{x|1 \leqslant x \leqslant 2$ 且 x 为整数$\}$

2）各级维修机构所含基本保障单元数 n_j（j=1,2,3,4,5）

基本保障单元是装备保障行动的最小单位，各级的基本保障单元编制人数固定，但有所不同，n_j（j=1,2,3,4,5）的取值范围为

$n_1 \in \{x|1 \leqslant x \leqslant 2$ 且 x 为整数$\}$

$n_2 \in \{x|21 \leqslant x \leqslant 24$ 且 x 为整数$\}$

$n_3 \in \{x|22 \leqslant x \leqslant 30$ 且 x 为整数$\}$（进攻战斗）或 $n_3 \in \{x|18 \leqslant x \leqslant 26$ 且 x 为整数$\}$（防御战斗）

$n_4 \in \{x|18 \leqslant x \leqslant 25$ 且 x 为整数$\}$

$n_5 \in \{x|50 \leqslant x \leqslant 65$ 且 x 为整数$\}$

3）各级维修机构的侦察能力（发现概率）k_{fxj}（j=1,2,3,4,5）

k_{fxj}（j=1,2,3,4,5）反映各级维修机构的战场侦察能力，即发现战损装备的概率，要求不低于 0.85，其取值范围为

{0.85，0.90，0.95，0.98}

4）各级维修机构的后送能力（后送概率）k_{hsj}（j=1,2,3,4,5）

k_{hsj}（j=1,2,3,4,5）反映各级维修机构的战场后送能力，即后送战损装备的概率，要求不低于 0.8，其取值范围为

{0.80，0.85，0.90，0.95，0.98}

5）各级维修机构在指定地域的工作时间 $T_{\text{t}j}$（j=1,2,3,4,5）

$T_{\text{t}j}$（j=1,2,3,4,5）分为正常工作时间和高负荷工作时间，单位为 h。

以各级维修机构的修理周期持续时间为依据，例如，进攻作战中 j=1～5 级维修机构在某地点的正常工作时间分别取 3.2，9.6，14.4，28.8，56，高负荷工作时间分别取 4，12，18，36，70；防御作战中 j=1～5 级维修机构在某地点的正常工作时间分别取 11.2，9.6，24，48，94.4，高负荷工作时间分别取 14，12，30，60，118。

$T_{\text{t}j}$ 与第 j 级维修机构修理周期持续时间（单位为天）的比值即为第 j 级维修机构基本保障单元平均每天的工作时间。

4.1.3 优化模型的初始信息

优化模型的初始信息包括战役战术数据参数、保障对象特征参数和保障系统特征参数三部分。

1. 战役战术数据参数

（1）战役（战斗）类型 F：F=1 为进攻战役（战斗）；F=2 为防御战役（战斗）。

（2）作战地形 E：E=1 为一般地形；E=2 为山地地形；E=3 为沙漠地形。

（3）作战对象 O：O=1 为强敌；O=2 为均势；O=3 为弱敌。

（4）作战行动类型 M：M=1 为突破防御前沿地区；M=2 为突破防御纵深地区；M=3 为渡海登陆战；M=4 为遭遇战；M=5 为追击战；M=6 为预有准备防御战；M=7 为仓促防御战。其中，M=1～5 为进攻战役（战斗）的作战行动类型，M=6～7 为防御战役（战斗）的作战行动类型。

（5）战役持续时间 a，单位为天。

（6）战役开始时参战装备的数量 N^0，单位为台。

（7）战役第 d 天的战斗任务纵深 L^d，单位为 km。

（8）装备的机动系数 k_{mi}：进攻战斗 $k_{mi}=2$；防御战斗 $k_{mi}=1$。

（9）各级维修机构每天的完好率 k_{fhj}（$j=1,2,3,4,5$）：k_{fhj} 是战役天数 d 的指数函数（由假设条件可知，$d\leqslant 8$），$k_{fhj}=Y^d$（Y 为常数），要求进攻战役中 d 取最大值，即 $d=8$ 时，各级维修机构的完好率不低于 85%，即 $Y^8_{\min}=0.85$，得 $Y=0.98$，因此各级维修机构每天的完好率 $k_{fhj}=0.98^d$（战役第 d 天）；同样，要求防御战役中 d 取最大值，即 $d=8$ 时，完好率不低于 90%，即 $Y^8_{\min}=0.9$，得 $Y=0.99$，因此各级维修机构每天的完好率 $k_{fhj}=0.99^d$（战役第 d 天）。

（10）作战第 d 天的装备战损率 P^d：由战役（战斗）类型 F、作战地形 E、作战对象 O、作战行动类型 M 等因素确定。

（11）装备保障系统的规定修复率 K：由装备保障任务要求确定。

2. 保障对象特征参数

（1）装备的平均故障流强度 ω_{io}，单位为次/（km·台）。

（2）战伤装备中需大修的条件概率 P_{ikp} 由作战对象及装备的维修性确定。

（3）战伤装备中报废的条件概率 $P_{i\delta n}$ 由作战对象及装备的维修性确定。

（4）技术故障装备的平均维修工作量 τ_{io}，单位为人时。

（5）战损装备的平均维修工作量 $\tau_{i\delta}$，单位为人时。

3. 保障系统特征参数

（1）维修机构级别：按照 1～5 级依次为营、团、师、集团军、战区级维修机构。

（2）第 j 级维修机构的修理周期持续时间 a_{uj}，单位为天。例如，进攻战斗中，j=1～5 级的值依次可以取 1，1，1，2，4；防御战斗中，j=1～5 级的值依次可以取 1，1，1.5，3，6。

（3）第 j 级维修机构中基本保障单元的人数 m_j：j=1～5 级的经验取值依次为 2，5，5，6，7，单位为人。

（4）修理工作时间的利用系数 k_{uj}。

（5）专业修理人员技术熟练程度系数 k_{cj}。

（6）第 j 级维修机构修理每台装备的平均维修工作量 $\overline{\tau}^d_{\phi j}$，单位为人时。

4.2 基于最小二乘准则的装备保障系统优化模型

装备保障系统可控参数及指标的确定，是决定装备保障系统结构组成及其装备保障效益的关键，因此，装备保障系统的优化过程就是按照一定的准则，确定装备保障系统的可控参数优化取值的过程。

4.2.1 能力计算模型

作战第 d 天，第 j 级维修机构的平均修理能力用 Q^d_j 表示：

$$Q^d_j = B_j k_{fxj} k_{hsj} n_j T_{\phi j} m_j k_{uj} k_{cj} / a_{uj} \overline{\tau}^d_{\phi j} \tag{4-1}$$

式中，各参数的意义及取值参见前文。

通过式（4-1）的计算可以得到各级维修机构在各种参数指标值下每天的平均修理能力 Q_j^d，单位为台/天。

4.2.2 修理流强度的计算模型

修理流是指作战过程中每天进入装备保障系统的损坏装备总数，包括技术故障流和战伤流，作战第 d 天的修理流用 λ^d 表示，单位是台。

$$\lambda^d = \sum_{j=1}^{5} k_{fxj} k_{hsj} \lambda_j^d \tag{4-2}$$

$$\lambda_j^d = N^{d-1} k_{fxj} k_{hsj} [(1-P^d) L^d k_{mi} w_{io} P_{jo}^d + P^d (1 - P_{ikp} - P_{i\delta n}) P_{j\delta}^d] \tag{4-3}$$

$$P_{jo}^d = \exp(-\tau_{\phi(j-1)} / \tau_{io}) - \exp(-\tau_{\phi j} / \tau_{io}) \tag{4-4}$$

$$P_{j\delta}^d = \exp(-\tau_{\phi(j-1)} / \tau_{i\delta}) - \exp(-\tau_{\phi j} / \tau_{i\delta}) \tag{4-5}$$

式中，λ_j^d（j=1～5）为作战第 d 天第 j 级维修机构的修理流；N^{d-1} 为作战第 d 天参战装备数的初始值。

P^d 为作战第 d 天装备的战损率，其值的确定方法为

$$P^d = P_0^d K_F K_E K_O K_M \tag{4-6}$$

式中，P_0^d 为对抗强敌时，遂行作战任务的装备第 d 天的损失率，通过分析并参考俄军数据，对于 d=1～8，P_0^d 分别取值为[0.25，0.3，0.3，0.25，0.25，0.2，0.2，0.2]；K_F 为战役（战斗）类型系数，进攻作战取 1，防御作战取 75%；K_E 为作战地形系数，一般地形取 1，山地地形取 1.25，沙漠地形取 0.75；K_O 为作战对象系数，强敌取 1，均势取 0.8，弱敌取 0.6；K_M 为作战行动系数，突破防御前沿地区取 1.3，突破防御纵深地区取 1.15，渡海登陆战取 1.25，遭遇战取 0.9，追击战取 0.55，预有准备防御战取 1，仓促防御战取 1.3。

P_{ikp} 为战伤装备中需大修的条件概率，受作战对象参数的影响，强敌取 15%，均势取 12%，弱敌取 9%。$P_{i\delta n}$ 为战伤装备中报废的条件概率，同样受作战对象参数的影响，强敌取 45%，均势取 36%，弱敌取 27%。P_{jo}^d 为由于技术故障损坏的装备进入第 j 级维修机构的概率。$P_{j\delta}^d$ 为由于战伤损坏的装备进入第 j 级维修机构的概率。

式（4-4）中，$\tau_{\phi j}$ 为第 j 级维修机构的维修工作量上限；$\tau_{\phi(j-1)}$ 为第 j-1 级维修机构的维修工作量上限，如表 4-1 所示。τ_{io} 为技术故障装备的平均维修工作量。

式（4-5）中，$\tau_{i\delta}$ 为战损装备的平均维修工作量，以上公式中其他各参数的意义及取值参见前文。

表 4-1 战时俄军各级维修机构承担的损坏装备维修工作量的划分

维修种类和等级	维修时间限额（h）	维修人时限额（人时）	维修机构等级
微修	0～5	0～10	j=1
一级小修	5～10	10～50	j=2
二级小修	10～20	50～100	j=3
一级中修	20～40	100～200	j=4
二级中修	40～80	200～500	j=5

作战第 d 天参战装备数的初始值 N^{d-1}（台）的计算公式如下：

作战第 1 天：N^0 (4-7)

作战第 2 天：$N^1 = N^0 - \lambda^1 + \sum_{j=1}^{3} Q_j^1$ (4-8)

作战第 3 天：$N^2 = N^1 - \lambda^2 + \sum_{j=1}^{3} Q_j^2 + \sum_{d=1}^{2} Q_4^d$ (4-9)

作战第 4 天：$N^3 = N^2 - \lambda^3 + \sum_{j=1}^{3} Q_j^3 + \sum_{d=1}^{3} Q_5^d$ (4-10)

作战第 5 天：$N^4 = N^3 - \lambda^4 + \sum_{j=1}^{3} Q_j^4 + \sum_{d=3}^{4} Q_4^d$ (4-11)

作战第 6 天：$N^5 = N^4 - \lambda^5 + \sum_{j=1}^{3} Q_j^5$ (4-12)

作战第 7 天：$N^6 = N^5 - \lambda^6 + \sum_{j=1}^{3} Q_j^6 + \sum_{d=5}^{6} Q_4^d + \sum_{d=4}^{6} Q_5^d$ (4-13)

作战第 8 天：$N^7 = N^6 - \lambda^7 + \sum_{j=1}^{3} Q_j^7$ (4-14)

……

为了使计算简化，增强用计算机程序实现公式计算的可操作性，式（4-8）～式（4-14）中的第 j 级维修机构第 d 天的修竣装备数 Q_j^d 由可控参数 $T_{\Phi j}$ 取正常工作时间，B_j、n_j 取其所有指标值计算所得的平均值；各级维修机构第 d 天的修理流之和 λ^d 由可控参数 k_{fxj}、k_{hsj} 取其指标范围的平均值计算所得。

通过式（4-1）～式（4-14）的联立并进行迭代计算，可以得到每天进入各级维修机构的修理流 λ_j^d，单位为台/天。

4.2.3 优化准则及优化函数

装备保障系统的优化准则是指在既定的战役战术数据和战损装备修复率的要求下，使装备保障系统能以较小的力量投入，达到最佳的装备保障效果。在这个准则下，要求在整个战役过程中，各级维修机构每天的修理流强度与其修理能力之差最小。本书建立优化准则的数学基础是最小二乘法。

设动态多目标决策有 d（d 为变量）个规定值 $\hat{f}_1, \hat{f}_2, \cdots, \hat{f}_d$，要求函数 $f_1(a_1, a_2, \cdots, a_m;\ x, y, \cdots)$, $f_2(a_1, a_2, \cdots, a_m;\ x, y, \cdots), \cdots, f_d(a_1, a_2, \cdots, a_m;\ x, y, \cdots)$ 的参数 $a_1, a_2, \cdots, a_m$ 取值使得规定值 $\hat{f}_i$ 与函数值 $f_{0i}(a_1, a_2, \cdots, a_m;\ x_0, y_0, \cdots)\ (i = 1, 2, \cdots d)$ 达到最佳拟合，则可应用最小二乘法建立下面准则函数：

$$\min U(a_1, a_2, \cdots, a_m) = \sum_{i=1}^{d} [f_{0i}(a_1, a_2, \cdots, a_m;\ x_0, y_0, \cdots) - \hat{f}_i]^2 \tag{4-15}$$

如果考虑各个规定值 $\hat{f}_1, \hat{f}_2, \cdots, \hat{f}_d$ 的重要程度，则需要将式（4-15）变为

$$\min U(a_1, a_2, \cdots, a_m) = \sum_{i=1}^{d} \lambda_i [f_{0i}(a_1, a_2, \cdots, a_m;\ x_0, y_0, \cdots) - \hat{f}_i]^2 \tag{4-16}$$

式（4-16）中，$\lambda_i(i=1,2,\cdots,d)$ 为各个规定值 $\hat{f}_1,\hat{f}_2,\cdots,\hat{f}_d$ 的权重，取值范围为[0，1]。

根据上述原理，建立装备保障系统的优化函数为

$$\min J=\min\sum_d\sum_j(\lambda_j^d-Q_j^d)^2 \tag{4-17}$$

将装备保障系统可控参数的所有取值分别代入目标函数 $J=\sum_d\sum_j(\lambda_j^d-Q_j^d)^2$ 中进行计算，得到的最小目标函数值记为 J_0，并计算 J_0 所对应各级维修机构的实际修复率 K'_{0j} 为

$$K'_{0j}=\sum_d Q_j^d\Big/\sum_d\lambda_j^d \qquad (j=1,2,3,4,5) \tag{4-18}$$

如果第 j 级维修机构的实际修复率 $K'_{0j}>K$，即实际修复率达到了规定的修复率要求，则此时第 j 级维修机构各可控参数的取值为该维修机构的最佳匹配值。

如果第 j 级维修机构的实际修复率 $K'_{0j}<K$，即实际修复率不能满足规定的修复率要求，则说明第 j 级维修机构的修理能力不足，应按可控参数 $T_{\psi j}$、n_j 和 B_j 的优先级（优先级 $T_{\psi j}>n_j>B_j$）逐个调整其取值大小，从而使得 $\sum_d Q_j^d$ 值增大，直到 K'_{0j} 恰好大于 K 为止，则此时第 j 级维修机构各可控参数的取值为该维修机构的最佳匹配值。

4.2.4 优化程序流程

装备保障系统的优化程序流程如图 4-1 所示。

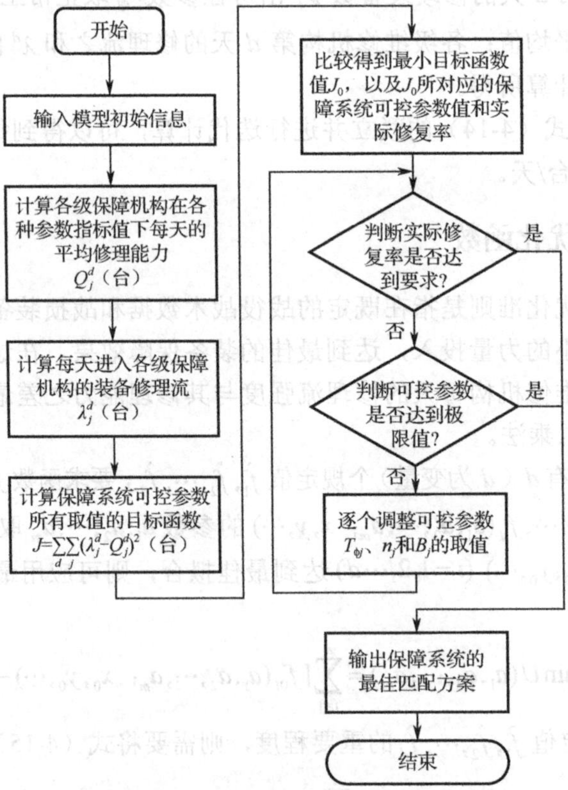

图 4-1　装备保障系统的优化程序流程图

4.3 基于遗传算法的装备保障系统优化方法

对于前面建立的装备保障系统优化模型，也可用遗传算法进行优化解算，基于遗传算法的装备保障系统优化算法有以下特点：

（1）遗传算法适合求解那些带有多变量函数的优化问题，可以方便地求解单目标函数下模型的最优解。

（2）优化模型建立的目标函数是单峰的，而遗传算法对于单峰值的函数具有很高的计算效率。

（3）优化模型给出了解的区间，满足遗传算法要求给出函数解区间的条件。

4.3.1 算法设计

1）建立优化目标函数及约束条件

由式（4-17）和 4.2 节模型可以得出优化目标函数及约束条件为

$$
\begin{cases}
\min J = \min \sum_d \sum_j \{N^{d-1} k_{\mathrm{fx}j} k_{\mathrm{hs}j} [(1-P^d) L^d k_{\mathrm{m}i} w_{i\mathrm{o}} P_{j\mathrm{o}}^d + P^d (1-P_{i\mathrm{kp}} - \\
\qquad P_{i\delta\mathrm{n}}) P_{j\delta}^d] - B_j k_{\mathrm{fx}j} k_{\mathrm{hs}j} n_j T_{\phi j} m_j k_{\mathrm{u}j} k_{\mathrm{c}j} / a_{\mathrm{u}j} \overline{\tau} \}^2 \\
\text{s.t.} \quad B_1 \in \{x \mid 25 \leqslant x \leqslant 36, \quad x \in N\} \quad B_2 \in \{x \mid 12 \leqslant x \leqslant 20, \quad x \in N\} \\
\qquad B_3 \in \{x \mid 2 \leqslant x \leqslant 6, \quad x \in N\} \quad B_4 \in \{x \mid 1 \leqslant x \leqslant 2, \quad x \in N\} \\
\qquad B_5 \in \{x \mid 1 \leqslant x \leqslant 2, \quad x \in N\} \quad n_1 \in \{x \mid 1 \leqslant x \leqslant 2, \quad x \in N\} \\
\qquad n_2 \in \{x \mid 21 \leqslant x \leqslant 24, \quad x \in N\} \quad n_3 \in \{x \mid 22 \leqslant x \leqslant 30, \quad x \in N\} \\
\qquad n_4 \in \{x \mid 18 \leqslant x \leqslant 25, \quad x \in N\} \quad n_5 \in \{x \mid 50 \leqslant x \leqslant 65, \quad x \in N\} \\
k_{\mathrm{fx}j} \in \{0.85, \quad 0.90, \quad 0.95, \quad 0.98\} \\
k_{\mathrm{hs}j} \in \{0.80, \quad 0.85, \quad 0.90, \quad 0.95, \quad 0.98\}
\end{cases}
$$

2）确定编码方法

由问题空间向 GA 空间的映射称为编码（coding）。编码实质上就是创造染色体模型，建立个体的数据结构。它把问题的可行解与 GA 中的个体对应起来。根据变量的数据特点，直接把可行解向量

$$(B_1, B_2, B_3, B_4, B_5, n_1, n_2, n_3, n_4, n_5, k_{fxj}, k_{hsj})$$

作为个体的数据结构，根据约束条件中每个分向量的上、下限确定 GA 搜索的边界。

3）确定适应度函数

遗传算法的一个重要特点是它仅使用所求解问题的目标函数值就可以得到下一步的有关信息，而对目标函数值的使用是通过评价个体的适应度来体现的。评价个体适应度的一般过程是：对个体编码串进行解码处理后得到个体的表现型，由个体的表现型可计算出对应的个体目标函数值，然后根据最优化问题的类型，由目标函数值按一定的转换规则求出个体的适应度。

适应度函数值是一个大于 0 的数，而本书的优化模型是一个求最小值的问题，所以定义适应度函数 J_{sy} 为

$$J_{sy}=\begin{cases}C_{max}-J, & \text{if } J<C_{max}\\ 0, & \text{if } J\geqslant C_{max}\end{cases}$$

需要说明的是，C_{max}是一个与群体无关的取值，只是为了保证大于J的最大值，以确保适应度函数值的非负性。

4）选择算子

比例选择方法是一种回放式随机采样方法，其基本思想是每个个体被选中的概率与其适应度大小成正比。

设群体大小为M，个体i的适应度为J_{syi}，则个体i被选中的概率P_{is}为

$$P_{is}=J_{syi}/\sum_{i=1}^{M}J_{syi}$$

显然，适应度越高的个体被选中的概率越大；反之，适应度越低的个体被选中的概率越小。

5）交叉算子

以随机单点交叉为例，交叉运算就是把给定两个个体的给定位之后的子串进行交换，交叉操作的发生概率称为交叉率。

采用自定义的“混合”交叉技术，设第t代的两个个体分别为$(B_{ja}^t,n_{ja}^t,k_{fxja}^t,k_{hsja}^t)$和$(B_{jb}^t,n_{jb}^t,k_{fxjb}^t,k_{hsjb}^t)$。

首先，把交叉点限制在（10，20）位的范围内，然后对k_{fxja}^t和k_{fxjb}^t进行通常意义下的交叉，得到$k_{fxja}^{t+1}=k_{fxjb}^t$，而$k_{fxjb}^{t+1}=k_{fxja}^t$；同理，$k_{hsja}^{t+1}=k_{hsjb}^t$，而$k_{hsjb}^{t+1}=k_{hsja}^t$。

再对B_{ja}^t及B_{jb}^t进行如下线性组合：$B_{ja}^{t+1}=\gamma B_{ja}^t+(1-\gamma)B_{jb}^t$，$B_{jb}^{t+1}=\gamma B_{jb}^t+(1-\gamma)B_{ja}^t$，其中，$\gamma=J_{sya}^t/(J_{sya}^t+J_{syb}^t)$。

同理，$n_{ja}^{t+1}=\gamma n_{ja}^t+(1-\gamma)n_{jb}^t$，$n_{jb}^{t+1}=\gamma n_{jb}^t+(1-\gamma)n_{ja}^t$。

6）变异算子

以随机单点变异为例，变异就是把给定个体的给定位数据改变。变异操作的发生概率称为变异率。

假设在第t代对某个个体$(B_j^t,n_j^t,k_{fxj}^t,k_{hsj}^t)$的第$k$位进行变异，若变异位是$B_{jk}^t$，则定义$B_{jk}^{t+1}=\text{random}(B_{ju},B_{jl})$，同理，若变异位是$n_{jk}^t$，则按照同样的道理定义，保持其他位不变。其中，函数random(a,b)是返回区间[a,b]间的随机整数，而B_{ju}是B_j的最小值，B_{jl}是B_j的最大值。若变异位是k_{fxjk}^t或k_{fhjk}^t，则随机取其取值中的一个数。

7）系统参数及迭代中止条件

设定群体规模m，交叉率P_C和变异率P_m等参数。若给定进化代数T，则进化T代后终止运行。当然也可以根据需要采取其他终止条件。

4.3.2 遗传算法的程序结构

具体的遗传算法程序结构如下：

```
procedure of GA
begin                          /*开始*/
t← 0                           /*初始化遗传代数 t*/
initialize P（t）;             /*初始化群体 P（0）* /
repeat                         /*进入迭代循环*/
{evaluate                      /*用评价函数计算各个体的适应度* /
 Select P(t+1) from P(t)       /*从第 t 代中选择产生
                               第 t+1 代*/
Crossover:                     /*交叉操作* /
Mutate                         /*变异操作* /
t← t+1;                        /*更新遗传代数* /
}until（t=T）                  /*如果满足终止条件就终止循环* /
End                            /*结束* /
```

通过实例检验，运用遗传算法优化时的收敛过程如图 4-2 所示。可以看出，经过为 200 次优化后，目标值收敛过程开始趋于稳定。

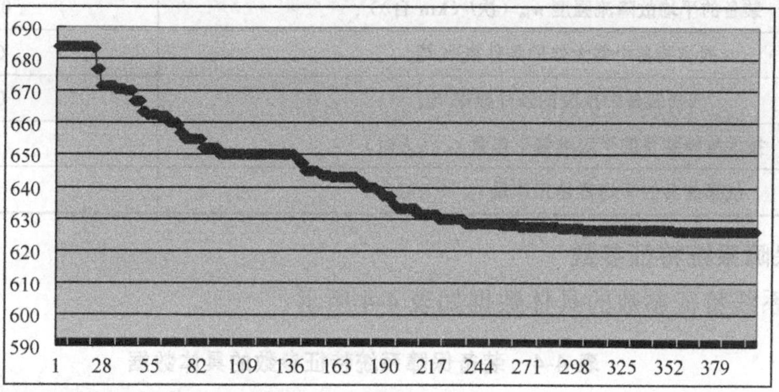

图 4-2 优化收敛过程

4.4 基于典型数据的装备保障系统优化计算示例

在 4.1 节给出了装备保障系统优化模型的相关信息，作为算例，下面给出在具体作战背景下，优化模型的想定数据和优化输出结果并进行分析。

4.4.1 进攻战役装备保障系统优化计算示例

1. 战役战术基础数据

战役（战斗）类型 F：F=1，进攻战役。

作战地形 E：E=1，一般地形。

作战对象 O：O=2，均势。

作战行动类型 M：M=2，突破防御纵深地区。

战役持续时间 a：a=6（天）。

初始参战装备（坦克）数量：$N^0=1000$（台）。

表 4-2 给出了具体的战役战术基础数据。

表 4-2 进攻战役的战役战术基础数据

参数	战役天数（d）					
	1	2	3	4	5	6
装备每天的损失率 P^d	0.23	0.276	0.276	0.23	0.23	0.184
战斗任务纵深 L^d（km）	15	15	20	15	10	10
维修机构每天的完好率 k_{fhj}	0.98	0.96	0.941	0.922	0.904	0.886
装备的机动系数 k_{mi}	2					
装备保障系统的规定修复率 K	90%					

2. 保障对象的基础数据

保障对象的基础数据如表 4-3 所示。

表 4-3 保障对象的基础数据

装备的平均故障流强度 w_{io}（次/（km·台））	0.001
战伤装备中需大修的条件概率 P_{ikp}	0.12
战伤装备中报废的条件概率 P_{i6u}	0.36
技术故障装备的平均维修工作量 τ_{io}（人时）	20
战损装备的平均维修工作量 $\tau_{i\delta}$（人时）	125

3. 装备保障系统特征参数

装备保障系统特征参数的具体数据如表 4-4 所示。

表 4-4 装备保障系统特征参数的具体数据

特征参数		各级维修机构				
		$j=1$	$j=2$	$j=3$	$j=4$	$j=5$
修理周期的持续时间 a_{uj}（天）	进攻	1	1	1	2	4
	防御	1	1	1.5	3	6
基本保障单元的人数 m_j（人）		2	5	5	6	7
每台装备平均维修工作量 $\tau_{\theta j}^d$（人时）		5	30	75	150	350
技术故障损坏装备进入各级维修机构的概率 P_{jo}^d		0.39	0.53	0.08	0	0
战伤损坏装备进入各级维修机构的概率 $P_{j\delta}^d$		0.08	0.26	0.22	0.25	0.18
专业修理人员的技术熟练程度系数 k_{cj}		0.8				
维修时间的利用系数 k_{uj}		0.75				

装备保障系统的可控参数及取值范围参见 4.1.2 节内容。

4. 优化模型的输出结果

根据上述进攻作战背景下的基础数据，利用优化模型计算软件进行计算，可以得出各级维修机构维修力量的最佳匹配方案，输出结果如表 4-5 所示。

表 4-5 装备保障系统优化模型的输出结果

序　号	输出信息项目	各级维修机构				
		$j=1$	$j=2$	$j=3$	$j=4$	$j=5$
1	维修机构的配置数 B_j	28	12	2	2	2
2	维修机构所含基本保障单元数 n_j	1	21	30	25	65
3	基本保障单元修理人员数 m_j	2	5	5	6	7
4	各级维修机构的总人数（人）	56	1260	300	300	910
5	基本保障单元平均每天的工作时间（h）	3.2	9.6	14.4	18	17.5
6	维修机构应具有的侦察能力（发现概率）k_{fxj}	0.85	0.98	0.85	0.85	0.85
7	维修机构应具有的后送能力（后送概率）k_{hsj}	0.8	0.98	0.8	0.8	0.8
8	维修机构每天的修理能力（台）	19*	65*	30*	19**	24**
9	维修机构所能达到的修复率（%）	99	100	100	58	97
10	为了达到规定的修复率，各级维修机构还需要加强的维修力量	O	¤230	O	×	O
11	各级维修机构规定的修复率要求 K			90%		

说明：表中各种符号的含义如下：

（1）“*”表示小修坦克的数量；

（2）“**”表示中修坦克的数量；

（3）“O”表示维修机构能够达到修复率要求，并且无多余力量；

（4）“¤230”表示维修机构可以达到修复率要求，此外该级维修力量预计富余 230%；

（5）“×”表示维修机构在现有维修力量编成下，难以达到修复率要求。

在优化模型输出结果的基础上，可以形成进攻战役装备保障报告和建议。

4.4.2 防御战役装备保障系统优化计算示例

1. 战役战术基础数据

战役（战斗）类型 F：F=2，防御战役。

作战地形 E：E=1，一般地形。

作战对象 O：O=2，均势。

作战行动类型 M：M=6，预有准备防御战。

战役持续时间 a：a=6（天）。

初始参战装备（坦克）数量：$N^0=1000$（台）。

表 4-6 给出了具体的战役战术基础数据。

表 4-6 防御战役的战役战术基础数据

参　数	战役天数 d					
	1	2	3	4	5	6
装备每天的损失率 P^d	0.15	0.18	0.18	0.15	0.15	0.12

续表

参　　数	战役天数 d					
	1	2	3	4	5	6
战斗任务纵深 L^d（km）	6	6	10	7	5	5
维修机构每天的完好率 k_{fhj}	0.99	0.98	0.97	0.96	0.95	0.94
装备的机动系数 k_{mi}	1					
装备保障系统的规定修复率 K	90%					

2. 保障对象的基础数据

保障对象的基础数据参见表 4-3。

3. 装备保障系统特征参数

装备保障系统特征参数的具体数据参见表 4-4。

装备保障系统的可控参数及取值范围参见 4.1.2 节的内容。

4. 优化模型的输出结果

根据上述防御作战背景下的基础数据，利用优化模型计算软件进行计算，可以得出各级维修机构维修力量的最佳匹配方案，输出结果如表 4-7 所示。

表 4-7　装备保障系统优化模型的输出结果

序　号	输出信息项目	各级维修机构				
		$j=1$	$j=2$	$j=3$	$j=4$	$j=5$
1	维修机构的配置数 B_j	25	12	2	2	2
2	维修机构所含基本保障单元数 n_j	1	21	20	25	57
3	基本保障单元修理人员数 m_j	2	5	5	6	7
4	各级维修机构的总人数（人）	50	1260	200	300	798
5	基本保障单元平均每天工作时间（h）	11.2	9.6	16	20	15.7
6	维修机构应具有的侦察能力（发现概率）k_{fxj}	0.98	0.98	0.85	0.85	0.85
7	维修机构应具有的后送能力（后送概率）k_{hsj}	0.98	0.98	0.8	0.8	0.8
8	维修机构平均每天的修理能力（台）	16*	44*	24*	22**	20**
9	维修机构所能达到的修复率（%）	100	100	100	85	100
10	为了达到规定的修复率，各级维修机构还需要加强的维修力量	¤290	¤410	o	×	o
11	各级维修机构规定的修复率要求	90%				

说明：有关表中各符号的含义，参见表 4-5。

在优化模型输出结果的基础上，可以形成防御战役装备保障报告和建议。

4.4.3　计算示例分析

通过对上述进攻和防御战役装备保障系统优化计算示例的分析，可以得出如下结论：

（1）战术级维修机构的现有修理能力可以较好地满足各种作战条件下维修任务的要求。

团级维修机构的维修力量有人员富余的现象，这种现象在防御作战中装备（坦克）损坏率较小的情况下较为突出。

（2）集团军维修机构的现有修理能力较弱，难以满足各种作战条件下维修任务的要求。尤其是在进攻作战装备（坦克）损坏率较高的情况下，集团军维修机构的修理能力明显不足。

（3）战区维修机构的现有修理能力基本满足作战中装备（坦克）的维修任务要求。

（4）在装备（坦克）损坏率较大的情况下，可适当抽调团级维修机构的维修力量补充到集团军维修机构中，以弥补集团军维修机构维修力量的不足。

集成化多视图建模篇

第5章 装备保障系统功能建模及应用

本章建立基于 Agent 的装备保障系统结构模型，论述其运行关系，给出装备保障系统的层次结构。对 IDEF0 功能模型的意义及建模方法进行简要描述，给出基于 IDEF0 的装备保障系统功能模型。

5.1 基于 Agent 的装备保障系统结构

5.1.1 装备保障系统框架结构

信息化战争呈现出快速、精确、联合、全域、非线性、非接触等许多鲜明的时代特征。随着装备的高度信息化，科技含量迅猛增加，更新换代呈加速趋势，仅靠体制内的保障力量，已经越来越难以完成保障任务。因此，必须依托现代信息技术和日益发达的交通运输能力，依托国家科技、教育和工业基础，依托各类高技术民营企业，按照装备保障需求，动态、全域、精确地重组体制内和体制外的各种保障资源，构建融合的装备保障系统，以达成对未来具体战争行动的精确保障。

未来装备保障系统的主导特征是“快速响应、全域重组、动态开放、柔性组合、并行工作、精确高效”。

- 快速响应保障需求。信息化战争具有速战速决的特征，要求装备保障要根据战争准备和战争过程中复杂万变的保障需求和环境约束快速做出反应，如实时地收集相关情报信息，制订合理的保障计划，快速决策并重组保障资源，并行开展各项保障行动等。
- 全域重组保障资源。资源重组是有效发挥系统整体保障潜力，实现精确保障的关键环节。资源重组的实质是系统集成，集成的基础是信息的共享和高效合理的指挥控制。在现行体制下，保障资源具有异地分布性、配置不合理性、信息不确定性、管理非集约性等基本特征。因此，进行资源重组，首先要求在资源建设上要有信息互通机制及资源共享机制；在资源利用上要全域协同、优化组合。
- 动态开放的综合保障机制。通过全域信息网络和信息共享机制，动态编组和部署分布式“虚拟”保障机构，并根据保障任务变化，实时调整保障力量编组，从而增强保障实体对保障对象的针对性、适应性和快速响应性。
- 精确高效地运用保障资源。通过柔性组合、并行工作等运行模式，消除一切不精确的冗余过程、活动和资源流动。在保障实体和保障对象之间，建立最直接的信息和资源链路；在与任务相关的保障实体之间，形成合理、高效的协同工作机制，彻底解决条块分割、力量分散、重复建设、指挥协调困难等制约精确保障的瓶颈问题。

全程信息共享、全域资源重组和柔性管理机制是达成上述保障思想、实现精确保障目标的核心要素。为此，提出一种基于资源快速重组和多智能体（Agent）的装备保障系统（Equipment Support System，ESS）结构框架，如图 5-1 所示。

可以看出，基于智能体（Agent）的装备保障系统由情报与决策支持智能体（Agent）、指挥控制智能体（Agent）、资源管理智能体（Agent）、保障行动智能体（Agent）和保障评估与信息反馈智能体（Agent）构成，还包括保障信息网格、保障信息网格数据库等，其运行关系描述如下：

（1）情报与决策支持智能体。通过保障信息网格获取装备信息、战场损伤信息、保障资源信息、战场情报等与保障相关的信息，同时制订初步的保障计划和资源重组计划。

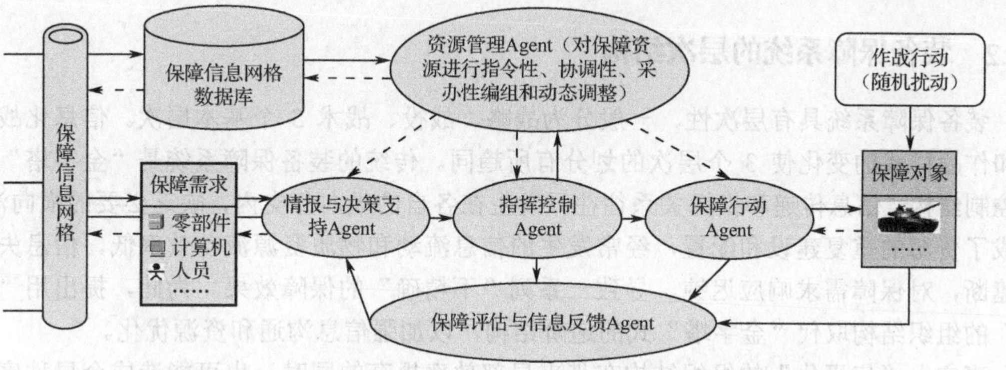

图 5-1 基于 Agent 的保障系统结构

（2）资源管理智能体。调用与保障信息网格相连的保障信息网格数据库，检索和查找所需资源的各种状态信息，同时向资源所属有关单位的资源管理智能体发出资源筹措请求，提出资源筹措计划。

（3）指挥控制智能体。接到来自资源管理智能体的资源信息、资源筹措计划和保障机构组成方案，科学运筹、迅速确定资源重组方案，确定保障机构编组，制订保障方案，向保障行动智能体发出保障指示。

（4）保障行动智能体。在组织成员的合作和帮助下，快速、异地、同步完成保障任务。

（5）保障评估与信息反馈智能体。对保障行动智能体和保障对象进行跟踪，将保障实施过程中的作战行动情况和实时保障情况、保障结束后的保障评估结果反馈到情报与决策支持智能体。

各个智能体具有自适应能力，由相应的保障单元或保障机构编组构成，在装备保障系统运行中能够与其他智能体及系统环境主动进行交互，在持续不断地交互作用中不断“学习”和“积累经验”，并能根据学到的经验改进和完善自身结构及行为方式。各个智能体在功能上有所不同，但在结构上是类似的，一般由通信器、执行器、数据库、知识库、交互接口 5 部分组成。典型的智能体内部工作原理如图 5-2 所示。

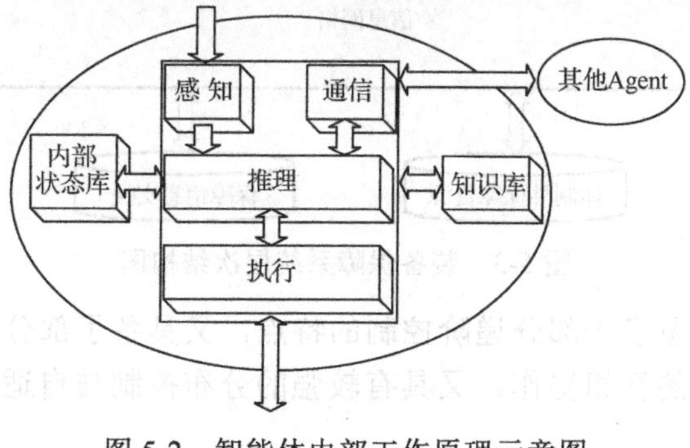

图 5-2 智能体内部工作原理示意图

装备保障系统中的各个智能体是一种具有自主性、交互性、反应性、主动性的高度自治实体，每个智能体都可以独立完成各自的工作，并通过它们之间的相互通信与协调达成系统整体目标，实现装备的精确保障。利用智能体建立的装备保障系统具有分布、开放、智能等一系列特性，在局部自治的基础上能够实现全局优化。显然，每个智能体都能围绕全局和各自的目标高度主动运行是达成精确保障的关键。

5.1.2 装备保障系统的层次结构

装备保障系统具有层次性，一般分为战略、战役、战术 3 个基本层次。信息化战争规律和作战样式的变化使 3 个层次的划分有所趋同。传统的装备保障系统是“金字塔”式递阶控制结构，信息传递和指挥关系往往只发生在各自的纵向分支内，缺乏必要的横向沟通，造成了资源的重复建设和配置，经常发生的信息流动和物质资源流动效率低，信息失真甚至遮断，对保障需求响应迟钝，导致一系列“不精确”的保障效果。为此，提出用“扁平化”的组织结构取代“金字塔”式的递阶结构，以加强信息沟通和资源优化。

事实上“扁平化”的组织结构在带来局部效率提高的同时，也可能造成全局秩序上的紊乱，在保证全局优化方面存在着不稳定性问题，有时扁平式结构控制下的系统行为是不可预测的。同时，作战指挥体系的递阶控制结构也决定了装备保障系统层次结构的“扁平化”只能是一种层次结构与扁平结构相结合的分形递阶控制结构。

考虑上述原因，根据信息化战争条件下的保障目标要求，提出一种分形递阶控制的装备保障系统层次结构，如图 5-3 所示。

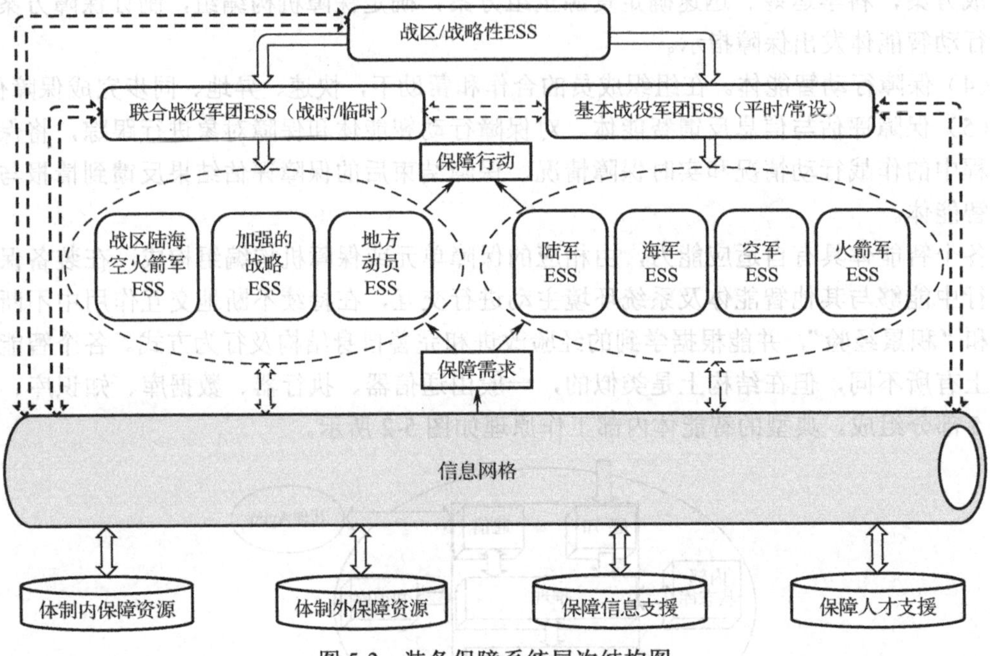

图 5-3 装备保障系统层次结构图

这种控制结构既保留了一部分递阶控制的特点，又具备了部分分形与自治的特点，既强调各级组织单元之间的互相协作，又具有较强的分布控制与自适应能力。分形递阶控制结构具有以下优点。

（1）模块化结构易于保障力量重组。结构相似的 ESS 具有相对独立性和自治性，对外表现出不同的功能和特色（模块化），既能独立完成相应的保障任务，又可以方便地进行重组，以适应不同种类和规模联合战役装备保障的需求。

（2）网格化关系易于资源集结。在分形递阶控制 ESS 中，任务和计划自上而下分解，保障资源自下而上集结，同级的各个保障实体之间可以适当淡化体制编制界限，灵活地调配保障资源，进行全域资源重组，本级无法解决的问题反馈给上一级进行更高一层协调解决，提高了资源配置和利用效率。

（3）体现了集中控制与分布式控制的统一。在确保层次指挥关系权威性的同时，强调装备保障实体之间的横向协调与协作，各个保障实体在职权允许的范围内，最大限度地进行交互，实现保障信息、保障资源、保障力量的共享，共同完成保障任务。

在装备保障系统的 5 个智能体结构中，通常指挥控制智能体、保障行动智能体和保障评估与信息反馈智能体主要围绕完成本层次系统内部的保障任务开展活动，为体现分布式控制的原则，在更大的 ESS 中不对其进行集中控制和管理；而 ESS 的重组一般发生在情报与决策支持智能体和资源管理智能体两个模块上。

在战区或战略层，装备保障系统的保障力量是指遂行战略装备保障的人员、装备、资源和设施等方面的总和，按照保障内容可分为通用装备保障力量、专用装备保障力量；按照服役形式可分为现役装备保障力量、预备役装备保障力量和地方支援的保障力量。战略级装备保障系统的主要功能是：分析和预测保障需求，制订整个 ESS 的装备保障计划，建设与重组 ESS 并进行能力评估，对下级 ESS 进行任务及能力的分配和协调，对体制外 ESS 进行动员、任务与资源分配及动态协调管理，组织本级保障行动智能体对下级开展支援保障活动。

在战役军团层，装备保障系统的保障力量是指从事战役装备保障活动的人员和用于战役装备保障的装备、设施及物资器材等基本要素的有机组合。平时常设的战役级装备保障系统包括陆军装备保障系统、海军装备保障系统、空军装备保障系统、火箭军装备保障系统；战时构建的战役级装备保障系统由战区陆、海、空、火箭军联合装备保障系统，加强的保障力量和地方支援的保障力量构成。战役级装备保障系统的主要功能是：根据上级任务和本级需求编制本级保障计划，向相关的下级 ESS 进行任务与能力分配，对体制外 ESS 及体制内 ESS 在不同阶段的保障行动和资源配置进行协调和管理，向战区战略层反馈本级任务变化和系统运行状况。

在军种战术兵团层，装备保障系统的保障力量是指可以直接用于战术装备保障的各种力量总和，是实现战术层次装备保障的主体要素。战术级装备保障系统的主要功能是：根据战役军团 ESS 下达的任务和本级需求，编制本级保障计划，分配本级保障任务和资源，进行本级各 ESS 之间及其内部模块的工作调度与协作控制，执行保障任务，并向战役军团层反馈本级任务与协作控制状况，以及资源与系统运行状况。

各级 ESS 在平时建设和运行中，要保持情报信息的共享和资源的协调有序发展；在战时根据最高层 ESS 的统筹进行情报信息、决策支持和资源管理的优化重组和动态编组，以达成局部自治和整体优化的和谐与统一。

5.2 装备保障系统功能模型的意义及建模方法

5.2.1 装备保障系统功能模型的意义

装备保障系统功能模型的作用主要有两个方面：一方面是以功能活动为视角对现有装备保障系统进行描述，有助于对装备保障系统的管理和控制；另一方面是对理想的装备保障系统各部门的功能及相互关系进行描述，为装备保障系统改进优化提供功能方面的目标。

为了实现“信息感知实时化、保障指挥网络化、装备管理一体化、抢救维修快捷化、储供运输可视化、战场机动立体化、战场防护多元化、力量编组模块化”的精确保障要求，将装备保障系统划分为 5 部分，即情报与决策支持模块、资源管理模块、指挥控制模块、保障行动模块及保障评估与信息反馈模块，以此进行装备保障系统的功能建模。

5.2.2 IDEF0 方法

采用 IDEF0 方法的目的，在于科学地进行复杂系统的分析和设计。一般把系统开发过程划分为几个阶段：①分析。确定系统将做什么。②设计。定义子系统及其接口。③实现。独立地创建子系统。④集成。把子系统连接成一个整体。⑤测试。证明系统能工作。⑥安装。使系统能运行。⑦运行。使用系统。

1. IDEF0 的特点

IDEF0 方法具有 5 个基本特点，对这 5 个特点的准确把握，可以将建模过程转变成一种思维规则，适用于从计划阶段到设计阶段的各种工作。

1）能够全面地描述系统，并能通过模型准确地理解系统

通常认为一个系统是由对象物体和活动及它们之间的联系组成的，这只反映了一个侧面，很难说明系统的全貌。IDEF0 能同时表达系统的活动（用盒子表示）和数据流（用箭头表示）及它们之间的联系，所以 IDEF0 模型能使人们全面地描述系统。

对于新系统，IDEF0 能够描述新系统的功能及需求，进而表达一个能符合需求、能完成功能的实现；对于已有系统，IDEF0 能分析系统的工作目的、完成的功能及记录实现的机制。这两种情况都可以通过建立一种 IDEF0 模型来体现。

对于复杂的对象或系统，可以采用一种图形语言来表示 IDEF0 模型，这种图形语言可以实现以下目标：

（1）逐步控制展开细节；

（2）精确性及准确性；

（3）注意模型的接口；

（4）提供一套强有力的分析和设计词汇。

一个 IDEF0 模型由图形、文字说明、词汇表及相互交叉引用表组成，其中图形是主要成分。图形中同时考虑活动、信息及接口条件，把方盒作为活动，用箭头表示数据及接口。因此，在表示一种当前的操作、功能说明或设计时，可以由一个活动模型、一个信息模型及一个用户接口模型组成。

2）具有明确的目的与观点

模型是一个书面说明，像一切技术文件一样，每一个模型都有一个目的与一个观点。目的是指建模的意义，即为什么要建立模型。观点是指从哪个角度去反映问题或站在什么人的立场来分析问题。

建立功能模型的目的是为了进一步做好需求分析，并实现预定的技术要求（不论是对已有系统的改造还是新建系统），它是针对功能活动进行的分析（逐步分解），而不是对组织机构的分解。一个活动可能由某个职能部门来完成，但功能活动不等于组织，因此，必须避免画成组织模型的分解过程。

IDEF0 要求在画出整个系统的功能模型时具有明确的目的与观点。对装备保障系统，必须站在保障机关（指挥员）的位置建模，所有不同层次的作者都要以全局的观点来进行建模工作，或者说就是为保障机关（指挥员）建模，这样才能保证从整个保障系统的高度来揭示各部分之间的相互联系和相互制约的关系。

3）区别“是什么”和“如何做”

“是什么”是指一个系统必须完成“什么功能”，“如何做”是指系统为完成指定功能而应“如何建立”，一个模型应该能够明确地区别出功能与实现间的差别。

IDEF0 是建立功能模型，把表示“这个问题是什么”的分析阶段与“这个问题是如何处理与实现”的设计阶段区别开来。这样在决定功能的细节之前，保证能够完整而清晰地理解问题，这是系统成功开发的关键所在。

在设计阶段，要逐渐识别各种能够用来实现所需功能的机制，识别选择适当机制的依据是设计经验及对性能约束的知识。根据不同模型，机制可以是抽象的，也可以是具体的。重要的是机制指出了“什么”是“如何”实现的。IDEF0 提供了一种记号，来表示在功能模型中如何提供一个机制来实现一个功能，以及单个机制如何能在功能模型的几个不同地方完成有关功能。有时机制相当复杂，以致机制本身需要进行功能分解。

4）自顶向下分解

用严格的自顶向下逐层分解的方式来构造模型，主要功能在顶层说明，通过分解得到逐层明确范围的细节表示，每个模型具有完全一致的内核。IDEF0 建模时，先定义系统的内外关系、来龙去脉，用一个盒子及其接口箭头来表示，确定系统范围，如图 5-4 所示。

顶层的单个方盒代表整个系统，写在方盒中的说明性短语比较抽象。同样，接口箭头代表整个系统对外界的全部接口，写在箭头旁边的标记也是比较抽象。把这个系统当作单一模块的盒子分解成另一张图形，这张图形上有用箭头连接的几个盒子，这就是单个父模块对应的各个子模块。这些分解得到的子模块也由盒子表示，其边界由接口箭头来确定。依此方法，每一个子模块可以进一步细分得到更详细的细节，如图 5-5 所示。

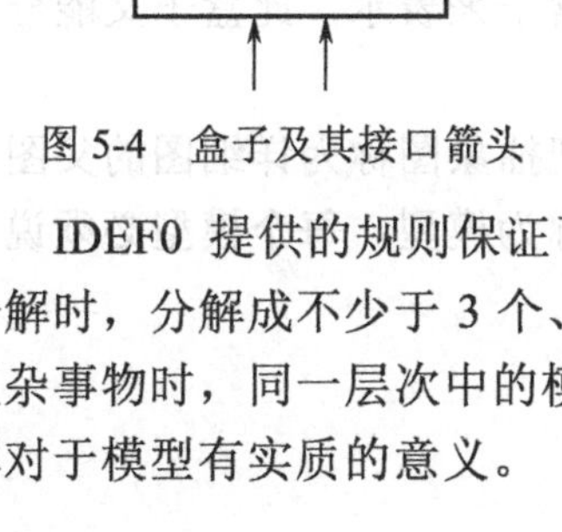

图 5-4 盒子及其接口箭头

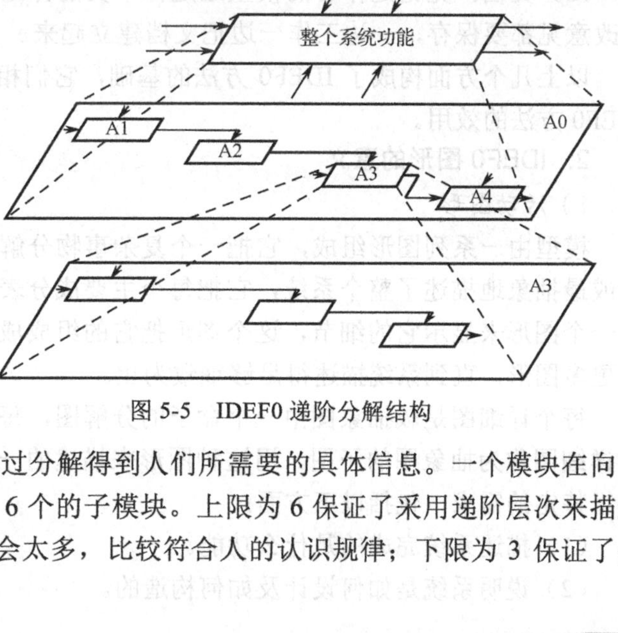

图 5-5 IDEF0 递阶分解结构

IDEF0 提供的规则保证了如何通过分解得到人们所需要的具体信息。一个模块在向下分解时，分解成不少于 3 个、不多于 6 个的子模块。上限为 6 保证了采用递阶层次来描述复杂事物时，同一层次中的模块数不会太多，比较符合人的认识规律；下限为 3 保证了分解对于模型有实质的意义。

模型中一个图形与其他图形间的精确关系则用互相连接的箭头来表示。当一个模块被分解成几个子模块时，用箭头表示各子模块之间的接口。每个子模块的名字加上带标签的接口确定了一个范围，规定了子模块细节的内容。所有情况下子模块确切地代表父模块，以既不增加也不减少的方式反映着各自父模块所包含的信息。

5）有明确严格的人员关系、评审手续及文档管理办法

（1）人员：IDEF0 适合于研究分析一个大而复杂的系统，因此要求有一个技术上熟练、能够相互协调的集体来一起工作。这个集体应该由各方面人员组成，通常包括以下几类人员。

① 作者：研究需求及限制条件，分析系统功能，建立 IDEF0 模型。

② 评审员，也可以是其他图形的作者，主要进行复审，并写出对其他人所做工作的书面意见，是广义的读者。

③ 读者：读 IDEF0 图，口头上提出意见。没有提书面意见的义务，读图的目的主要是为了互相了解，互相协调。

④ 专家：作者对专家进行访问，了解需求、限制条件等专门信息。

⑤ 技术委员会：对每个主要分解阶段进行复查，并对项目管理做技术决策，仲裁作者和读者间不能协商一致的分歧。

⑥ 项目资料员：维护文件、复制分配材料及记录。

⑦ 项目负责人：负有分析及设计系统的技术责任，也是技术委员会的主席。

（2）评审手续：建模活动每前进一步，IDEF0 方法都要求这个集体成员交换见解，用于互相检查工作结果，其作者/读者循环体现了这个工作程序。

作者访问专家，画出系统的 IDEF0 图。由资料员编成文件存档，分发给评审员及读者。评审员把加上意见的材料退还给作者，同时由资料员存档。作者根据意见修改图形，反复循环，直至这一层问题全部被解决，再送给作者准备下一步的分解。第一个作者可以是下一层的某个作者或较低层的评审员。最后由技术委员会来解决必要的技术问题及技术分歧。

（3）文档：无论是作者的模型还是评审员的评论，都要以书面的形式反映出来。每次修改意见都要保存，一边工作一边把文档建立起来。

以上几个方面构成了 IDEF0 方法的基础，它们相互补充，失去其中任何一个都会降低 IDEF0 方法的效用。

2. IDEF0 图形的意义

1）活动图形

模型由一系列图形组成，它把一个复杂事物分解成一个个部分、成分。初始图形最一般或最抽象地描述了整个系统，它把每个主要成分表示成一个盒子。每个成分经过分解再用一个图形来显示它的细节，这个图形把它的组成成分也用盒子来表示，此盒子又能分解成更多图形，直到系统描述得足够细致为止。

每个详细图是较抽象图中一个盒子的分解图，每一步中把抽象图称为详细图的父图，把详细图称为抽象图的子图。用这种图形来描述的一个系统称为模型。每个模型必须说明一组特定的需求，包括以下方面：

（1）描述系统完成的是什么功能。

（2）说明系统是如何设计及如何构造的。

（3）解释如何使用及维护一个系统。

图形中的盒子代表系统功能（活动），箭头代表数据（信息或对象）。一个上层图中的盒子由下层图中一系列盒子及箭头来说明。离开上层图中盒子的箭头与进入下层图中的箭头完全一致，它们代表系统的同一部分。

结构化分析的原则之一是图形中盒子不多于 6 个，因此，活动图形具有抽象性。高层图形包含了相当多的信息，在高层图中盒子及箭头所附带的文字标签必然是抽象的，它描写的是一般概念；而下层图中信息逐步增加，使用专门的术语。

2）盒子

图形中的盒子代表活动，用主动的动词短语来描述，在盒子的内部写上描述盒子的短语。连到盒子上的箭头表示由活动产生的或活动所需要的信息、真实对象。用一个名词短语作为标签，写在箭头旁边。“数据”可以是信息、对象或用名词、短语描述的任何东西。箭头限制盒子间的关系，而不是表示活动的顺序，它们分别是输入、输出、控制与机制，如图 5-6 所示。

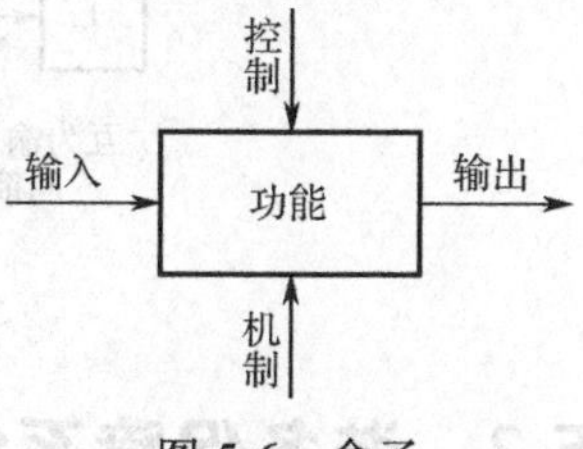

图 5-6 盒子

输入是完成此次活动所需要的数据，输出表示执行活动时产生的数据，输入与输出的关系就是功能，是将输入转变为输出的一种活动。控制说明了控制变换的条件或环境，或者说是约束。输入与控制的作用是不同的，当输入与控制无法区分时可看作控制，一个活动可以没有输入，但不能没有控制。机制是指完成活动的人或设备。

3）箭头

在活动图上，箭头代表数据约束而不是顺序或流。活动图上没有明确的时间及顺序，但可以清楚地表示反馈、迭代、连续处理及时间上的重叠等情况。箭头可以有汇合、分支，如图 5-7 所示。

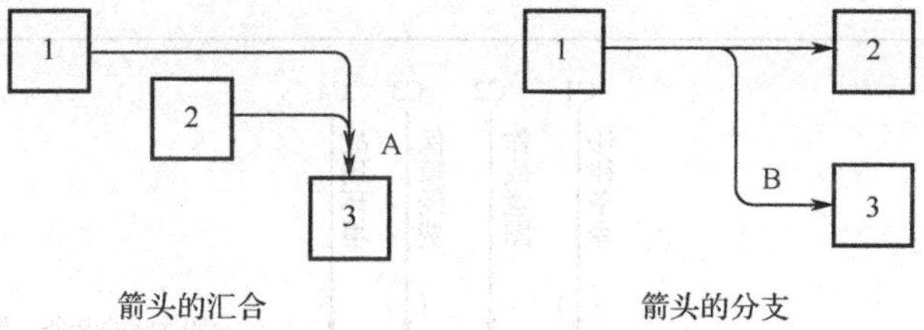

图 5-7 箭头的汇合与分支

4）通道箭头

将一个箭头在盒子的连接端加上括号，则此箭头不出现在子图的边界箭头中。这个括号表示该箭头将通到模型的未定义部分，与下一个子图无关。众所周知，有共同理解的可省略内容在子图中为简化图可以省略。这些箭头，使人们在分解中能推迟表示它们所代表的信息，在某一层次信息不必出现时，可以不列入，直至需要说明时才表现出来，称为“通道箭头”，如图 5-8 所示。

5）双向箭头

在图形中互为输入或互为控制的两个盒子可用双向箭头连接，如图 5-9 所示。

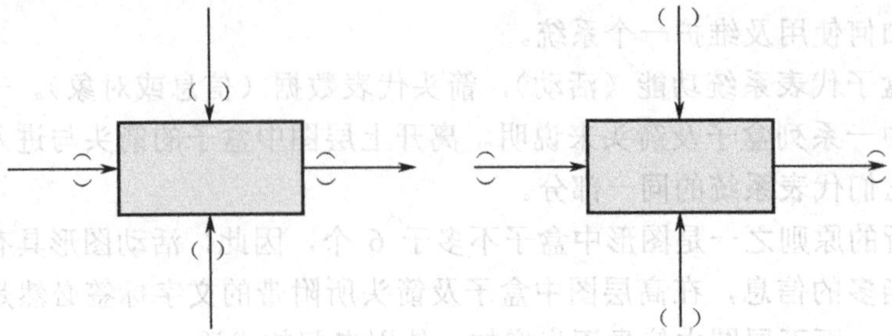

图 5-8　通道箭头

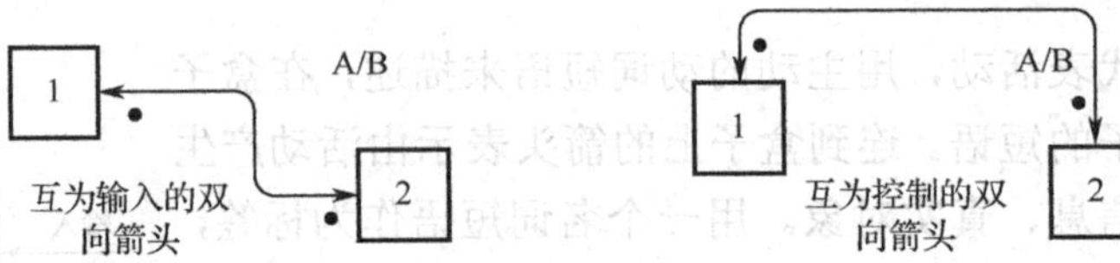

图 5-9　双向箭头

5.3　装备保障系统功能模型

按照装备保障系统的框架结构，其功能模块主要有 5 个。在战略级、战役级装备保障系统中，情报与决策支持、指挥控制、保障行动、资源管理及保障评估与信息反馈模块（智能体）各自是一个复杂的分系统，每个分系统内部又存在若干子功能模块，并且存在复杂的指挥、协调、反馈等关系。在战术级装备保障系统中，上述 5 个功能模块（智能体）相对比较简单。

以下对功能模块的阐述主要是针对战略、战役一级的装备保障系统。按照 IDEF0 建模方法，建立装备保障系统的功能模型，其整体功能主要是描述装备保障系统的边界及环境，如图 5-10 所示。

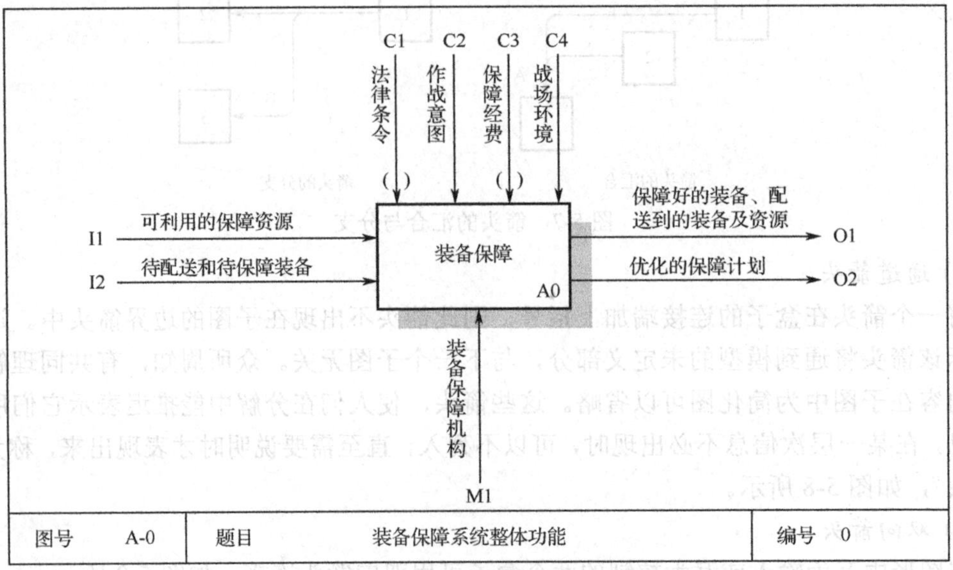

图 5-10　装备保障系统整体功能

关于图 5-10（图号 A-0）的说明如下：

（1）A-0I1：可利用的保障资源是指原有库存资源、上级和友邻单位支援的资源、地方支援的资源，以及其他可以筹措到的资源，这里的保障资源主要指设备、工具、备件、弹药、油料、资料等为使保障系统满足部队战备完好性与持续作战能力要求所需的全部物资器材及相关人员。

（2）A-0I2：待配送装备是指需要由仓库、基地等运送到作战部队或其他指定地方，满足战备完好性的装备；待保障装备是指需要进行修理、维护，以及充、填、加、挂的装备。

（3）A-0C1：法律条令是指国家的法律法规、军队的条令条例及各种规章制度等。

（4）A-0C2：作战指挥员的作战意图。

（5）A-0C3：用于装备保障的经费限制。

（6）A-0C4：装备保障活动所处的战场环境。

（7）A-0M1：装备保障机构是各级、各类、各种形式装备保障组织的统称，是组织实施装备保障的主体。

将图 5-10 展开，得到整体功能模块展开图，如图 5-11 所示，关于图号 A0 的说明如下：

（1）A0I1：装备信息是指装备的种类、数量、战损状况、战备完好性等信息，这里的装备主要包括本级单位的装备、上级和友邻单位支援的装备及从其他渠道可调用的装备。

（2）A0I3：保障资源主要指设备、工具、备件、弹药、油料、资料等为使系统满足战备完好性与持续作战能力要求所需的全部物资器材及相关人员。

（3）A0I6：待保障装备是指需要进行修理、维护及充、填、加、挂的装备；待配送装备是指需要由仓库、基地等运送到作战部队或其他指定地方，满足战备完好性的装备。

（4）A1O1 和 A3O1：初步确定的保障计划，是指对保障工作做出的安排，包括保障资源重组、配送计划、维修计划、协同计划、通信计划、防卫计划及地方力量使用计划。

（5）A1O3：按要求分类、整理后的各种保障相关信息，包括装备信息、战场环境信息、保障资源信息等。

（6）A2O2：优化重组的保障资源是指按照保障计划和资源重组计划组配的保障资源，以及执行保障任务的保障机构（即保障行动智能体）。这里既有向本单位各智能体投送的保障资源也有向外单位支援的保障资源。保障行动智能体由本级部队保障力量、运输分队、战时上级加强的保障力量、作战部门加强的防卫力量及相应的智能计算机系统组成。

（7）A2O4：保障资源信息是指保障资源的种类、数量、位置、状态等信息。

（8）A4O4：保障行动信息包括保障行动完成情况和保障行动对保障资源的需求信息。

（9）A0M1：情报与决策支持智能体（Agent）由机关战技部门参谋，各保障专业部门参谋、助理，情报分析与决策支持专家及相应的智能计算机系统组成。

（10）A0M2：资源管理智能体（Agent）由保障仓库所属人员、机关相应分管人员及相应的智能计算机系统组成。

（11）A0M3：指挥控制智能体（Agent）由本级部队军事指挥员、装备保障指挥员、相关参谋人员及相应的智能计算机系统组成。

（12）A0M4：保障行动智能体（Agent）由具体实施保障行动的维修、资源配送、防卫人员及相应的智能计算机系统组成。

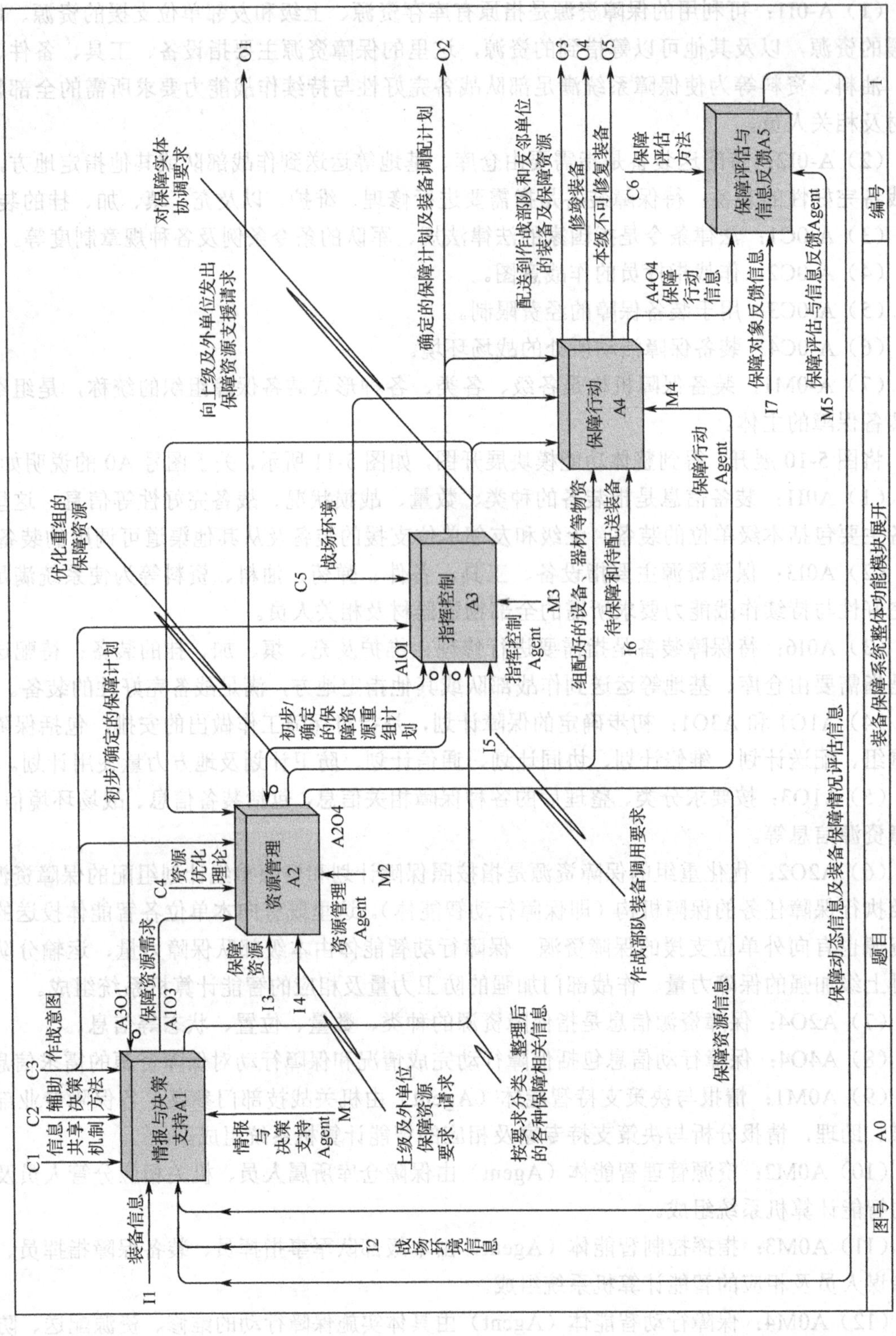

图 5-11 整体功能模块展开图

（13）A0M5：保障评估与信息反馈智能体（Agent）由机关和下属各单位相关参谋、助理，有关评估专家及相应的智能计算机系统组成。

（14）A0O5：本级不可修复装备是指本级无法维修的装备，包括报废装备和向上级后送装备。

5.3.1 情报与决策支持模块

情报与决策支持模块通过保障信息网格获取装备信息、战场环境信息、保障资源信息及保障动态信息等，根据装备保障的具体任务进行决策，提出保障需求、初步保障行动计划与保障资源重组计划，其内部功能如图 5-12 所示。

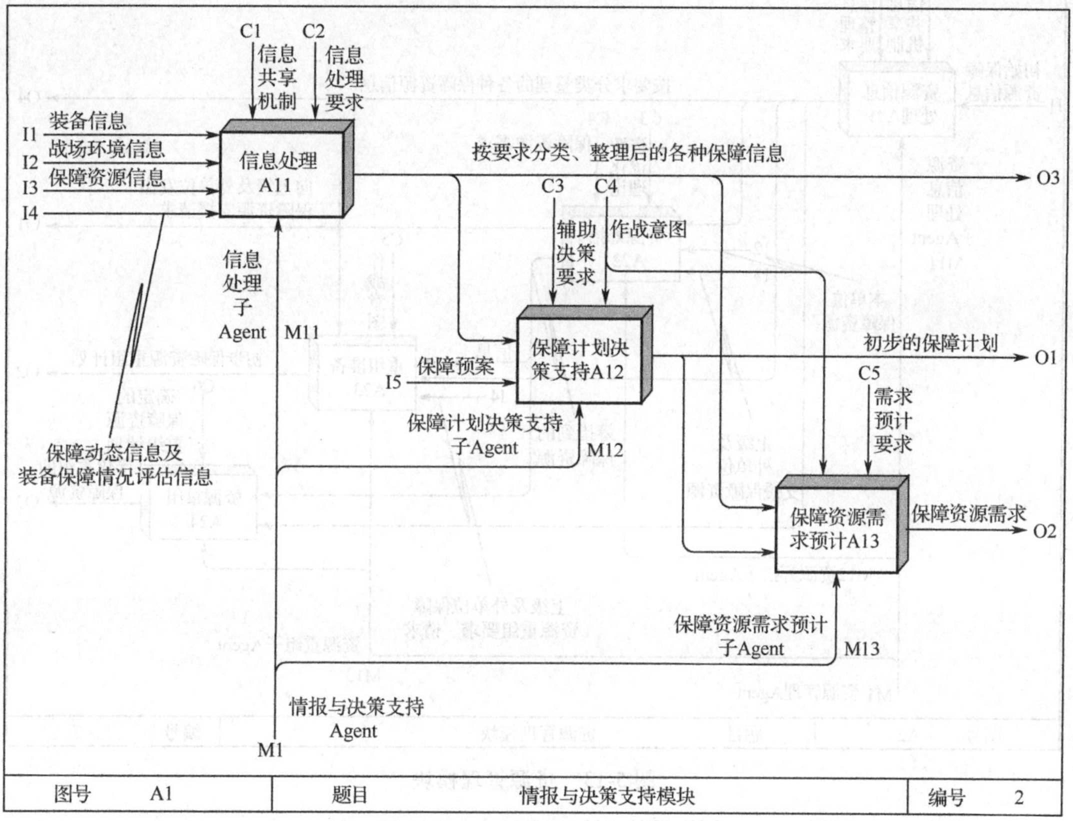

图 5-12 情报与决策支持模块

关于图 5-12（图号 A1）的说明如下：

（1）A11：信息处理是指按照装备保障信息处理要求对与本级部队保障工作相关的信息进行收集、综合、分类、计算、存储与更新等处理工作。

（2）A1M11：信息处理子智能体（Agent）是情报与决策支持智能体中负责信息处理的人员与相应的智能计算机系统模块。

（3）A1M12：保障计划决策支持子智能体（Agent）是情报与决策支持智能体中负责保障计划决策支持的人员与相应的智能计算机系统模块。

（4）A1M13：保障资源需求预计子智能体（Agent）是情报与决策支持智能体中负责保障资源需求预计的人员与相应的智能计算机系统模块。

（5）A1O2：保障资源需求是保障行动中所需的保障资源种类、品种、数量，以及保障资源到位的时间、地点、方式等要求。

5.3.2 资源管理模块

资源管理模块是有效发挥系统整体保障潜力，实现满足信息化战争保障需求的关键环节。它运用信息技术和信息共享机制，调用与保障信息网格相连的保障资源信息网格数据库，检索和查找所需资源的各种状态信息，研究提出初步的资源重组方案，并按照指挥控制模块认可的资源重组方案实施装备、物资器材和设施设备的组配工作，其内部功能如图5-13所示。

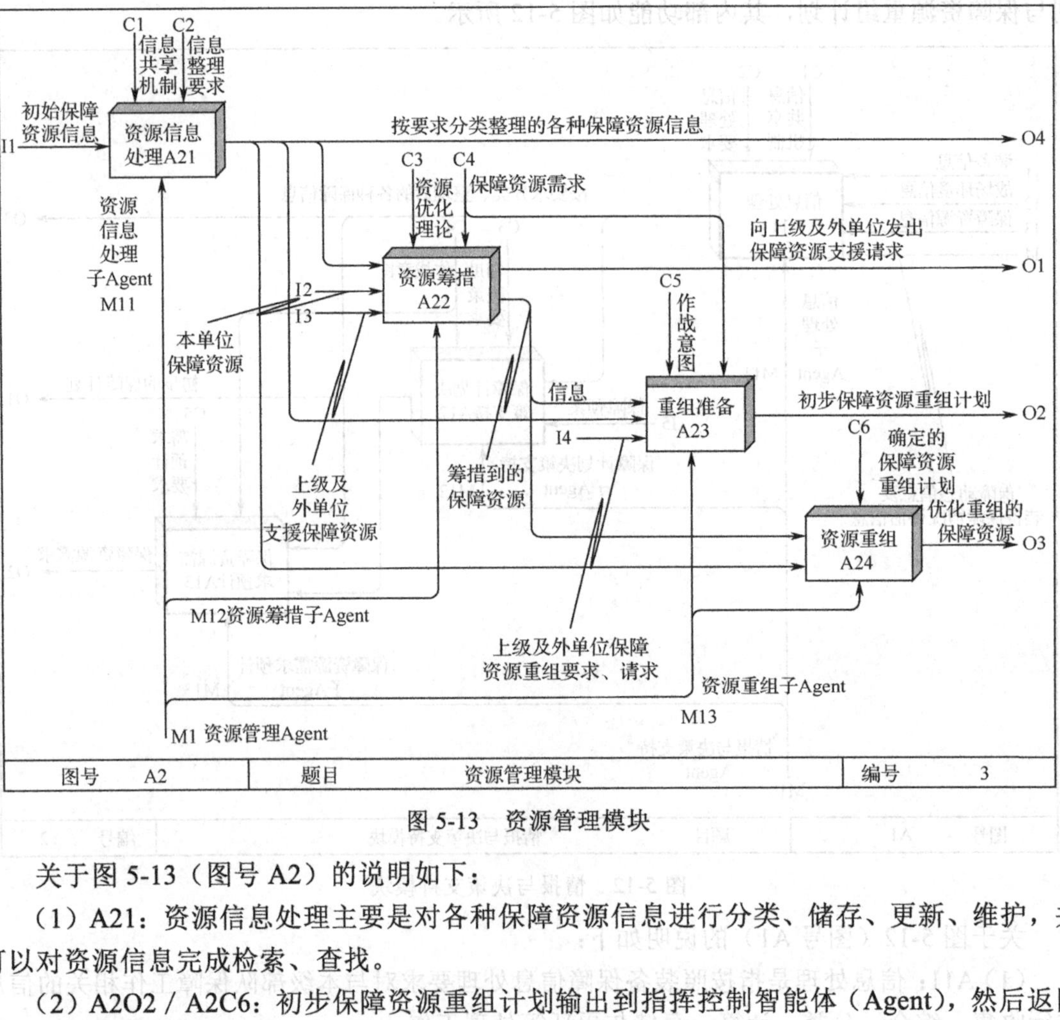

图号	A2	题目	资源管理模块	编号	3

图5-13 资源管理模块

关于图5-13（图号A2）的说明如下：

（1）A21：资源信息处理主要是对各种保障资源信息进行分类、储存、更新、维护，并可以对资源信息完成检索、查找。

（2）A2O2 / A2C6：初步保障资源重组计划输出到指挥控制智能体（Agent），然后返回确定的保障资源重组计划。

（3）A2M11：资源信息处理子智能体（Agent）是资源管理智能体中负责资源信息处理的人员与相应的智能计算机系统模块。

（4）A2M12：资源筹措子智能体（Agent）是资源管理智能体中负责资源筹措的人员与相应的智能计算机系统模块。

（5）A2M13：资源重组子智能体（Agent）是资源管理智能体中负责重组准备和保障资源重组的人员与相应的智能计算机系统模块。

图 5-13 中资源筹措子模块又可分为对内比较资源、对外寻找资源、收发资源请求和资源筹措调用 4 个模块，如图 5-14 所示。

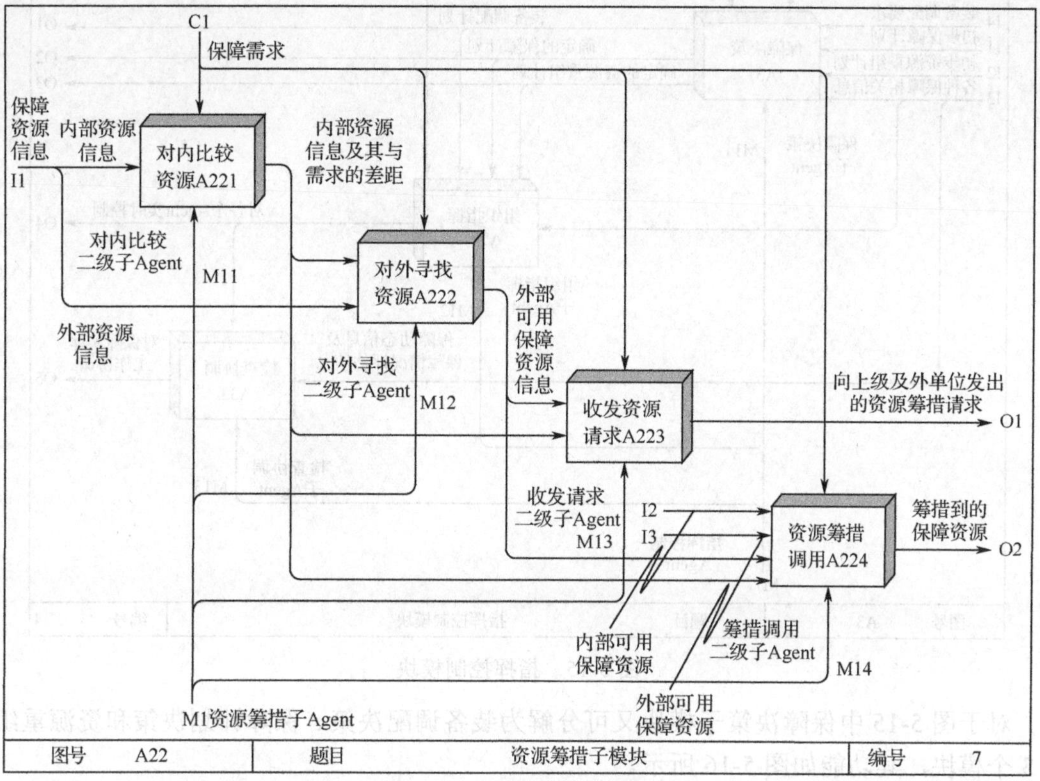

图 5-14 资源筹措子模块

5.3.3 指挥控制模块

指挥控制模块是核心功能模块，主要根据保障任务需求、保障信息、初步保障计划和资源重组方案，科学决策、迅速确定保障计划，确定保障资源编组，向保障行动智能体发出保障指示，其内部功能如图 5-15 所示。

关于图 5-15（图号 A3）的说明如下：

（1）A32：组织指挥是指根据战场环境和确定的保障计划、资源重组计划、装备调用计划对各个智能体明确其主要工作内容，进行工作指导，确保其工作高效有序。

（2）A33：检查协调是指根据指挥控制智能体（Agent）对各个智能体的工作要求，检查其他智能体的工作完成情况，协调各个智能体，尤其是保障实体的工作关系，保证其协调一致地工作。

（3）A3M11：保障决策子智能体（Agent）是指挥控制智能体中负责保障决策的人员与相应的智能计算机系统模块。

（4）A3M12：组织指挥子智能体（Agent）是指挥控制智能体中负责组织指挥的人员与相应的智能计算机系统模块。

（5）A3M13：检查协调子智能体（Agent）是指挥控制智能体中负责检查协调工作的人员与相应的智能计算机系统模块。

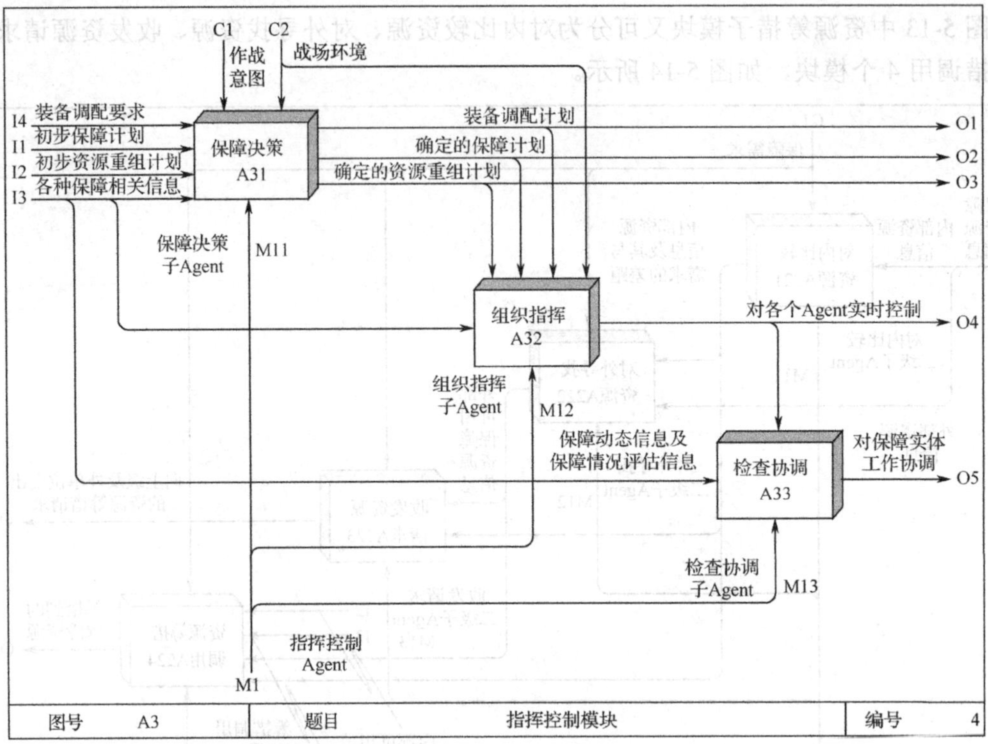

图 5-15　指挥控制模块

对于图 5-15 中保障决策子模块又可分解为装备调配决策、保障计划决策和资源重组决策 3 个模块，其功能如图 5-16 所示。

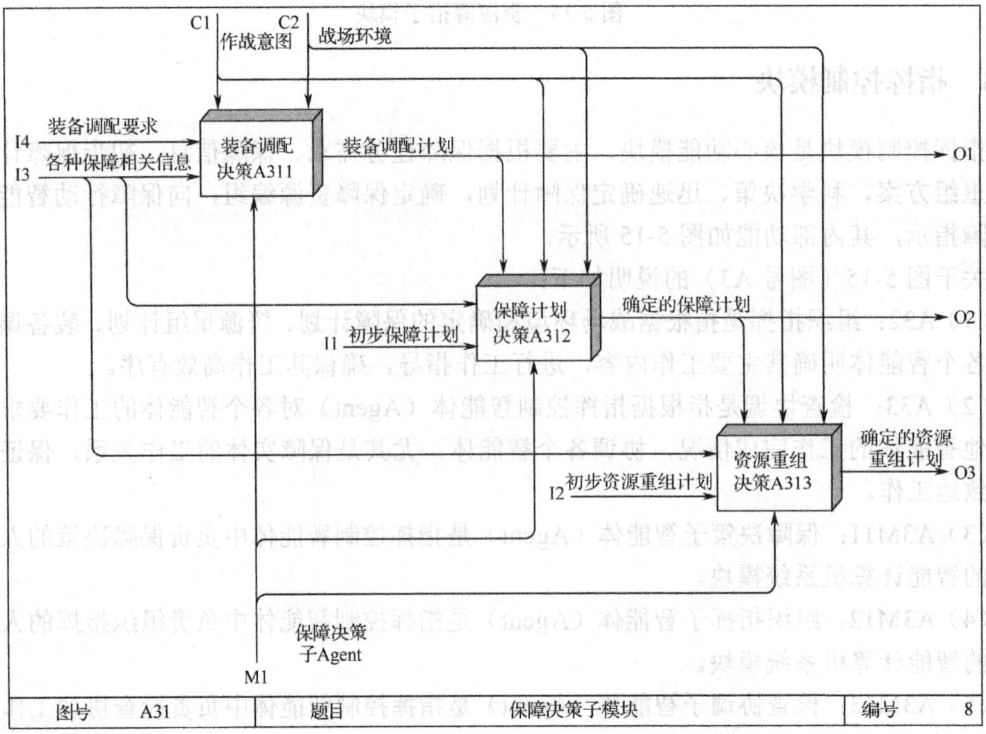

图 5-16　保障决策子模块

5.3.4　保障行动模块

保障行动模块根据保障行动计划，充分发挥整体效能，由动态编组后的保障力量快速完成精确保障任务。其内部功能主要包括物资投送、装备维修和保障防卫，如图5-17所示。

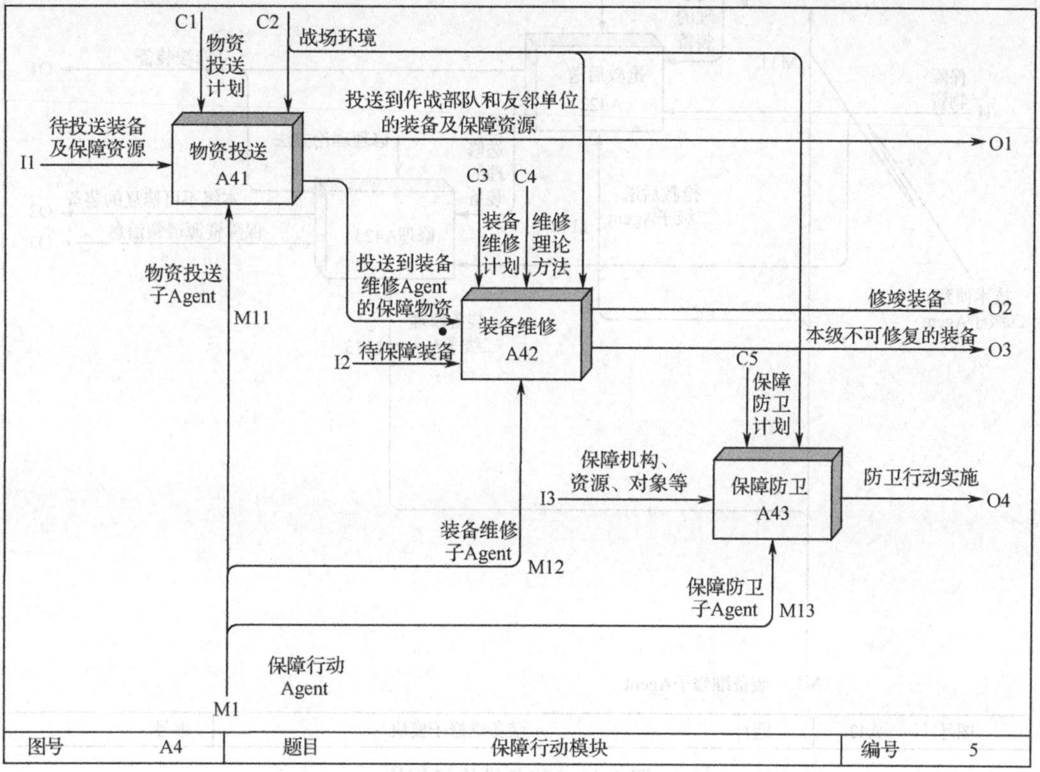

图5-17　保障行动模块

关于图5-17（图号A4）的说明如下：

（1）A43：保障防卫是指对保障机构、资源、对象等进行隐蔽、伪装和防卫，提高生存能力。

（2）A4M11：物资投送子智能体（Agent）是保障行动智能体中负责物资投送的力量与相应的智能计算机系统模块。

（3）A4M12：装备维修子智能体（Agent）是保障行动智能体中负责装备维修的力量与相应的智能计算机系统模块。

（4）A4M13：保障防卫子智能体（Agent）是保障行动智能体中负责保障防卫的力量与相应的智能计算机系统模块。

（5）A4O3：本级不可修复的装备包括报废装备和向上级后送装备。

维修是装备保障的主要内容，是对保障对象进行科学、快速、高效的技术侦察、抢救后送、修理、维护保养等活动，使保障对象及时维持和恢复战斗能力，其内部功能如图5-18所示。

关于图5-18（图号A42）的说明如下：

（1）A42I1：保障物资是指保障资源中除人员以外的设备、设施、器材等资源。

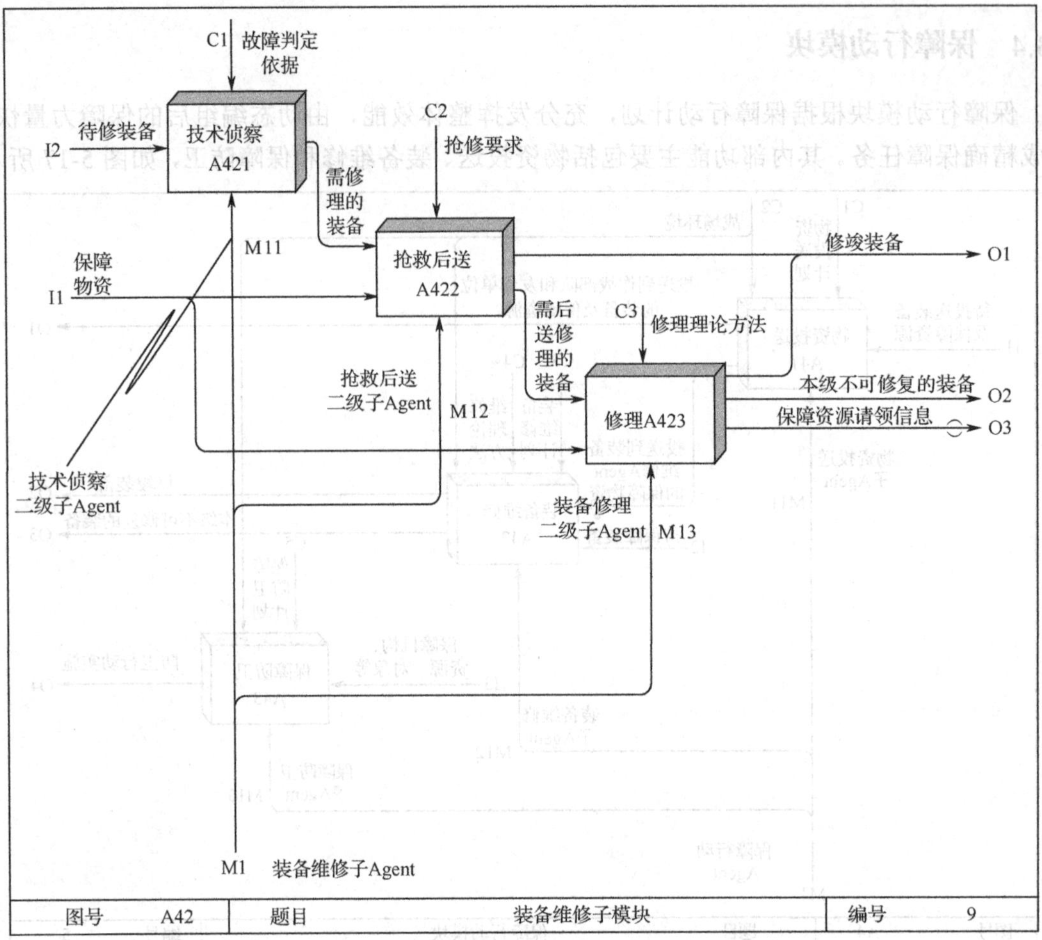

图 5-18 装备维修子模块

（2）A42O2：本级不可修复的装备是指在本级修理机构无法修理的装备，包括直接报废的装备和向上级维修机构送修的装备。

（3）A42M11：技术侦察二级子智能体（Agent）是装备维修子智能体中负责技术侦察的力量与相应的智能计算机系统模块。

（4）A42M12：抢救后送二级子智能体（Agent）是装备维修子智能体中负责对装备抢救后送的力量与相应的智能计算机系统模块。

（5）A42M13：装备修理二级子智能体（Agent）是装备维修子智能体中负责装备修理的力量与相应的智能计算机系统模块。

5.3.5 保障评估与信息反馈模块

保障评估与信息反馈模块对保障行动和保障对象进行跟踪，将保障实施过程中的作战行动情况和实时保障情况、保障结束后的评估结果反馈到情报与决策支持模块，落实装备保障中的监督、评价机制，其内部功能如图 5-19 所示。

关于图 5-19（图号 A5）的说明如下：

（1）A51：跟踪检查是指实施跟踪、收集、整理、检查保障行动智能体（Agent）的保障情况和保障对象反馈的情况。

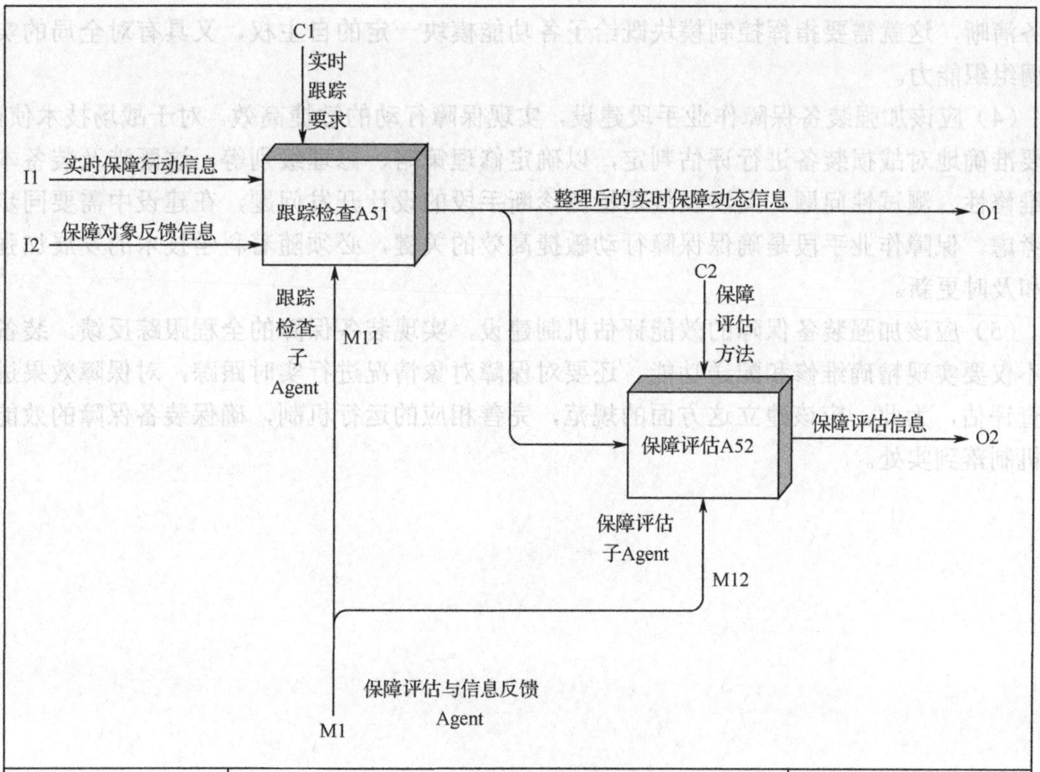

图号	A5	题目	保障评估与信息反馈模块	编号	6

图 5-19 保障评估与信息反馈模块

（2）A5M11：跟踪检查子智能体（Agent）是保障评估与信息反馈智能体中负责跟踪检查的人员与相应的智能计算机系统模块。

（3）A5M12：保障评估子智能体（Agent）是保障评估与信息反馈智能体中负责保障评估的人员与相应的智能计算机系统模块。

通过构建装备保障系统的情报与决策支持模块、资源管理模块、指挥控制模块、保障行动模块和保障评估与信息反馈模块的功能模型，可以为未来装备保障系统建设提供有益的启示。

（1）应该加强信息化基础及手段建设，真正实现装备保障系统的情报与决策支持功能。

（2）应该加强资源共享机制及资源管理手段建设，实现全域资源重组功能。加强资源共享机制研究并采取试点试验，加强保障资源全程监控和实时调配方面的手段建设，使装备保障系统具备对所调用保障资源的实时跟踪能力和实时调整资源配置计划，以及调配保障资源的能力。

（3）应该加强决策指挥及组织协调能力建设，提高指挥决策的科学性及效率。按照装备保障要求，决策指挥功能模块应能够迅速对初步的保障计划、资源编组计划、保障力量编组计划进行选择和调整，这就需要建设一套保障方案评估与决策系统以帮助保障指挥员进行分析判断。

装备保障系统的运行要求各个功能模块既独立又统一，独立是指各功能模块根据战场态势实时进行局部动态调整，统一是指各功能模块在指挥控制模块的统一指挥下分工明确，任务清晰，这就需要指挥控制模块既给予各功能模块一定的自主权，又具有对全局的实时协调组织能力。

（4）应该加强装备保障作业手段建设，实现保障行动的敏捷高效。对于战场技术侦察，需要准确地对战损装备进行评估判定，以确定修理策略、修理级别等，这既涉及装备本身的维修性、测试性问题，又涉及战场检测诊断手段的设计开发问题，在建设中需要同步统筹考虑。保障作业手段是确保保障行动敏捷高效的关键，必须随着科学技术的发展加强建设和及时更新。

（5）应该加强装备保障的效能评估机制建设，实现装备保障的全程跟踪反馈。装备保障不仅要实现精确维修和配送功能，还要对保障对象情况进行实时跟踪，对保障效果进行检查评估，为此，应该建立这方面的规范，完善相应的运行机制，确保装备保障的效能评估机制落到实处。

第6章 装备保障系统组织建模及应用

本章描述组织模型的概念、构成要素，简述 UML 的建模方法，给出保障组织建模的应用示例。

6.1 组织模型概述

6.1.1 组织模型的概念

1. 组织的定义

对于装备保障而言，组织是为了实施装备保障活动而建立的装备保障人员的集合，这个集合具有一定的内部层次和隶属结构，具有一定的职能和责任，并需要在规定的时间内完成指定的任务。组织成员具有一定的职责、权限范围和技能，组织成员之间根据一定的方式产生某种连接关系，其中包括一个最高任务决策机构或人员。

2. 组织模型的概念与特点

组织模型利用抽象的模型和元素，构造出一系列关系，用于表达组织机构中组织实体及组织实体间的关系、组织实体与其他视图模型中实体间的关系、组织实体的职责与权限，以及组织视图与其他视图的一致性问题。它是对过程模型、功能模型、信息模型和资源模型的重要补充，也是其他模型的重要基础。

组织模型的特点主要有以下几点。

（1）组织的层次性表现在组织内有子组织，子组织内也可能有子组织。

（2）组织的分散性表现在组织内部各子组织在地理位置上具有分散性。

（3）组织的自主性表现在组织内部各子组织的相对独立上，各子组织有权决定和处理只与本子组织有关的事务。

（4）组织的整体协调性表现在组成大规模组织的多个子组织之间相互联系，具有整体性。

3. 组织模型的内容

组织模型是用于描述组织结构树、人员、能力、角色和权限及其组织单元之间关系的模型，涉及对系统组织结构、基本组织单元、组织内部人员的描述。组织模型通常包括以下几方面的描述。

（1）组织结构的描述。

（2）组织单元/基本组织单元的描述。

（3）职责与权限的描述。

（4）角色与人员的描述。

通过描述组织结构，可以为实现机构重组提供支持，提高机构对外的柔性和敏捷性；通过描述组织的属性，可以为机构的管理、分析、优化提供支持，实现组织与人员的优化配置。

6.1.2 组织模型的描述方法

装备保障组织一般由静态结构和动态结构组成，静态结构相对稳定，动态结构随着任务的需要进行重构或重组。组织领导、职能机构和基本组织单元构成了装备保障系统的静态结构。考虑到组织模型在整个模型体系结构中的作用和地位，采用如下描述方法，如图 6-1 所示。

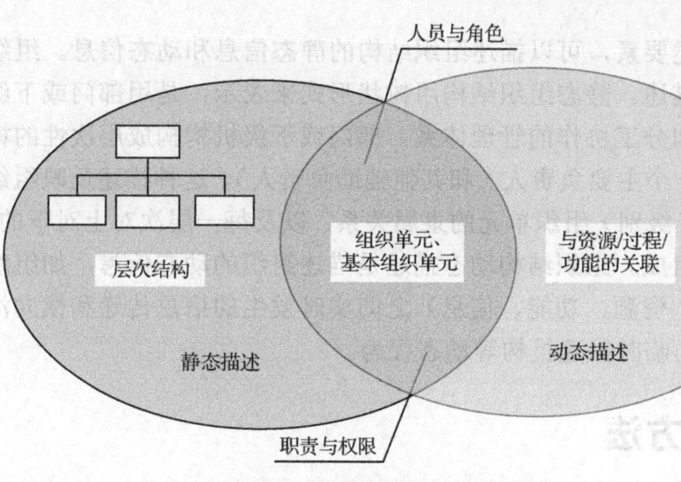

图 6-1 组织模型的描述方法

组织模型的基本描述要素包括基本组织单元、组织单元、人员与角色、职责与权限等。

基本组织单元是构成组织单元和组织结构的基础（基本对象），在编制上是不可再分的最小组织单元，如一个人、一台保障装备（设备）。描述的是一个在给定层次结构中能够完成给定功能的最小任务组织，其作用是在职责范围内采取适当的行动以解决问题或完成一定的任务。基本组织单元从属于不同的组织单元，对其描述可通过定义其职责、权限、所管辖的资源、人员、角色等方面的属性进行描述。

组织单元是具有一定功能和职责的组织实体，是多个基本组织单元或（和）多个下级组织单元的聚集，其内部是一个自上而下逐步分解的树状结构，描述的是组织结构中的某一个范围，定义了在一个职责范围内处理问题的职责和权利。不同组织单元之间的关系有上级、下级、平级和无直接关系 4 种。

团队是由不同部门（组织单元）的人员和不同角色组成的临时性组织实体，具有和组织单元相似的属性，但其没有下级单位，可能有上级单位，随着装备保障组织工作的需要创建和解体。团队内的组织成员在所属的组织单元保持原有信息。

角色：反映一定的组织单元或其内部所从事某一工作的职位，是能够完成某项专职任务的组织或人员的总称。角色的概念可大可小，可以是一个组织单元在整个组织结构中的角色，也可以是在每一个组织单元中为了完成一定功能而应具备的具体角色。它描述的是组织的职责和权限，构成了组织模型和过程模型的联系。

角色组是由多个角色组成的集合，属性包括名称、描述和角色列表等。

人员：指组织单元或基本组织单元中包含的、处于不同角色和位置、处理不同事务的具体人员。人员对象包含人的基本资料和属性，一个人员只能属于一个组织单元，但却可以属于多个团队。人员之间的级别有高有低，人员之间的工作任务和能力的差别主要通过所扮演的角色来体现。

职责：赋予基本组织单元和组织单元在其权限范围内进行决策和执行任务的权力和能力。

权限：对基本组织单元和组织单元决策范围的确定。

需要注意的是，职责与权限同基本组织单元和组织单元紧密相关，因此可以作为属性附加在其上；而人员与角色虽然也受基本组织单元和组织单元的限制，但由于其具有相对灵活性，与其他模型关系比较紧密，故独立出来。

利用上述基本描述要素，可以描述组织结构的静态信息和动态信息。组织层次结构描述是组织静态结构的描述。静态组织结构用树状形式来表示，是用部门或下级机构对应于组织的静态结构划分和分工协作的管理体系。部门或下级机构构成层次性的树状结构，每一个部门或机构都有一个主要负责人（和其他辅助负责人）。这种描述反映组织内部特征及组织结构中不同层次（级别）组织单元的隶属关系，以及每一层次对上对下的职责与权限，由一系列层次化单元组成。组织结构动态描述是描述组织的动态信息，如组织与组织、组织与其他要素（过程、资源、功能、信息）之间实时发生的信息传递和横向沟通关系，或者因突发的任务需求而临时组建机构等动态行为。

6.2 UML 建模方法

6.2.1 UML 建模方法的特点

统一建模语言（Unified Modeling Language，UML）是一种被广泛应用的经过充分验证的技术，具有非常强大的功能，能够很好地定义活动单元，描述过程逻辑，分析保障过程，进行更精细的建模，将通常难以清晰表达的活动和逻辑可视化地表现出来。

UML 不仅可以描述装备保障系统的静态系统结构，还可以描述动态系统行为，UML 提供了多种结构建模和行为建模的方法，其从不同的角度为系统架构建模，并形成系统的不同视图，每个视图显示系统的一个特定方面，所有视图结合在一起组成系统的完整画面，因而成为建模的主流语言之一。

首先，UML 合并了许多面向对象方法中被普遍接受的概念，对每一种概念，UML 都给出了清晰的定义、表示方法和有关术语；其次，UML 扩展了现有方法的应用范围，其最大的优点是帮助分析者、设计者及使用者清楚地表述抽象概念、互相交流和通信；第三，UML 是一个通用的标准建模语言，不但可以对任何具有静态结构和动态行为的系统进行建模，而且适用于以面向对象技术来描述任何类型的系统及系统建设的不同阶段，从需求描述直至系统建设完成后的验证。

UML 建模方法与真实世界概念的抽象思维方式相对应，按照问题领域的基本事物实现自然分割，按人们通常的思维方式建立问题领域的模型。UML 建模方法强调的是可操纵的对象（对应于现实中的独立实体）而不是过程，将现实世界中的事物直接映射为模型中的对象，用对象这一相对稳定的东西作为构成系统的单元，通过不同对象间相互作用的动态联系，可以构造出满足不同需求的系统，使模型具有良好的柔性和可扩展性。

UML 建模方法以对象作为基本的逻辑结构，用类（对应于现实中的抽象）来描述具有相同特征的一组对象，这些共同特征包括一组对象共同的属性和操作，并且用继承性来共享类中的属性和操作，用封装性将对象的界面和实现相分离，使对象实现的改变不影响客户对象对它的访问。这样，从问题空间到求解空间就形成了一种自然映射，相互间有着直接的对应关系。因此，它是一种更直观、更自然、更易于理解的概念模型化方法。

6.2.2 UML 基本描述

UML 用模型来描述系统的结构或静态特征，以及行为或动态特征，而这些模型是通过不同视图从不同视角对所研究的系统进行刻画的。

UML 的视图包括以下几种。

（1）用例视图：强调从用户的角度看到的或需要的系统功能，这种视图也称为用户模型视图。

（2）逻辑视图：展现系统的静态或结构组成及特征，也称为结构模型视图或静态视图。

（3）并发视图：体现了系统的动态或行为特征，也称为行为模型视图、过程视图、协作视图、动态视图。

（4）组件视图：体现了系统实现的结构和行为特征，也称为实现模型视图。

（5）展开视图：体现了系统实现环境的结构和行为特征，也称为物理视图。

视图由多个图构成，图是模型元素的简化。在 UML 元模型中定义了很多模型元素，如用例、对象类、接口、组件等，为了模型的可视化，UML 为每个模型元素规定了特定的图形符号，下面给出部分模型元素的图形符号。

（1）活动者。

活动者名

活动者是作用于系统的一个角色，或者说是一个外部用户。活动者可以是一个人，也可以是使用本系统的外部系统。

（2）用例。

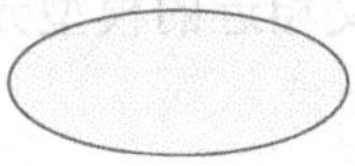

用例名

用例就是对活动者使用系统的一项功能交互过程的陈述，例如，维修人员进行故障维修的用例图可以表示为

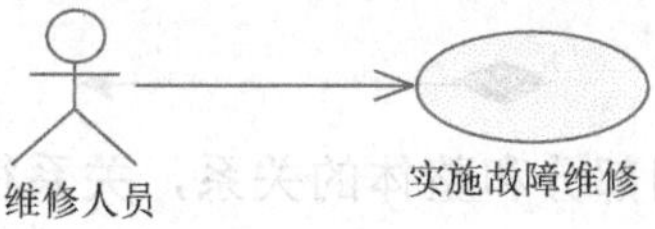

（3）对象类。

对象类是具有相同属性和相同操作的对象集合。

① 属性：

可视性　属性名　［多重性］：类型=初始值

② 操作：

可视性　操作名　（参数列表）：返回列表

例如，用户类：

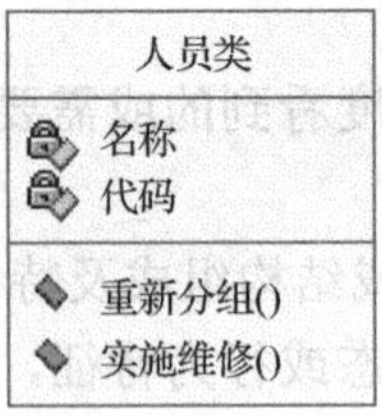

（4）接口。

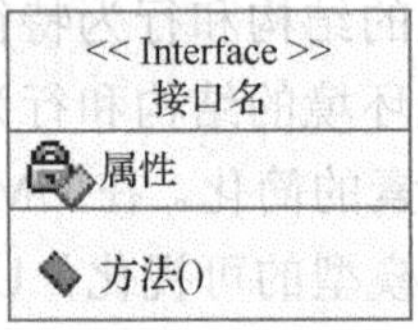

接口是一种抽象类，它对外提供一组操作，但自己没有属性和方法，是在没有给出对象实现的情况下对对象行为的描述。接口使用对象类的图形表示方法，接口名前面加构造型《Interface》。

（5）包。

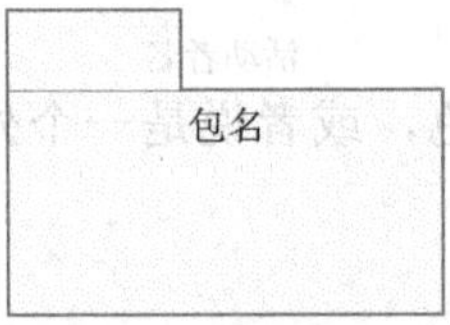

包也是一种模型元素，可以把语义相近的模型元素组织在一个包里，增加对模型元素的可维护性。

（6）关联。

关联就是类或对象之间链接的描述。

（7）组合。

组合关系用于表示对象之间部分和整体的关系，关系很紧密。

（8）聚合。

聚合关系也用于表示对象之间部分和整体的关系，但关系比较松散。

（9）泛化。

泛化用于表示对象之间一般和特殊的结构关系。

（10）依赖。

依赖表示两个或多个模型元素之间语义上的关系。

6.3 组织建模应用示例

6.3.1 保障组织结构建模

这里以传统的装甲师装备保障系统为例进行保障组织的示例构建。装甲师装备保障系统的组织结构是一种多级层次的管理方式，组织的核心是以师领导为中心的领导层，其关键业务角色有师长、副师长、装备部长、技术人员等；中间管理层组织单元有战技科、军械科、装甲科、直工科、工化科、轮式车辆科及装甲团、炮兵团、高炮团、运输营、器材仓库等，中层管理机构以团领导为核心配置各种相应的专职岗位；基层任务作业层有修理连、坦克运输排等，主要以相应基层领导为核心，配置相应的任务作业角色。

图 6-2 是装备保障任务相关涉及者结构，包括保障系统所有任务涉及者，如运输营、修理营等。图 6-3 是装甲师装备保障系统基本组织结构的 UML 描述。

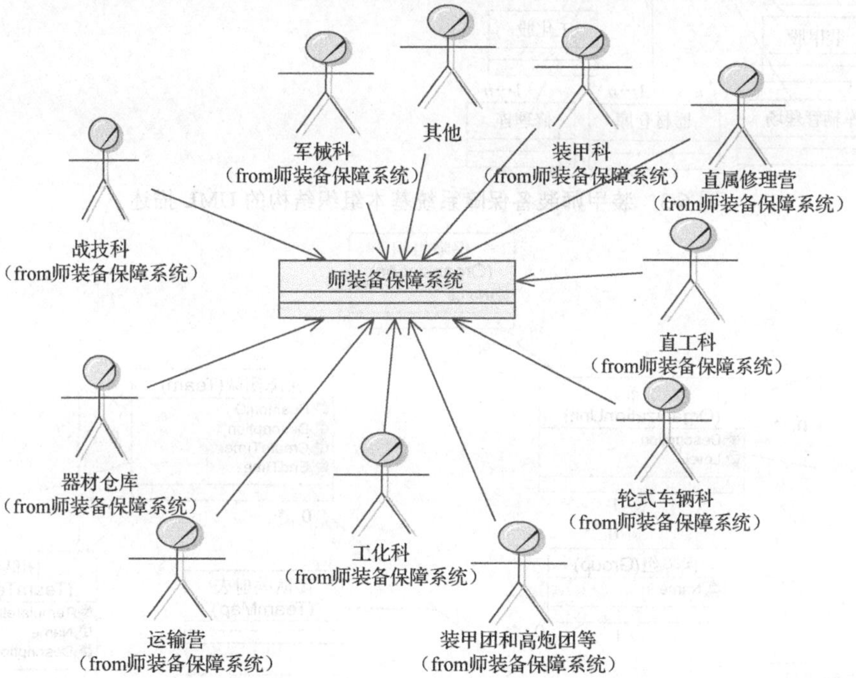

图 6-2 装备保障任务相关涉及者结构

6.3.2 保障系统的组织元模型

保障系统的组织机构包含组织单元、任务工作组、任务团队、组织成员、工作职位和角色等多个概念，它们之间存在错综复杂的联系。图 6-4 是保障系统组织机构的 UML 类图描述，称为组织元模型，其构成元素的含义描述如下。

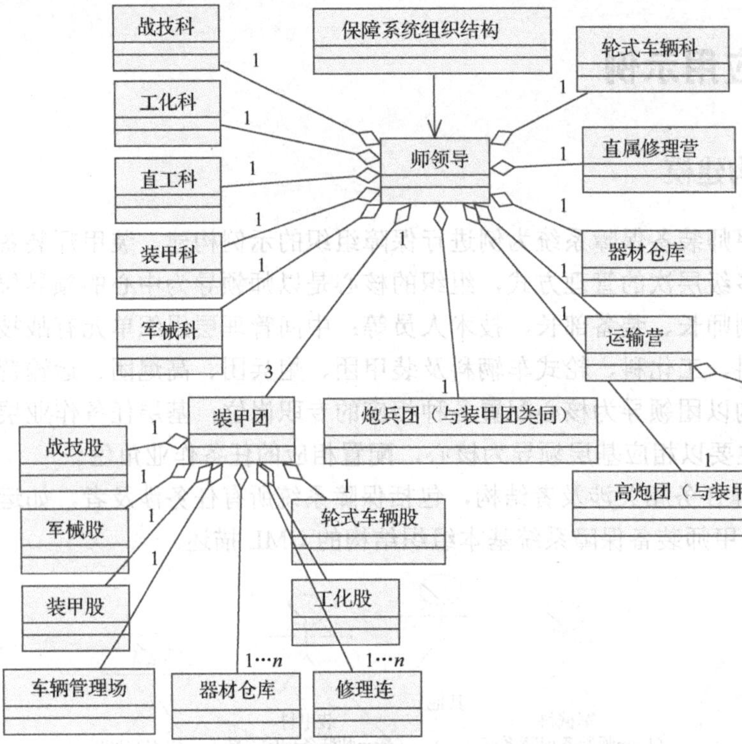

图 6-3　装甲师装备保障系统基本组织结构的 UML 描述

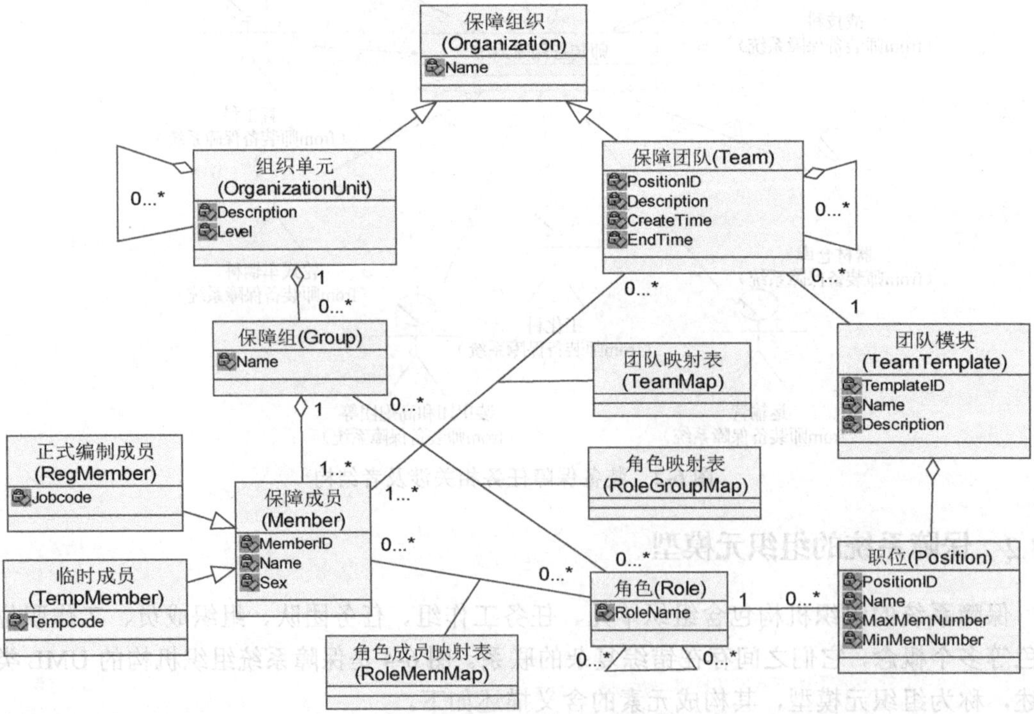

图 6-4　组织元模型的 UML 描述

（1）成员类（Member，RegMember 和 TempMember）：一些描述保障组织系统成员的类。其中，超类 Member 定义了组织成员具有的一些基本属性，如成员代号、姓名、性别、头衔等，可以有多个子类，每个子类代表一类成员，并定义了一些特殊属性，例如，正式编制人员类 RegMember 具有编号等属性，而临时组成的人员类 TempMember 具有临时编号属性。

（2）组织类（Organization，OrganizationUnit，Group 和 Team）：一些描述保障系统组织结构的类。其中，超类 Organization 定义有唯一的名称属性。

保障系统的组织结构主要有两种表现形式。

① 职能型组织结构，如部门、中心、修理所等。其特点：一是呈“金字塔”型，层次较多；二是相对静态，很少变动。

职能型组织在图 6-4 中对应组织单元子类（OrganizationUnit）。组织单元具有明显的层次性，如保障系统具有多个部门，而每个部门又包含多个科、股等，OrganizationUnit 类的自聚合关联也表达了这种特性，一个子 OrganizationUnit 对象最多对应一个父 OrganizationUnit 对象，而一个父 OrganizationUnit 对象则可以拥有多个子 OrganizationUnit 对象。另外 OrganizationUnit 对象和 Group 对象之间也存在聚合关联，这样一个大的 OrganizationUnit 对象可以由多个子 OrganizationUnit 对象和多个 Group 对象构成。组类（Group）是代表一类成员的集合，如修理人员组、器材供应组、弹药保障组等，因此 Group 类和 Member 类之间存在聚合关联，即 Group 对象由多个 Member 对象构成。

② 矩阵型组织结构。其是一种组织活动任务与职能的双重组合结构，如保障任务实施团队、保障决策团队等，其特点：一是呈扁平型，层次较少；二是经常动态变化。

矩阵型组织在图 6-4 中对应团队子类（Team），每一个 Team 对象拥有唯一的 ID 号、成立日期（CreateTime）和解散日期（EndTime）等属性。Team 对象也可以具有层次性，比如，一个大任务组又细分为多个小任务组等，通过 Team 类的自聚合关联可以表达这种联系。

Team 类和 Member 类之间存在关联，由于保障任务实施团队的动态性，一个 Member 成员可以属于多个不同的 Team 对象，而一个 Team 对象也可以拥有多个 Member 成员，这种多对多的联系可以通过团队映射表 TeamMap 来表示。

（3）角色类（Role 和 RoleMap）。角色是一个描述保障人员在组织中所处地位和所承担任务与职责的概念，在图 6-4 中用 Role 类表示，它可以动态地映射成不同的 Member 对象或 Group 对象，表明此时这些成员或组中的所有成员将充当这类角色。

Role 对象和 Member 对象之间多对多关联用角色成员映射表类 RoleMemMap 表示，而 Role 对象和 Group 对象之间的多对多关联用角色映射表类 RoleGroupMap 表示，角色映射表具有动态特点，人员和组的招募组合、解散离职和调动都会改变它的配置。

另外，角色还可以理解为多个成员构成的集合，不同子角色之间通过交、并、差运算可以组成新的有意义的父角色；Role 类的自关联形成了角色树，父子联系反映了层次职责上的领导与被领导的关系，如坦修班班长角色管理坦修班成员角色。

（4）任务团队模板类（TeamTemplate 和 Position）。装备保障系统按编制的不同可能有许多个任务团队，尽管任务团队在规模上差异很大，但大部分任务团队在内部结构上还是存在很大的相似性，比如，面向不同保障任务的保障组，其包含的职位大体相同。

将团队的基本结构抽取出来，用一个 TeamTemplate 表示，不同的 TeamTemplate 对象代表不同的任务团队类型，如面向器材供应的保障组、面向抢救维修的保障组等。

TeamTemplate 定义有 TemplateID、名称和描述等基本属性，并拥有多个职位。

职位用 Position 表示，Position 对象具有唯一的 PositionID 属性，它和 Role 之间存在多对一的映射关系，即一个 Position 对象对应唯一一个 Role 对象；而一个 Role 对象，可以和不同 TeamTemplate 中的 Position 对象对应，即同一个角色可以在不同类型保障任务团队中承担不同的职责。

6.3.3 组织模型与过程的关联描述

按照组织行为学的观点，组织的概念包括组织结构和组织行为两部分。组织结构通过组织元模型来描述，而组织行为体现为不同的组织成员进行不同的保障活动。因此，需要将装备保障组织模型与过程进行关联，图 6-5 是该关联的 UML 类图描述，虚线左边是任务决策阶段的相关类，虚线右边是任务执行阶段的相关类，它们之间通过各种“实例化”和“映射”建立关联，具体的关联说明如下。

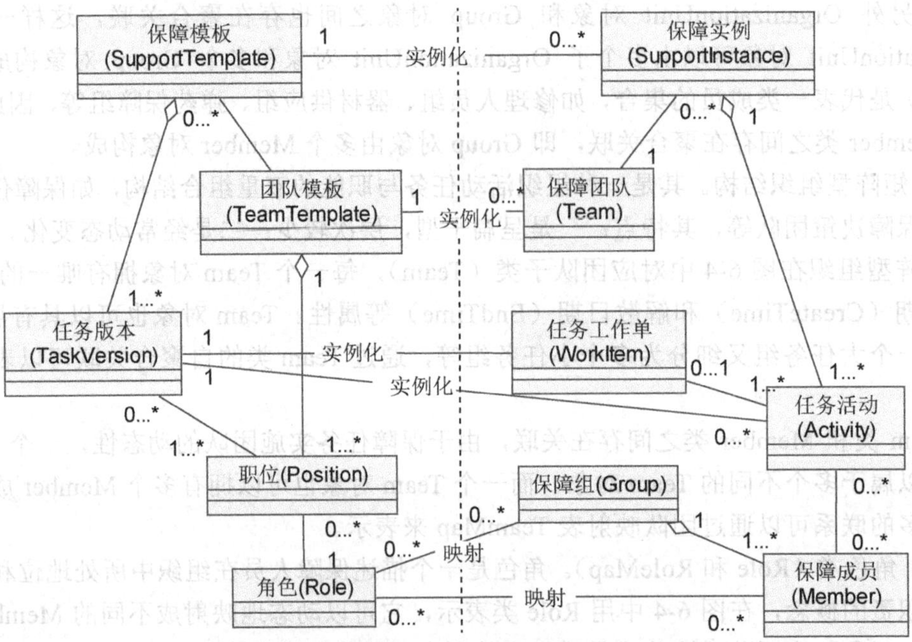

图 6-5 组织模型与过程的关联 UML 类图描述

（1）保障模板（SupportTemplate）对象代表一种类型的保障任务过程模板，它由多个保障任务版本（TaskVersion）构成，模板的多次运行形成不同的保障实例 SupportInstance，两者之间的一对多关联表明同一个装备保障模板可以拥有多个运行实例，它们之间不会互相干扰。

（2）保障模板（SupportTemplate）对象与团队模板（TeamTemplate）对象对应，每一个保障任务版本分别与任务团队模板（TeamTemplate）中的一个职位（Position）对象对应，体现了“保障任务团队成员各负其责”的原则。

（3）启动保障任务实例后，一个保障实例（SupportInstance）对象就和一个保障团队（Team）对象建立关联，该团队（Team）对象是团队模板的实例；运行期间，按照保障过程的逻辑次序，每个保障任务版本依次实例化成多个任务工作单（WorkItem）对象，任务工作单对应待处理保障任务，正在执行的保障任务版本称为活动（Activity）对象，装备保障引擎能为每个保障任务版本的参与者（通过角色映射获得）生成保障任务工作单，并由保障人员自己选择是否执行该任务，所以并不是所有的保障任务工作单都会被激活而成为具体的活动。

图 6-6 以流程图的形式详细说明了这种关联过程，具体说明如下。

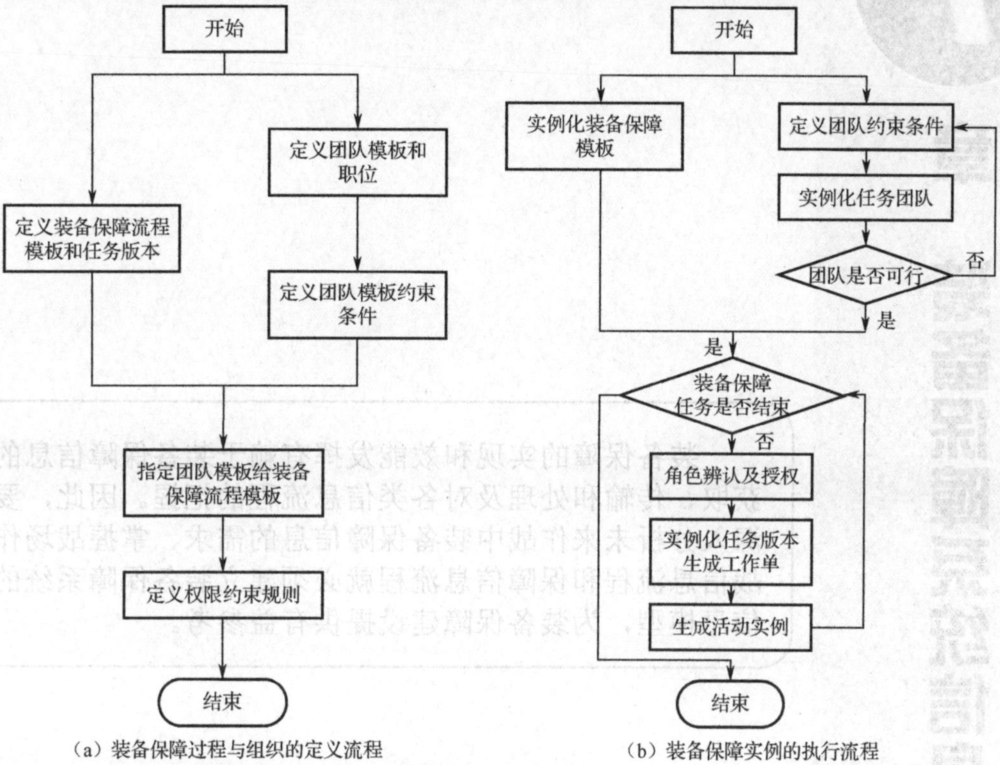

图 6-6　关联过程

在定义阶段，保障任务规划决策者要依次定义保障任务过程模板与任务版本、定义保障团队模板及所包含的职位、定义保障团队模板约束条件、指定保障团队模板给装备保障模板，并定义权限约束规则。

在执行阶段，装备保障任务执行者首先要创建保障任务实例，根据模板组建执行保障团队并检查团队的可行性，然后按照过程逻辑定义在装备保障引擎的驱动下依次执行任务版本，每个任务版本的执行过程都要经历角色辨识、保障成员授权、保障任务工作单生成等阶段，最终由授权成员完成该保障活动的执行。

第7章 装备保障系统信息建模及应用

装备保障的实现和效能发挥有赖于装备保障信息的获取、传输和处理及对各类信息流程的把握。因此，要深入分析未来作战中装备保障信息的需求、掌握战场作战信息流程和保障信息流程就必须建立装备保障系统的信息模型，为装备保障建设提供有益参考。

7.1 装备保障信息模型概述

建立信息模型是实施装备保障系统信息集成的重要基础。信息模型描述的是装备保障过程中数据对象及实体之间关系的模型，说明保障系统处理的业务对象所包含的信息，或者说执行具体功能保障活动的输入/输出数据及这些数据之间的逻辑关系。

7.1.1 信息模型的定义

关于信息模型目前还没有一个公认的定义，学者们有如下一些描述。

信息模型是对经营活动过程中信息的采集、传递、加工、使用和维护等活动环节，以及信息活动一般规律的描述。信息模型由关系模型、数据模型等组成，以图、表、数据的形式表示，能够为信息系统的建设提供理论指导。

信息模型是对活动信息需求的抽象和简化表示，用于描述系统信息需求的蓝图，并指导应用系统的开发，促进信息资源的共享和集成。

信息模型是描述业务活动涉及的实体关系模型，即描述业务活动涉及的信息及这些信息间联系的模型。

这些定义包含了这样一种观点：信息模型是对系统活动需求的信息及其相互间关系的描述。因此，建立装备保障信息模型是为了标准化管理所采取的一种规定装备保障部门之间接口的手段。信息模型是一个关于装备保障组织体系需要信息的模型，包含装备保障系统的数据实体和实体间的关系、属性、定义、描述，以及范例综合展现数据之间的关系，并适应新的数据要求。

装备保障信息模型是反映装备保障信息流通概况，并对装备保障实体内部状态、技术、流程和管理等信息的抽象理解和表示。通过装备保障信息模型，描述相关信息的传递，实现各保障单元及系统之间的连接。信息模型主要包括以下几个方面。

（1）信息流程模型。信息流程模型反映信息活动间数据的流动情况。

（2）信息活动模型。信息活动模型反映信息处理的活动有哪些，以及这些活动对信息的产生、存储、传递和使用所起的作用。

（3）实体关系模型。实体关系模型反映数据实体及其相互间的关联关系。

（4）数据模型。数据模型是对客观事物及其联系的数据化描述，是复杂数据关系之间的一个整体逻辑结构图，反映数据的规范化程度。

7.1.2 建模目的及原则

装备保障系统信息建模的目的包括两个方面。

（1）信息模型的建立有助于分析装备保障系统现有的过程活动，优化和改造保障系统现有的流程。装备保障信息模型是对装备保障活动的抽象，是对系统组织结构业务活动功能模型和数据模型及体系结构的分析，以便在分析过程中发现装备保障流程中不合理的环节并对其改进。

（2）装备保障信息系统的建设需要巨大的人力物力投入，为提高其建设的成功率，可以通过装备保障信息模型模拟装备保障信息活动的过程规律，仿真装备保障信息行为，帮助系统管理者理解装备保障信息系统、装备保障信息化过程中的管理和活动。

因此，装备保障信息建模应该遵循自顶向下、逐步求精及以指挥控制过程为主线的原则。

装备保障系统是一个复杂的系统，如果要完整描述反映装备保障的职能、过程和活动，就需要既反映系统职能的概况，又反映保障行动的细节，需要对保障系统指挥控制与行动进行自顶向下的分解和细化。顶层的模型描述系统职能、过程的概况，中、下层是对顶层进行逐步分解、细化的结果，是对各类保障行动的描述。

对于装备保障系统而言，指挥控制是管理保障过程、保障行动的主线。因此，装备保障信息建模必须以指挥控制为主线，从保障行动的角度来描述装备保障的过程与活动。

7.2 装备保障信息模型的建模方法

目前常见的几种信息建模方法有实体关系（E-R）建模、数据流程图（DFD）建模、Coad-Yourdon 建模、IDEF 系列等。下面对信息建模中比较实用的 E-R、DFD 两种建模方法进行描述。

7.2.1 实体关系建模方法

E-R 模型主要描述系统的结构，属于概念模型。该建模方法通过描述系统所涉及的信息活动、实体的建立，以及确定实体之间的关系，最终得到实体关系模型。

1. 信息活动

信息活动是参与数据处理的管理活动，通常具有以下性质。

（1）一个信息活动有明确的输入、输出或存储数据。例如，物资器材请领活动输入的是物资器材申请单、物资器材数据，输出的是物资器材请领单数据。

（2）一个信息活动实现的是对数据的存储、传递、加工、使用等功能中的一种或几种。

（3）一个信息活动可以有多个数据输入和输出，但是一般只有一个数据存储。

（4）通过信息传递和使用，实现不同的职能部门、人员或单元信息活动的衔接。

2. 建立实体

实体是 E-R 模型的基本对象，是客观世界中具有相同属性和特征的抽象事物集合，集合中的元素就是实体的实例。实体可以是物理存在的事物，也可以是抽象的概念。每个实体都有一组特征或性质，称为实体的属性。每个实体应该用一个名词来命名，有时也可以加上一个修饰词。可以认为一个实体具有该名词所确定的性质。

建立实体是信息模型建立过程中的关键，也是最困难的一个步骤。实体选择的正确、全面与否直接影响信息模型的准确性和实用性。在区分实体和非实体时，可以通过以下几个准则来鉴别。

（1）实体可以被描述（实体有性质）。

（2）实体有 n 个同类的实例。

（3）每个实例可被区分和标识。

（4）实体不能用来描述事物（否则只能看作属性）。

在装备保障过程中，由于各部门具有相同的特征和属性，故它们是同一部门实体，而各部门的指挥人员、保障人员也就有相同的特征和属性，因而它们也是同一员工实体。

3. 确立实体之间的关系

在建立信息模型的过程中确定实体间的关系也是一个非常关键的步骤，关系是两个实体间的逻辑联系。组织中的各个实体总是通过与其他实体所存在的相互关系来表现自己存在的价值和意义。一个不与其他实体发生任何关系的实体在组织中也就没有存在的必要。组织中的实体之间存在着广泛的联系，但不可能也没有必要把实体之间的所有关系都描述出来。关系是指两个或多个实体之间存在的一种自然的对应关系，实体之间的关系包括以下几种类型：①1 对 1 的关系；②1 对多的关系；③多对多的关系。

4. E-R 图表示方法

E-R 图是表示 E-R 模型的工具。矩形表示实体；椭圆表示属性，属性下的横线表示键；菱形表示关系；无向边上的数字表示关系的类型。结构关系型表示该实体在关系中的参与程度。图 7-1 给出了常见的 E-R 图表示方式，在 1 对多关系型图中，当 n=1 时就变成 1 对 1 关系型。

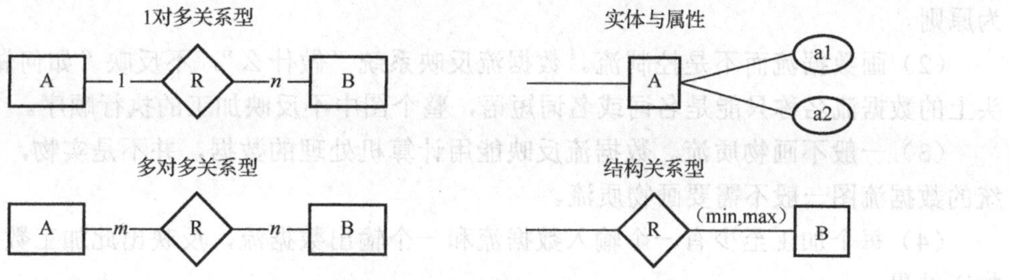

图 7-1　常见的 E-R 图表示方法

7.2.2　数据流程图（DFD）建模方法

DFD 建模方法是结构化方法中一项最基本的方法。DFD 和其改进形式主要用来描述系统数据流程及其处理过程。在建立 DFD 时，一般采用自顶向下的结构化分解方法，首先用少数几个高度概括、抽象的处理过程描述系统的逻辑功能、数据流程及其外界的数据交换；然后分别对其中的每个处理过程进行分解，建立下一层的 DFD，这个过程是一个逐步求精的抽象过程。

DFD 有以下 4 种基本图形符号。

- 箭头：表示数据流。
- 圆或椭圆：表示数据处理。
- 双杠：表示数据存储。
- 方框：表示数据的原点或终点。

（1）数据流。数据流是数据在系统内传播的路径，由一组固定的数据组成。由于数据流是流动中的数据，所以必须有流向，除了与数据存储之间的数据流不用命名外，数据流应该用名词或名词短语命名。

（2）数据处理（又称加工）。对数据流进行某些操作或变换。每个加工要有名字，通常是动词短语，简明地描述完成什么加工。

（3）数据存储（又称为文件）。数据存储指暂时保存的数据，可以是数据库文件或任何形式的数据组织。

（4）数据原点或终点。数据原点或终点是系统外部环境中的实体（包括人员、组织或其他系统），统称为外部实体。一般只出现在数据流程图的顶层图。

数据流程图制作步骤：

（1）首先画系统的输入/输出，即先画顶层图。顶层图只包含一个加工，用于表示被开发的系统，然后考虑该系统有哪些输入/输出数据流。顶层图的作用在于表明被开发系统的范围及其与周围环境的数据交换关系。

（2）画系统内部，即画下层数据流图。不再分解的加工称为基本加工。一般将层号从0开始编号，采用自顶向下，由外向内的原则。画第一层数据流图时，分解顶层图的系统为若干子系统，决定每个子系统间的数据接口和活动关系。

注意事项：

（1）命名。不论是数据流、数据存储还是加工，其命名应该以使人们易于理解其含义为原则。

（2）画数据流而不是控制流。数据流反映系统"做什么"，不反映"如何做"，因此箭头上的数据流名称只能是名词或名词短语，整个图中不反映加工的执行顺序。

（3）一般不画物质流。数据流反映能用计算机处理的数据，并不是实物，故对目标系统的数据流图一般不需要画物质流。

（4）每个加工至少有一个输入数据流和一个输出数据流，反映出此加工数据的来源与加工结果。

（5）编号。如果一张数据流图中的某个加工分解成另一张数据流图，则上层图为父图，直接下层图为子图。子图及其所有的加工都应编号。

7.3 装备保障信息模型的构建

信息是对数据的合理组织，装备保障信息模型的构建过程就是对保障系统数据合理、规范的组织过程。构建科学合理的装备保障信息模型必须明确装备保障信息的种类和模块及信息的流向。因此，在构建装备保障信息模型之前，应先对装备保障的信息资源进行分类和归纳，然后进行装备保障的信息流分析，为构建装备保障信息模型奠定基础。

7.3.1 装备保障系统的信息流分析

信息化条件下作战（或其他军事任务）中的装备保障信息种类和信息量非常巨大，要搞清装备保障信息的流程，必须对装备保障的信息流进行分析与归纳，得出保障信息的来源和归宿。根据部队编成，其各级保障指挥机构、保障平台和各保障单元可以得到GPS定位、情报采集、信息处理、战场信息广播服务等系统和装备的支持，通过一体化联合作战指挥平台和野战综合通信系统互联成一个无缝隙的保障信息网络，其总的装备保障信息流程示意图如图7-2所示。

装备保障信息流程是一个复杂的流动过程，图 7-2 只是从概念上描述了在信息化条件下作战装备保障信息流程的流向。从宏观上讲，装备保障的信息流包括战场情报信息流、指挥控制与反馈信息流、态势信息流、协同信息流等。图中每一个方框代表一个功能模块或系统，相对每个方框而言，箭头表示信息的输入和输出。每个方框的作用是信息的变换，即把输入信息流变成输出信息流。每一次信息输出都必须对输入的信息进行标准化加工处理，其目的：一是消除冗余，提高置信度；二是把信息转化成便于传递、分析或进一步处理的形式，从而便于信息在网络中流通；三是压缩信息数量，提高信息质量，按权限分发、存储有用信息。

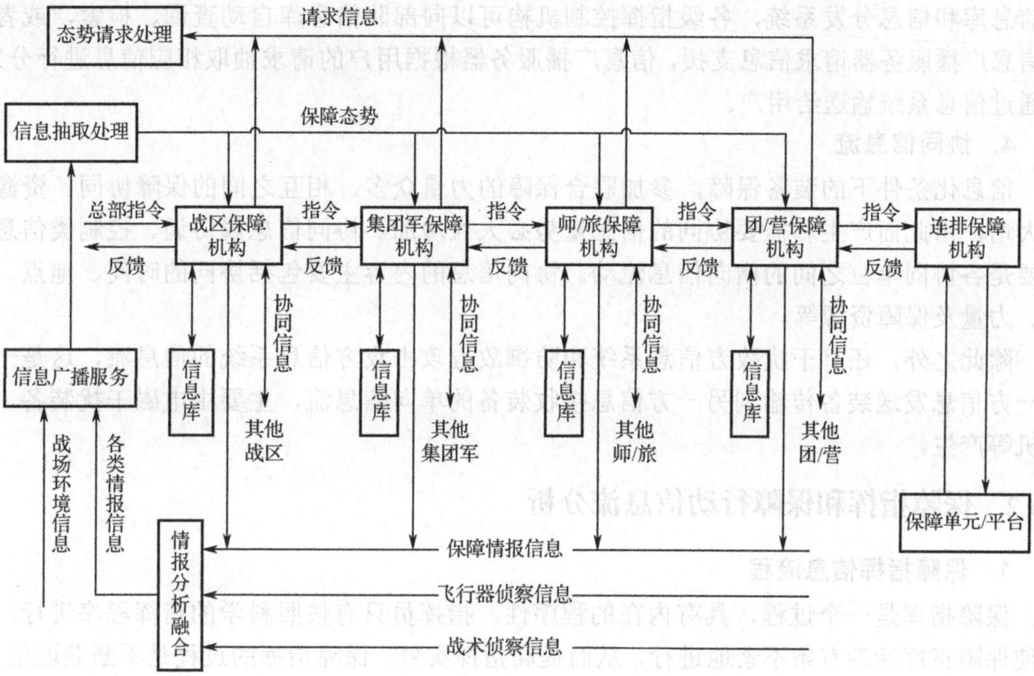

图 7-2 战时装备保障信息流程示意图

1. 战场情报信息流

战场情报信息主要包括敌情信息、我情信息、战场环境信息等。敌情信息属情报类信息，多为自上而下的流动；我情信息属情报、决策、控制类信息，具有由上至下、自下而上，以及横向交叉的流动形态；战场环境信息属管理类信息，具有由上至下的流动形态。

战场情报信息的来源主要是各保障层次的情况报告（通报）、侦察直升机和无人飞行器采集等。以装备保障情况报告的信息流程为例：保障单元和平台→连排指挥控制系统→营指挥控制系统。营指挥控制系统进行情报分析处理后，与团装备保障指挥信息需求联系紧密的信息被输送到团指挥控制系统，团指挥控制系统经信息处理后将有关信息输送到上级信息库；与其他保障分队有关的信息输送至信息广播服务系统，由其进行信息抽取分发，实现战场保障信息共享。

2. 指挥控制与反馈信息流

该信息流在上级保障指挥机构与本级保障指挥机构之间，以及本级与下级保障指挥机构之间流动。该信息流涉及各保障、支援、协同等系统和分队，以文电和语音形式为主。上级向下级下达保障命令或指示，下级系统则把执行命令后的保障情况反馈给上级指挥控制系统。这类信息的主要内容是各种命令、指示和反馈调控等。其信息流程为：由上至下，下达各种命令、指示；自下而上，反馈对上级命令、指示的执行情况；由上至下，根据下级的反馈信息进行调控。如此循环。

3. 态势信息流

态势信息属情报和决策类信息，具有自下而上和由上至下的实时双向流动形态，通常包括作战部队及保障部（分）队当前位置、攻防态势、敌方动态等信息。态势信息流主要来自上级的通报、下级的报告和各种信息采集设备采集到的信息。这些信息集中汇集到部队信息库和信息分发系统，各级指挥控制机构可以向部队信息库自动查询、检索，或者通过信息广播服务器请求信息支援，信息广播服务器根据用户的请求抽取相应信息进行分发，并通过信息系统输送给用户。

4. 协同信息流

信息化条件下的装备保障，参加联合保障的力量众多，相互之间的保障协同、资源共享大增，由此而产生和需要协同的信息量势必大大增加。协同信息属协调、控制类信息，主要是各协同单位之间的横向信息流动。协同信息的内容主要包括协同的时间、地点、方式、力量及保障资源等。

除此之外，还有干扰敌方信息系统和防御敌方攻击我方信息系统的信息流，这是一种由一方信息发送装备传输到另一方信息接收装备的单向信息流，主要由电磁干扰装备、计算机等产生。

7.3.2 保障指挥和保障行动信息流分析

1. 保障指挥信息流程

保障指挥是一个过程，具有内在的程序性。指挥员只有按照科学的指挥程序进行，才能使保障指挥活动有条不紊地进行，从而提高指挥实效。保障指挥的过程是不断获取信息、处理信息和利用信息的过程，信息制约着保障指挥的全过程。因而，分析部队在信息化条件下的保障指挥控制信息流，对于科学合理地使用信息，提高指挥决策的科学性、快速性，具有重要意义。图 7-3 描述了信息化条件下的装备保障指挥信息流程。

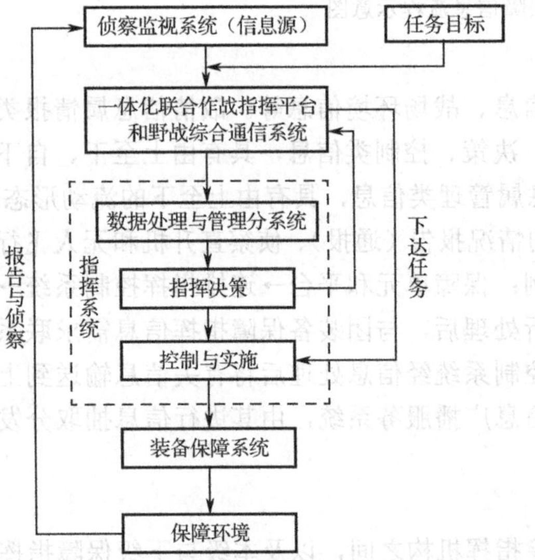

图 7-3　信息化条件下的装备保障指挥信息流程图

根据保障部（分）队受领的保障任务、目标和保障指挥对信息的需求，运用多种信息侦察力量，收集分布于战场各区域各信息源的保障信息，形成初始信息；通过一体化联合作战指挥平台和野战综合通信系统将信息输送到指挥系统的数据处理与管理分系统，经信息处理转化为具有相应置信度和规格要求的综合情报信息；在此基础上对保障态势进行分析，制订并评估预选方案，使其成为可供决策使用的信息（包括方案信息和态势信息）；最后由保障指挥员做出决策，形成决策信息；根据决策信息，制订命令、指示和计划，通过一体化联合作战指挥平台和野战综合通信系统传递指令信息，下达给各保障指挥对象；各保障指挥对象根据指令信息实施保障行动，并将保障行动效果情况及时反馈，保障指挥员根据反馈信息不间断地协调和控制，这个过程循环往复进行。

需要指出的是，对信息化条件下保障指挥信息流的分析，不仅要分析其信息流程，同时要分析其信息流量大小，这对未来的装备保障信息系统建设十分重要。

2. 保障行动信息流程

装备保障行动有其内在的规律性，它是对战场损伤装备维修及对所需保障资源进行筹供等一系列活动的总称。保障行动有其自身的程序，根据战时环境，在保障指挥部的指挥下，按照科学程序合理利用保障力量和信息资源，通过一系列有效措施使得保障活动得以顺利进行，提高装备保障的效能。因此，分析信息化条件下的装备保障行动信息流，实施科学的决策和运用保障力量，对于提高保障效率具有重要意义。

图 7-4 描述了信息化条件下的装备保障行动信息流程。根据战时受领的保障任务、目标和装备保障对信息的需求，运用多种信息侦察手段，收集分布于战场各区域的保障信息，形成初始信息；通过数据处理与分析，形成装备保障的相应信息（战损装备及保障资源消耗等信息）。在此基础上对保障态势进行分析优化，使其成为可供决策使用的信息；保障机构做出决策，形成决策信息；根据决策信息，拟制、下达命令并传递指令信息，下达给各保障单元；各保障单元根据指令信息实施保障行动，并将保障行动效果及时反馈，保障单元根据反馈信息不间断地向上级反馈，并与同级保障机构及保障单元进行协调控制。

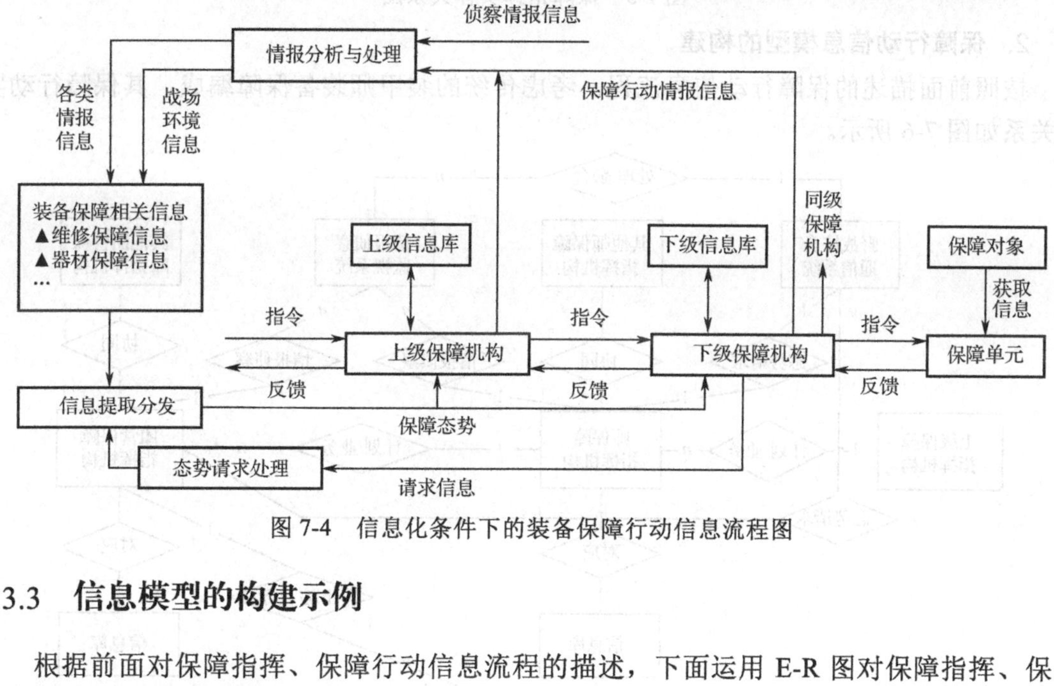

图 7-4 信息化条件下的装备保障行动信息流程图

7.3.3 信息模型的构建示例

根据前面对保障指挥、保障行动信息流程的描述，下面运用 E-R 图对保障指挥、保障行动进行信息模型的构建。

1. 保障指挥信息模型的构建

保障指挥是装备保障的重要职能，主要包括上下级的纵向指挥控制和横向协同指挥控制，其范围包括情报侦察、态势信息管理、指挥决策管理、实施指挥等。

按照前面描述的保障指挥信息流程，根据传统的装甲师装备保障编成，其保障指挥实体关系如图 7-5 所示。这里各保障指挥实体之间的关系用菱形表示，关系之间线条上的数字表示的是各实体之间的对应关系，例如，师保障指挥机构与团营保障指挥机构的关系是指挥及信息反馈的关系，而实体之间是 1：n 的 1 对多的关系。

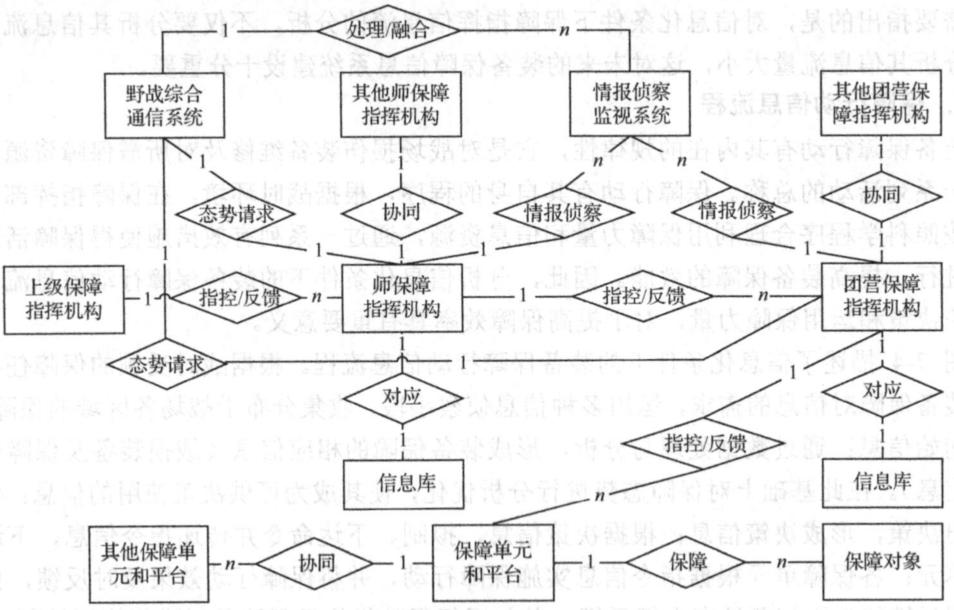

图 7-5　保障指挥实体关系图

2. 保障行动信息模型的构建

按照前面描述的保障行动信息流程，考虑传统的装甲师装备保障编成，其保障行动实体关系如图 7-6 所示。

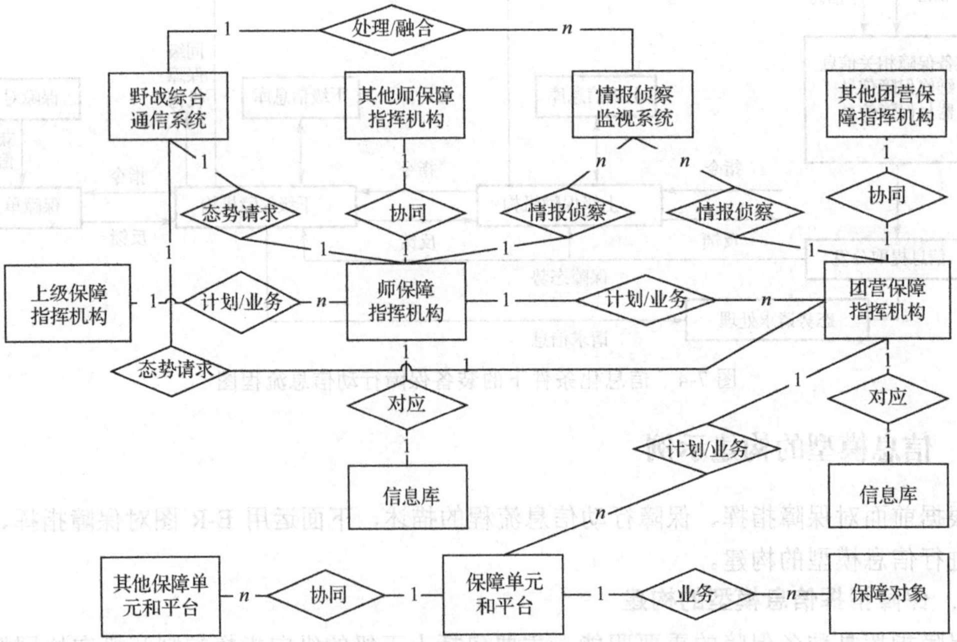

图 7-6　保障行动实体关系图

装备保障行动是进行装备保障的关键内容，主要有技术侦察机构的行动、抢救后送机构的行动、修理机构的行动和器材供应机构的行动等。其信息管理活动包括保障情报管理、保障计划管理、保障行动业务管理等。

保障信息化是实现精确保障的重要途径，建立装备保障信息模型，理顺装备保障信息流程是建立装备保障信息系统的重要条件。装备保障信息建模是一个复杂的过程，是一个持续改进、优化的过程。因此，应该更加深入地对装备保障每个领域的信息模块进行研究，加强各个层面上信息模型的探索，建立一套完整的装备保障信息模型，为装备保障信息化工程的顺利实施打下坚实基础。

装备保障信息模型是对装备保障信息流程的图形化或数据化表达，通过对保障指挥、保障行动信息模型的构建，得到以下启示。

（1）要进一步加强保障行动信息流程的分析。要弄清保障行动过程的主要环节，确定信息流动的各个节点，明确情报态势流、指挥控制流、协同流等信息流，以“信息流”来运作和控制“物资流”及“行动流”，提高指挥效率，从而提高保障需求的响应速度。

（2）要加快信息基础设施建设，增强信息搜集能力。对于信息的搜集，主要包括对协同信息、反馈信息、指令信息、环境信息及各类保障行动信息的采集。一方面要建成源数据实时采集与服务系统，抓好中心数据库和终端数据库建设，建立信息共享的保障数据库；另一方面要抓好各类情报系统建设，加快形成从态势感知系统、情报侦察系统到全资可视系统的建设，实现对全域保障环境的动态精确掌握。

（3）要加强信息的处理、融合、控制反馈能力建设。建设保障信息网格，建立保障信息实时传递、信息处理、信息显示、指挥决策、反馈调节的指挥信息系统，通过综合集成，把保障过程的监测、判断、决策、行动等各个阶段贯穿为一个整体，形成反复循环的过程，从而实现对装备保障过程的可视可控。

第8章 装备保障系统资源建模及应用

装备保障系统资源种类繁杂，各成分之间的关系非常复杂，资源的状态和行为在装备保障过程中是不断变化的，如果没有一个切实可行的模型就无法实现对装备保障系统资源的有效管理和利用，因此应该建立装备保障系统的资源模型，清晰地描述出资源间的关系，以解决装备保障过程中资源管理的复杂问题。

8.1 资源模型概述

8.1.1 资源模型内涵

对于装备保障来说，资源是组织完成各种装备保障任务的物理元素的集合，是装备保障组织结构赖以执行任务或为任务执行提供支持的物质因素。装备保障的任务执行、功能实现、组织成员的活动、最终目标的完成等都必须得到资源的支持，因此，资源在完成某一类功能任务时扮演着极其重要的角色，是实现装备保障目标的重要基础。

资源各不相同，但都具有 3 个主要特征：静态属性、动态属性和约束条件。静态属性是资源的固有属性，包括资源类型、资源的可再分性、资源的归属等；动态属性是随着时间变化而发生改变的，包括可用量、资源的当前状态等；约束条件限定资源如何执行某种任务及该资源与其他资源的关联关系。

资源模型是装备保障系统模型的重要组成部分，是对过程模型、功能模型、信息模型和组织模型的重要补充。它是一种通过定义资源之间逻辑关系、资源的具体属性，对装备保障系统中可支配的各类资源结构、资源之间的逻辑关系进行有效描述的模型。

8.1.2 资源建模的目的

资源建模就是资源的模型化过程，定义资源实体及其相互间的关系，描述资源结构、资源构成与属性。资源建模的目的体现在以下方面：

（1）全面而精确的定义、描述保障系统资源的结构和特征，对资源在装备保障各子系统之间和保障过程中的流动、变换进行分析、优化和控制，从而提高装备保障系统的柔性及敏捷性。

（2）针对某一过程的资源需求分析，精确描述资源的属性，为装备保障过程的仿真、分析、优化和资源优化提供支持。

（3）组织装备保障已有的资源（人力资源、物质资源、信息资源）以支持和满足装备保障中所有功能和过程活动要求。

（4）实现资源的优化配置和调度，根据保障系统的资源模型进行相应的系统结构和系统配置的分析、设计及实施，使得所建立的保障系统能够满足装备保障目标、约束条件和需求，从而实现资源的优化调度，降低系统的运行费用。

8.2 基于UML的资源建模方法

常用的资源建模方法主要有 IEM、CIM-OSA、ARIS、UML 等。其中，如 6.2.1 小节所指出的，UML 作为一种面向对象的建模技术逐渐被各个领域广泛认同，在资源建模方面也体现出很大的优势，具体表现在以下几个方面：

（1）UML 综合了多种建模方法的优势，具有较强的建模概念，易于在资源领域推广。

（2）UML 具有丰富和较为完备的语义和语法定义，为资源模型语义提供了简单、一致、通用的定义性说明。

（3）UML从需求分析、详细设计到技术实施，采用一致的资源表示方法，消除了因表达不一致而产生的各个阶段间的分歧，实现了阶段间的顺利过渡，从而支持资源各个寿命周期阶段的建模。

（4）UML通过属性和操作的封装，使资源对象和其他模型对象间的依赖性最小，形成一个更加稳定的模型，有利于该资源建模方法与现有建模体系的集成。

（5）UML方法的封装和继承性有利于描述资源的多样化和复杂性，支持资源分类结构的刻画。

本章的资源建模采用UML中的类图来描述，资源由以下属性精确定义。

① 资源的标识（ID）、名称。

② 资源的类型（资源在资源结构中的地位）。

③ 资源的性质（是否可重用）。

④ 资源的能力。

⑤ 资源的可用性。

⑥ 资源的作用。

⑦ 资源的功能性（由资源的功能操作集合定义）。

⑧ 资源的位置。

⑨ 资源的共享性。

⑩ 资源的可移动性。

⑪ 资源的独占性。

⑫ 资源的成本性。

⑬ 资源的状态。

在进行资源建模时，通过UML静态类图，将与任务相关的物理对象建模为资源树。通过资源类的属性，实现资源与组织、资源与活动、资源与资源之间的关联。

8.3 基于UML的保障资源建模

保障资源建模利用资源视图来描述保障系统的资源分类、资源构成、资源结构、资源流、资源之间的联系及其与其他视图模型元素之间的联系等。

资源视图的构成要素包括资源型对象、资源池对象和资源实体对象。资源型对象从资源分类的角度描述保障资源，可以嵌套定义，子资源型对象可以继承其父资源型对象的属性，从而构成保障的资源分类树。资源池对象从地理位置的角度描述保障资源，某一位置的所有同类资源构成一个该类型在该位置的资源池。资源实体对象描述保障系统的原子级具体资源。

8.3.1 资源实体及其分类

资源模型通过定义系统资源之间的逻辑关系和资源的具体属性，进而描述系统的资源结构与组织的模型。对资源结构的描述需要提供对资源间逻辑关系（如资源分类、分类标准、分类原则）的描述方法。对资源实体的描述需要提供对资源属性（如资源类别、资源的性质和性能、资源的能力）的描述方法。

保障资源具有比较成熟的分类方法，可分为人力资源，供应保障资源，计算机保障资源，保障设备，训练与训练保障资源，保障设施，技术资料，包装、装卸与运输资源，以及一系列环境设计接口等，如图 8-1 所示。

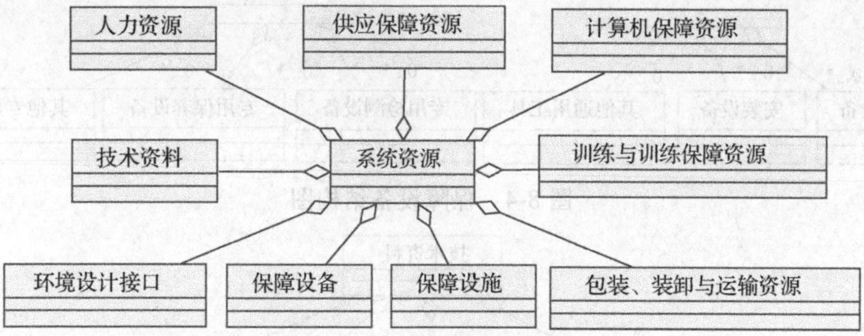

图 8-1 保障资源结构图

人力资源是指装备投入使用后，为从事装备使用、维修与管理工作而需要的具有一定数量、一定专业技术等级的人员。根据工作性质的不同，人力资源可分为使用人员、维修人员、管理人员等。人力资源结构示意图如图 8-2 所示。

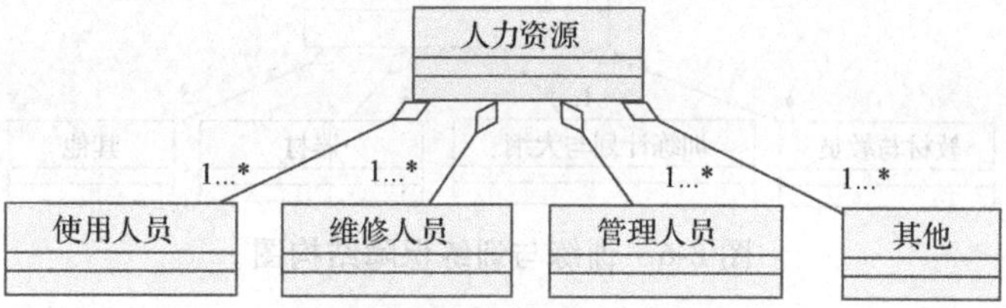

图 8-2 人力资源结构示意图

供应保障资源主要是指装备使用和维修所需要的大量器材，包括周转器材、随装器材、战备器材及消耗品。周转器材又划分为通用器材和专用器材，专用器材的划分与装备的具体型号紧密相关。供应保障资源结构如图 8-3 所示。

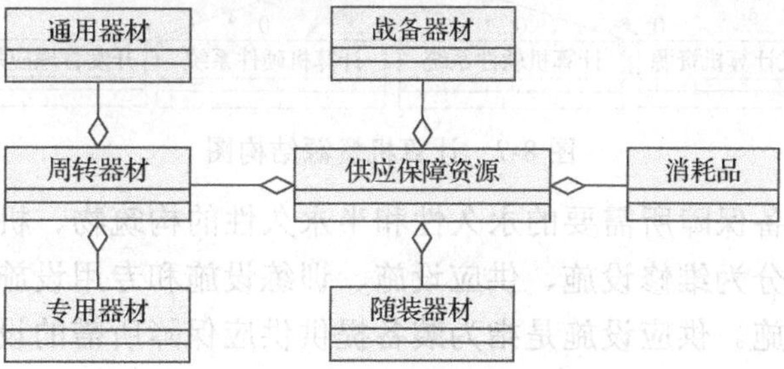

图 8-3 供应保障资源结构图

用于使用和维修装备的任何设备均可称为保障设备。保障设备可分为通用设备工具和专用设备工具，包括使用与维修所用的拆卸和安装设备、工具、测试设备（含自动测试设备）、诊断设备、工艺装置、切削加工和焊接设备等。保障设备结构如图 8-4 所示。

技术资料是指保障所需的工程图纸、技术规范、技术手册、技术报告、计算机软件文档等。技术资料结构如图 8-5 所示。

训练与训练保障资源主要是为培训部队现有专业技术人员而准备的训练计划与大纲、教材与教员、器材等资源。训练与训练保障资源结构如图 8-6 所示。

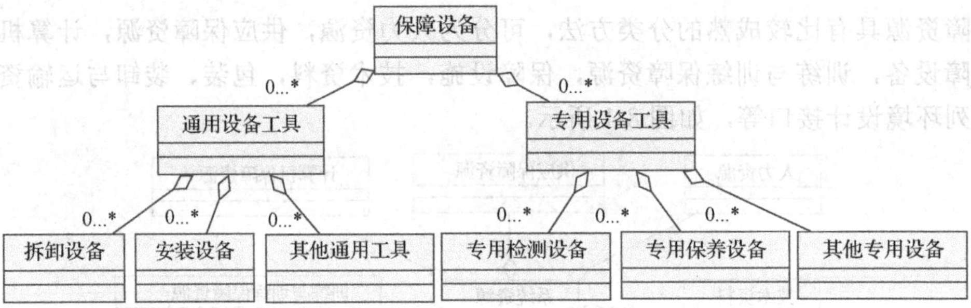

图 8-4　保障设备结构图

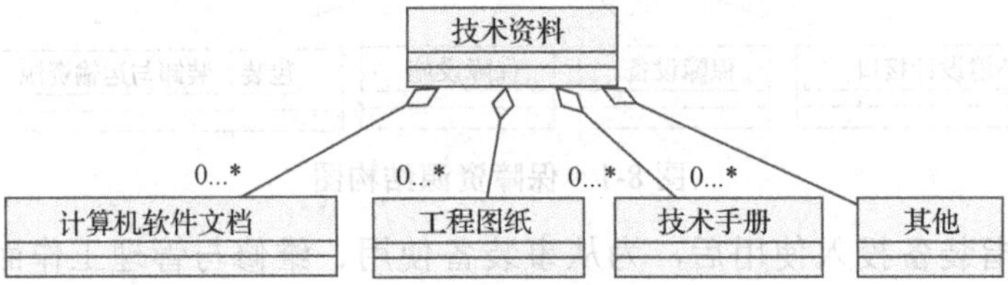

图 8-5　技术资料结构图

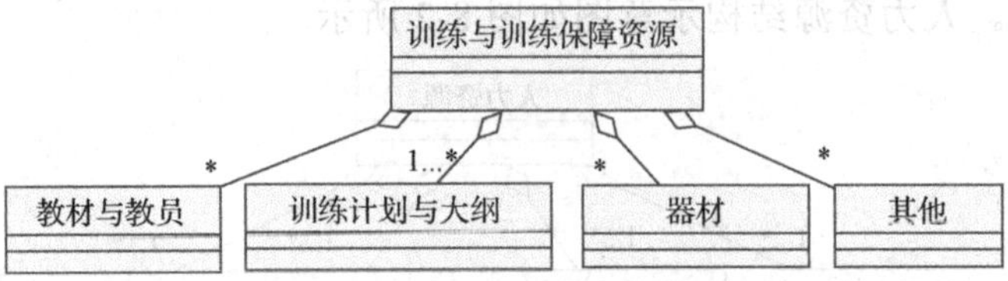

图 8-6　训练与训练保障结构图

随着计算机在装备及装备管理中的广泛应用，计算机资源也成为重要的一项资源。它包括内嵌式计算机资源、非内嵌式的应用资源，而非内嵌式的应用资源包括计算机的软/硬件系统和开发管理应用系统。计算机资源结构如图 8-7 所示。

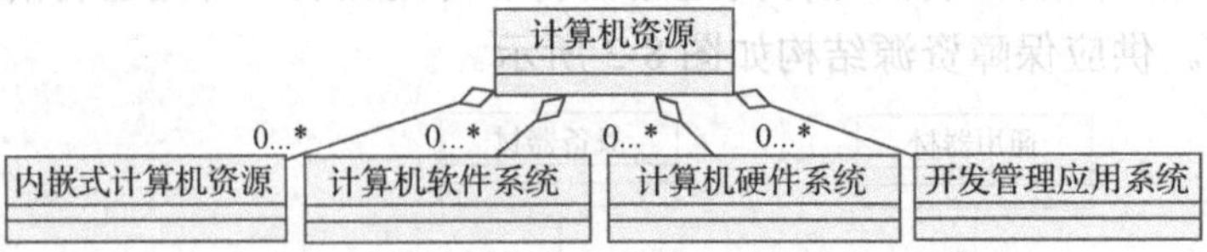

图 8-7　计算机资源结构图

保障设施是指装备保障所需要的永久性和半永久性的构筑物、机器设备。根据保障设施预定的用途，可以分为维修设施、供应设施、训练设施和专用设施等。维修设施是指执行维修任务所需的设施。供应设施是指为装备提供供应保障所需的设施。训练设施是指用于训练装备使用人员和维修人员的设施。专用设施是由于装备的某些特殊属性而需要的设施。保障设施结构如图 8-8 所示。

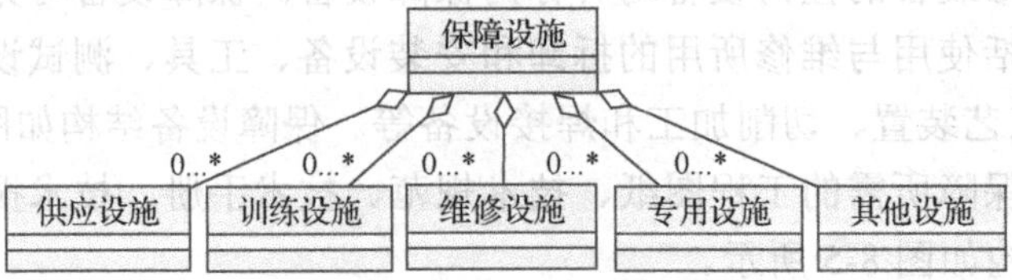

图 8-8　保障设施结构图

包装、装卸、储存和运输资源是为保证装备到达部队所需的各种保障资源，其结构如图 8-9 所示。

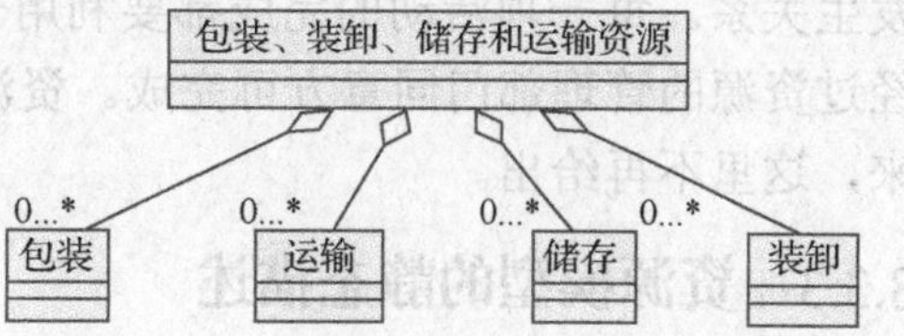

图 8-9 包装、装卸、储存和运输资源结构图

8.3.2 资源的属性及其描述

保障资源对象的属性是多种多样的，为满足不同阶段的保障过程，资源的属性可以归纳为以下几类。

（1）资源的一般属性：资源名称标识的基本描述，如 Resource ID（标识）、Name（名称）、Location（位置）、Description（描述）等。

（2）资源的关联属性：资源与过程、功能、组织间的关联属性，如 Group ID（所属组织标识）等；资源与活动的关联属性，如 Activities ID（活动）等。

（3）资源的状态属性：资源在使用过程中所处的状态，如 Location（所处位置）。

（4）资源的结构属性：资源在结构上的父子关系描述，如 Parent ID（父资源）、Child ID（子资源）。

（5）资源的能力属性：资源的用途及性能水平。

根据保障系统中资源使用的特点，可以将资源的状态分为 4 种：资源的闲置状态、资源的等待状态、资源的使用状态、资源的释放状态，其状态转换关系如图 8-10 所示。

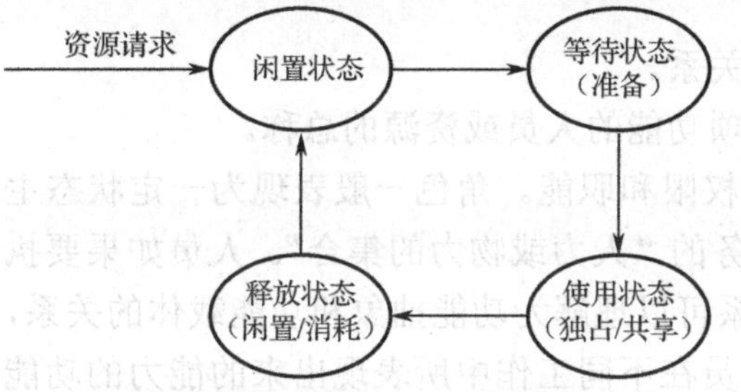

图 8-10 资源状态转换关系图

闲置状态是指资源处于尚未使用的状态，没有任何服务请求。等待状态是指有对资源的服务请求，资源处于准备状态，尚未被使用，此时处于等待状态的资源可能离开原地，也可能未离开原地。使用状态是指资源在活动中已被占用，此时的资源状态不能改变，直到资源使用完毕，根据资源的性质不同，处于使用状态的资源可能是被独占的，也可能是被共享的。释放状态是指资源使用完毕后，重新恢复到原先的闲置状态（资源的属性恢复到使用前的状态，但是资源的能力可能会受到影响），或者被彻底消耗掉，不再回到原状态。在活动中，当资源有服务请求时，资源的状态开始由闲置状态变为等待状态；当活动开始时，资源被使用，处于使用状态，如果是维修活动，则技术人员是被共享的，而备件是被独占的；活动完成后，资源被释放，技术人员可以重新恢复到原状态，被再次利用，维修设备可能会因使用过多而能力有所下降，但是仍可被再次利用，备件则被彻底消耗掉。

由于资源的使用是用来完成特定任务的，因此资源的能力对完成任务来说非常重要。资源的能力是指资源完成任务的才能或本领。装备保障系统中的资源各不相同，每类资源的作用和能力也不同。资源的能力可以通过资源的用途来描述。人力资源用其职责与权限及技术等级进行描述。设备用其自身性能水平的状态进行描述，由于设备不断地被使用，本身的性能水平不断下降，使用能力也逐渐下降。器材、设施、技术资料、计算机资源等其他资源只需根据用途及是否可用进行描述。

资源的使用与活动、功能、组织紧密相关。过程模型和功能模型通过活动与资源模型发生关系。每一项活动的完成都要利用一定的资源，活动对资源所提出的使用请求，需要经过资源的管理部门同意方可完成。资源、活动、组织之间的关系在图 1-9 中已经体现出来，这里不再给出。

8.3.3 资源模型的静态描述

保障系统不仅要明确活动及活动与活动之间的连接关系，还要定义每个保障活动由谁来完成，以及谁有权限来完成这个活动。装备保障系统的人力资源模型用于表示保障系统的组织结构和人力配置情况，描述保障系统各机构对象之间的联系和关系，这些信息为装备保障过程活动的执行提供机构约束和人力支持。

装备保障系统的人力资源模型由 5 种实体组成，分别是人员、工作班组、部门、职务和角色。

（1）人员：基本组成要素，对应系统中的每一个人，是实际任务的执行者。

（2）工作班组：保障系统人员的组合，指为实施装备活动而临时指定的人员集合，是动态的临时组织。

（3）部门：对应保障系统内部的上下级关系，由实际部门设置情况决定，是对保障系统力量结构上的分解。

（4）职务：代表了在装备保障结构上的等级关系。

（5）角色：以职能为划分标准，能够完成某项功能的人员或资源的总称。

人员作为一定角色具有一定的与之相匹配的权限和职能。角色一般表现为一定状态主体约束下的某个组织单元或资源，是真正执行任务的“人力或物力的集合”。人员如果要执行任务必须隶属于一定的角色，角色与人员的关系可以理解为功能抽象和功能载体的关系，人员是一切行为能力的载体，而角色则是针对人员在不同工作中所表现出来的能力的功能抽象。

人员直接对应于装备保障系统中实际存在的每一个人，是组成保障力量组织形式的最基本要素。根据人员责任的不同划分了多个职务，每个人具有一个或几个职务，而每个职务下面对应一个或多个人员；部门一般是由保障系统内部具有相同职责与任务目标的人员组成的；部门可以有一个或多个下级部门，一个人只能属于一个部门，而一个部门下面可有多个人员。

为了满足保障任务的临时需要，不同部门、不同职务、不同角色的人员可以动态地组织起来，在一段时间内临时形成一种组织形式，这就是工作班组。工作班组往往在完成了它的任务后即被解散，其组成人员也分别回归原来各自的部门。工作班组可以有一个或多个下级工作班组，一个人可以属于一个或多个工作班组，而一个工作班组下面可有多个人员。

很多保障活动流程都涉及不止一个部门的人员或班组，无论是人员还是班组都是参与到保障工作活动中的人力单元，所以在人力资源模型中引入角色这一概念主要是为了增强任务指派的能力。每一个人员根据其掌握的技能可能具有一个或多个角色，而每一个角色下面也可能对应一个或多个人员。

将人员和工作班组统称为“参与者”。在进行活动流程定义的时候设置“角色——参与者”的映射并保存起来，在保障任务活动执行过程中对这种映射进行解释，通过这种映射将相应的任务发送给相应的人员或工作班组。

图 8-11 给出了装备保障系统人力资源模型的示意图，定义 Actor 为装备保障任务的参与者，是保障人员和保障组的父类，actorDisplay 是 Boolean 类型属性，表示保障人员或保障组是否可用，actorSign 也是 Boolean 类型属性，true 代表保障人员，false 代表保障组。映射表中 ActorRoleMap 体现了参与者与角色之间的关联，存储了二者的基本信息，体现了角色与保障组、角色与保障人员之间的关联。

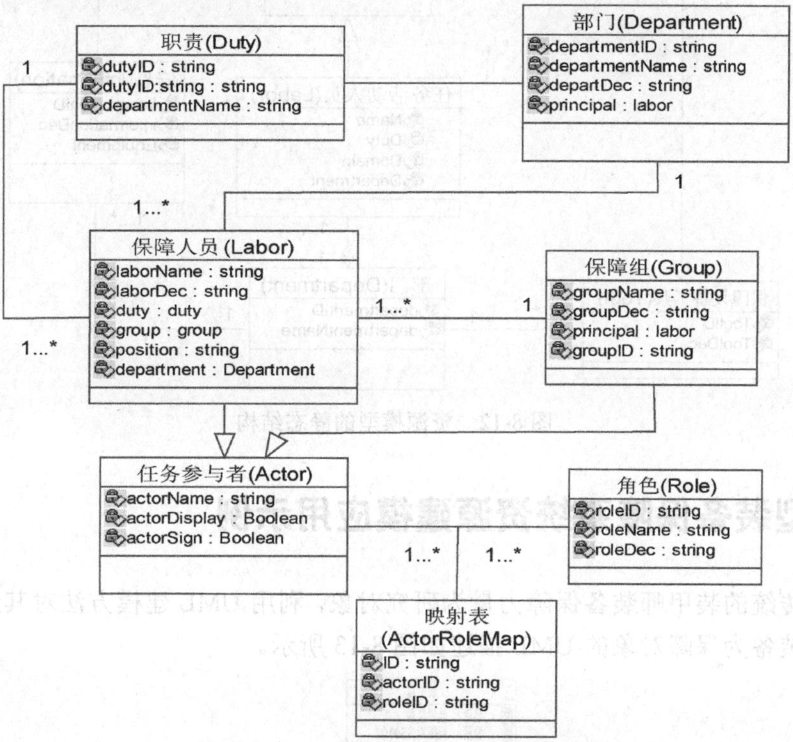

图 8-11 装备保障系统人力资源模型

在装备保障过程中，资源模型提供了保障任务活动中管理与使用的资源，这些资源可能是相关的信息，也可能是相关的物质资源，包括设备资源、软件信息资源及辅助类型资源，由保障组织部门、任务活动人员、保障设备工具和保障流信息等部分组成。

资源模型可以用于描述装备保障过程中各种具体的资源结构。资源关系描述了资源的层次组织结构，资源类型描述了某种类型资源所具有的功能集合。每一种资源可以参与多个资源类型，每种资源类型可以有多种资源，因此资源和资源类型可以用多对多的关联结构来描述。

图 8-12 给出了资源模型的静态描述。图中，保障组织部门体现了有关指挥中心、器材保障部门、维修保障部门和其他相关信息；任务活动人员体现了组织部门任务执行人员的职责、姓名和活动地域等；保障设备工具体现了有关完成装备保障工作的工具信息；保障流信息体现了有关装备保障指挥部门、器材保障部门或维修保障部门等之间保障任务执行、设备使用管理等方面的信息。

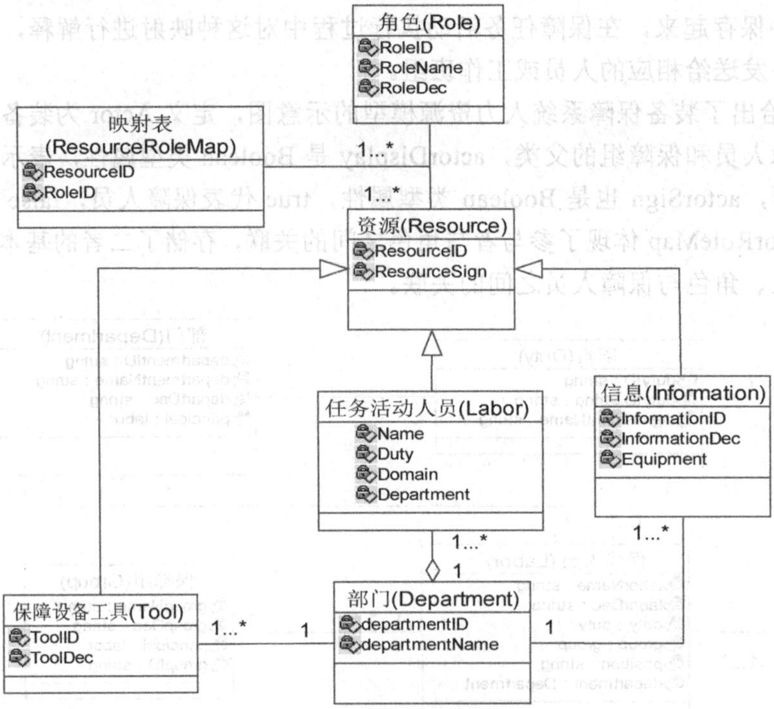

图 8-12 资源模型的静态结构

8.4 典型装备保障系统资源建模应用示例

本节以传统的装甲师装备保障力量为研究对象，利用 UML 建模方法对其进行分析。装甲师以装甲装备为保障对象的 UML 描述如图 8-13 所示。

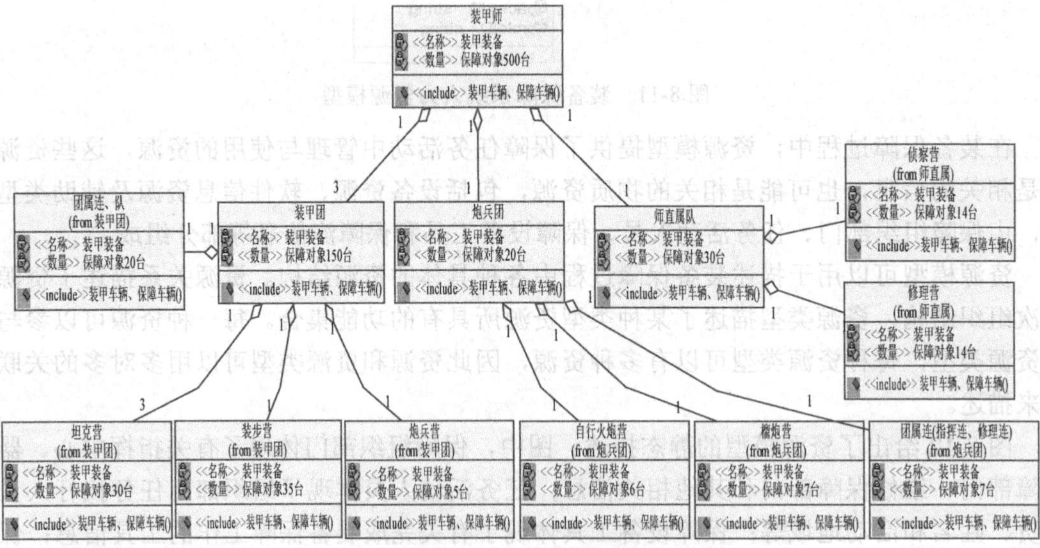

图 8-13 装甲师以装甲装备为保障对象的 UML 描述

假定装甲师包括 3 个装甲团、1 个炮兵团和直属部队，以营或连为基本单元逐级将装甲团、炮兵团和师直属队分解，得出营或连的装甲装备数量，通过各团的编制情况，得出团级单位的保障装备数量，从而计算出装甲师装甲装备的数量。

装甲团保障人员的静态视图如图 8-14 所示。假定修理连有 4 个排，包括 4 个坦克装甲车修理班、3 个火炮修理班（包括自行火炮、高炮等）、2 个通信电工班、3 个汽修班和 3 个制配班，再从底层到顶层计算保障班总数，可以得到装甲团总的保障班数量为 15 个。

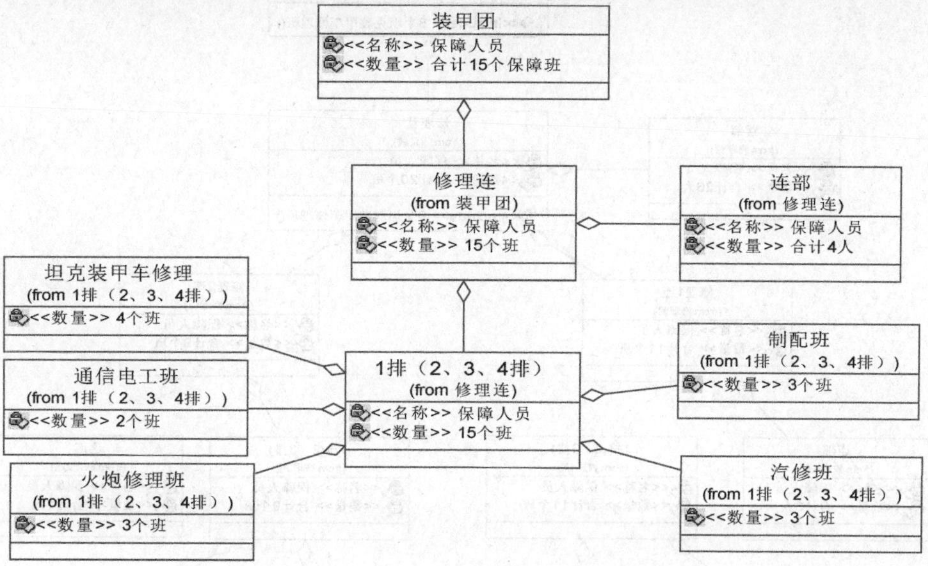

图 8-14　装甲团保障人员的静态视图

炮兵团保障人员静态视图如图 8-15 所示。炮兵团的修理连有 3 个保障排，其中包括 3 个坦克装甲车修理班、5 个火炮修理班、2 个通信电工班、2 个汽修班和 2 个制配班，炮兵团保障班总数为 14 个。

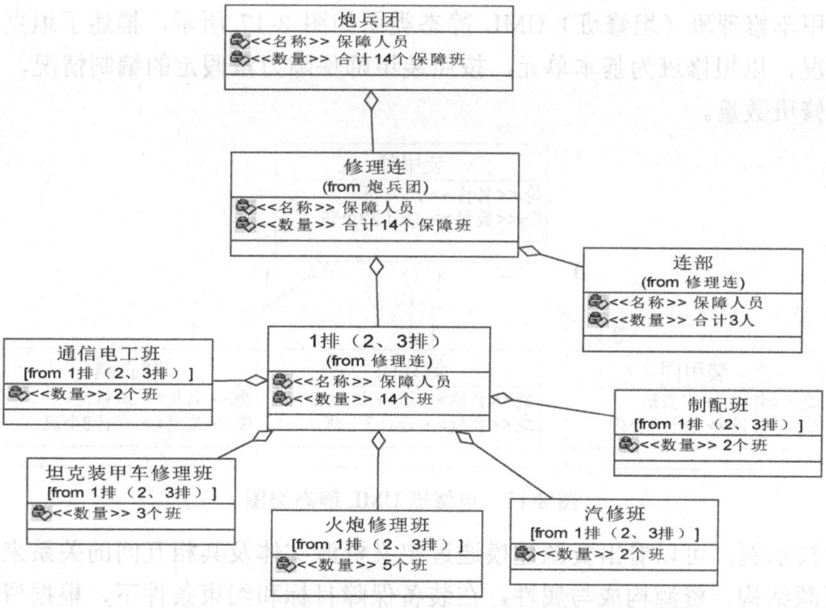

图 8-15　炮兵团保障人员静态视图

师直属修理营保障人员的静态视图如图 8-16 所示，其保障力量的构成包括修理 1 连、修理 2 连和营部，将修理 1 连和修理 2 连再分解，直至到保障班。修理营保障人员 UML 类图主要是以坦克装甲车修理班分布为主，修理1连包括5个坦克装甲车修理班，修理2连包括3个坦克装甲车修理班。

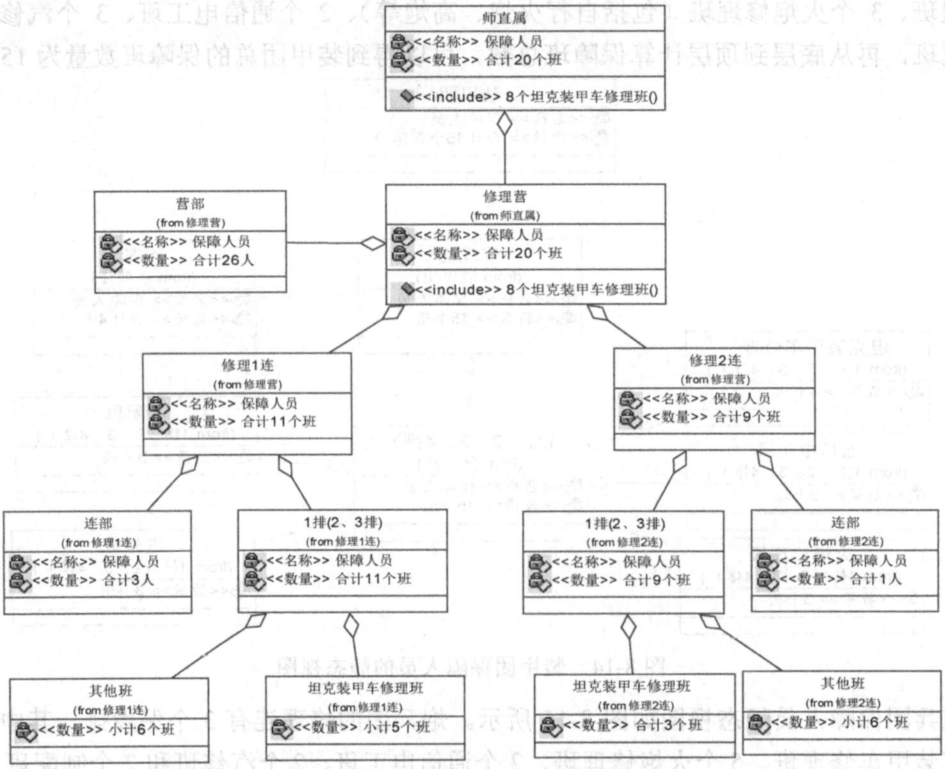

图 8-16　师直属修理营保障人员的静态视图

坦克装甲车修理班（坦修班）UML 静态类图如图 8-17 所示，描述了坦克装甲车修理力量分布概况，以坦修班为基本单元，按照装甲师保障力量假定的编制情况，可以得到装甲师总的坦修班数量。

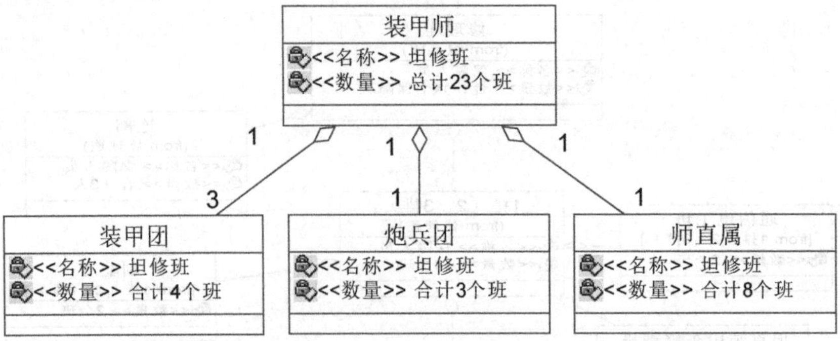

图 8-17　坦修班 UML 静态类图

通过建模示例，可以看出资源建模通过定义资源实体及其相互间的关系来描述装备保障系统的资源结构、资源构成与属性。在装备保障目标和约束条件下，根据资源和保障过程中各个活动间的内在联系及与其他视图模型之间的关联，将装备保障过程中的资源组成适当的结构，对其结构和属性进行详细描述，并在资源数量的约束条件下，实现对资源的合理分配、交换、管理和协调，进而获得装备保障过程中资源的最大使用效率。

第9章 装备保障过程建模及应用

本章简述装备保障过程建模目的、评价参数，提出装备保障过程建模方案，详细论述 EI_3PN 装备保障过程建模方法，给出装备保障过程优化的原则、方法，并且通过一个综合应用示例，给出过程建模的应用效果。

9.1 装备保障过程建模目的及评价参数

9.1.1 装备保障过程的建模目的

过程一般针对完成某个特定的目标，并按照此需求来确定组成活动的内容及活动之间的关系。过程一般包括以下元素和特点：

（1）一组有序活动的集合。

（2）有特定的输入、输出。

（3）在输入作用下按照结构化的程序消耗或利用资源。

（4）通常表现为跨部门、跨职能。

（5）具有创造、生产、转换功能。

（6）可重复执行。

（7）主要属性有触发事件、过程结果、执行规则集等。

装备保障过程是完成装备保障任务的过程。装备保障依赖于各种过程来完成其运行，其中的保障信息处理过程、维修过程、配送过程等是一种装备保障过程，所以装备保障过程就是指为满足部队遂行各项任务需要，针对装备采取的一系列技术、管理活动，以及这些活动之间的关系。

为了实现装备保障过程的目标，必须对装备保障过程进行管理，使装备保障过程的活动设置合理，使活动使用的信息与资源得到优化配置，使装备保障过程高效率地完成从输入到输出的转换工作，使保障过程取得应有的成果并能够满足任务需求。

装备保障过程管理包括保障过程描述、保障过程诊断、保障过程设计、保障过程实施和保障过程维护等内容。

（1）保障过程描述是对保障过程进行识别和定义，开展保障过程管理活动的基础。其内容包括对保障过程的目标及保障过程本身进行具体描述和定义。

（2）保障过程诊断是根据保障过程的评价指标和出现问题的征兆，找出导致问题出现的根本原因，从而达到根治问题本身并解决由此根本原因产生的一系列问题的目的。

（3）保障过程设计包括理解保障过程的需求及如何把需求转变成可能的保障过程设计方案、提出若干候选的改进方案、对各候选方案进行分析评价，筛选出一个最合适方案等工作内容。保障过程设计活动主要有应用过程理论科学设计过程方案；通过计算机仿真对候选的过程设计方案进行评价；运用决策分析方法解决复杂利弊权衡问题，最后选出一个实施方案。

（4）保障过程实施是在整个系统或组织中对过程进行最终确认，并进行控制和实施。具体包括获得和配备过程中需要的设施、设备、人员等资源，为正确实施新的过程进行预备培训等活动。

（5）保障过程维护是对过程进行动态监控和定期完善，以保证保障过程在内部和外部条件经常发生变化的情况下仍能保持优良性能。

保障过程管理追求的不是针对某一项保障过程的局部合理化或绝对的保障过程合理化，而是与战略目标相一致的整个保障过程合理化，保障过程管理要符合整体战略布局，在全局上做到整体合理化。

装备保障过程模型通过定义其组成活动，以及活动之间的逻辑关系来描述、设计保障过程，是表示装备保障过程中活动及其相互关系的模型。

过程建模就是建立过程模型的方法与技术，通过定义活动和活动之间的关系来描述保障过程。通过开展装备保障过程建模工作，达到以下基本目的。

（1）支持保障过程的分析和改进。

保障过程模型是对保障过程的形式化描述：一方面要使内容清晰明确，从而能够使保障人员更加有效地合作；另一方面要有利于保障过程的仿真、分析和改进。利用分析和评估手段对过程模型进行分析、改进和优化，可以缩短保障时间，合理配置系统资源，提高资源利用率。在保障未实施前，利用保障过程模型，客观地分析评估潜在变化及对保障过程的影响，并寻求相应的对策，以确保保障过程能够正常进行。

（2）支持保障过程的实施、监控和管理。

保障过程模型建立起来后，可以对保障过程进行规划，包括时间、工作量、资源的优化分配等，其目标是在有限的资源下实现保障时间最短或成本最低等。在保障过程中可以实施监控，将过程的实施情况和事前的规划做一个对比，及时对保障过程进行适当调整，确保保障过程被合理执行，以满足执行任务的要求。

（3）提高保障过程柔性。

保障过程模型的建立有利于不同保障单元和作战单元之间的信息和资源共享，达成对整体作战意图、保障意图的统一认识，有利于不同保障单元在临时情况下按任务横向组合，实现柔性的横向集成，以满足战场条件下动态变化的不同任务需求。

对装备保障工作来讲，在不同的保障级别，对保障过程建模的需求内容有所不同。对于较低的级别，主要是对过程进行捕获和描述，然后对过程进行文档化，促进保障人员对过程的理解和交流，从而发现可能的改进机会；对于较高的级别，则更多地关注过程的规划、度量和评估，从而实现过程的优化、改进和重组等。

9.1.2 装备保障过程的评价参数

传统的装备保障主要关注具体装备或保障系统的好坏，而保障过程着重关注过程的好坏和流程步骤的合理性。装备保障过程的好坏可以通过定性与定量两个方面进行评价描述。下面从战场作战指挥员和保障指挥员的角度，提出装备保障过程的评价参数并进行描述。

装备保障过程的定性描述主要有过程模型的合理性、死锁、冲突等，装备保障过程的定量评价参数主要包括任务完成时间、任务完成有效时间、任务等待时间、任务等待队列长度、资源利用率、任务完成成本等。

1. 平均任务完成时间$\overline{T}$

$\overline{T}$表示在一定约束条件（资源、环境、组织结构等）下，装备保障过程完成一项特定任务的时间平均值，是衡量保障过程对该特定任务的反应能力。

$$\overline{T}=\frac{\sum_{i=1}^{N}T_i}{N}=\frac{\sum_{i=1}^{N}(T_{if}-T_{id})}{N} \tag{9-1}$$

式中，T_{if}为第 i 项任务完成时刻；T_{id}为第 i 项任务到达时刻；T_i为第 i 项任务完成时间；N 为任务统计样本数；i 为任务统计样本序号。

2. 平均有效任务时间$\overline{T}_{yx}$

$\overline{T_{yx}}$ 表示在一定约束条件下，装备保障过程完成一项特定任务的有效时间平均值。

$$\overline{T_{yx}} = \frac{\sum_{i=1}^{N} T_{iyx}}{N} = \frac{\sum_{i=1}^{N} (T_{if} - T_{iks})}{N} \tag{9-2}$$

式中，T_{iks} 表示第 i 项任务开始时刻；T_{iyx} 表示第 i 项任务有效工作时间；T_{if} 的含义同上。

3. 平均任务等待时间$\overline{T}_{dd}$

$\overline{T_{dd}}$ 表示在一定约束条件下，在某特定的装备保障过程中，样本任务等待处理的时间平均值。

$$\overline{T_{dd}} = \frac{\sum_{i=1}^{N} T_{idd}}{N} = \frac{\sum_{i=1}^{N} (T_{iks} - T_{id})}{N} \tag{9-3}$$

式中，T_{idd} 表示第 i 项任务等待处理时间；T_{iks}、T_{id} 的含义同上。

4. 平均资源空闲时间$\overline{T}_{kx}$

$\overline{T_{kx}}$ 表示在一定约束条件下，在某特定的装备保障过程中，保障资源等待保障对象的平均时间。

$$\overline{T_{kx}} = \frac{\sum_{i=1}^{N} (T_{iks} - T_{ijx})}{N} \tag{9-4}$$

式中，T_{iks} 表示第 i 项任务开始时刻；T_{ijx} 表示某项资源在处理第 i 项任务时的就绪时刻。

5. 平均任务等待队列长度 L

L 表示在一定约束条件下，在某特定的装备保障过程中，样本任务等待处理的排队长度。

$$L = \overline{T_{dd}} / \overline{T} \tag{9-5}$$

式中，$\overline{T_{dd}}$、$\overline{T}$ 的含义同上。

6. 平均资源利用率 A

A 表示在一定约束条件下，在某特定的装备保障过程中，某项资源在能工作时间内的有效利用情况，反映了对资源安排的合理性和资源的利用程度。

$$A = \frac{\sum_{i=1}^{N} \frac{T_{iyx}}{(T_{if} - T_{ijx})}}{N} \tag{9-6}$$

式中，T_{ijx} 表示某项资源在处理第 i 项任务时的就绪时刻；T_{if} 表示某项资源在处理第 i 项任务时的完成时刻；T_{iyx} 表示某项资源在处理第 i 项任务时的有效工作时间。

给出的这几项参数均能反映保障过程的性能，为保障过程的评价和优化提供依据。这些参数是一般性通用参数，具体使用时可以根据需要进行派生，如维修过程参数、配送过程参数、信息决策过程参数等。

9.2 装备保障过程的建模方法及建模方案

9.2.1 装备保障过程的建模方法

装备保障过程建模是装备保障过程管理的重要内容，是仿真分析的前提，是过程诊断、分析、评估、改进等活动的基础。装备保障过程建模要求建模方法能够用形象、统一、简单的符号或语言描述过程，将模型作为交流的基础，促进了解和沟通，能够建立过程形式化的定义，支持对过程的分析和改进。

装备保障过程建模的方法很多，主要有IDEF系列、扩展的事件过程链、i*结构模型、扩展流程图法、UML、Petri网等。

1. IDEF系列方法

IDEF系列方法是过程描述中很有影响力的方法。IDEF系列方法主要分为两类；第一类IDEF方法的作用是沟通系统集成人员之间的信息交流，常用于系统描述与分析，主要有IDEF0、IDEF1、IDEF3、IDEF5；第二类IDEF方法的重点是系统开发过程中的设计部分，主要有IDEF1X和IDEF4。IDEF0方法由结构化分析设计技术发展而来。IDEF3主要用于过程设计和描述，侧重于理解和分析行为的处理顺序和协同关系。IDEF0方法不关心行为的时序关系，只描述行为“是什么”的问题，而IDEF3方法要具体描述“行为是怎样发生的”，其图示的基本句型是用盒子表示行为单元。IDEF3主要针对某一事件，依照事件的发生顺序进行描述，同时记录了所有时间性的信息，包括与处理过程相关的优先和因果关系，所以在进行过程描述时往往以IDEF0描述的功能模型为基础，以IDEF3为核心从不同层次、不同角度对过程进行描述与分析。

IDEF系列方法（尤其是IDEF0和IDEF3的结合）利用简单的图形符号和自然语言，简单准确，也容易理解和掌握。IDEF3通过活动成本数量化分析有效地体现了其强大的分析功能，但是现有的IDEF系列基本上是静态建模，缺乏动态功能，在表达复杂的逻辑关系和非确定的信息方面有所欠缺，相对于过程重组来说，其最大的缺陷在于它是从职能出发、面向功能的，而并非从过程出发、跨越职能。

2. 扩展的事件过程链（Extended Event-Process Chain，EEPC）方法

事件过程链（Event-Process Chain，EPC）模型化方法是为支持过程建模而设计的。EEPC是概念化模型EPC的扩展，它在简单的EPC基础上考虑了与过程模型相关的动态因素，并且从更为深入和细节的应用水平上实现了动态模拟。

EEPC有5个基本因素，在EPC基本要素事件、过程、分支和等待的基础上加上了“流”的概念。EEPC可以通过图形表示，对于最上层的过程建立第一层EEPC，如果有特别长的处理或等待时间，EEPC可以对其进行扩展，按照“自上而下”的思想逐层分解，建立第二层EEPC，进一步发现可以减小客户所需等待时间的可能性。

（1）事件：过程重组研究中所关注的是在某个时点上所感知的行为变化，用带有事件名称和 TBC（Time Between Creation）的圆圈表示。TBC 表示的是事件发生的间隔时间，用于判定事件发生的概率，主要是为了仿真与分析之用。

（2）“流”：在 EPC 基础上扩展的部分，是客户或客户对象在事件和过程之间的活动。客户对象是可以代表客户通过服务过程或事件的实体，如订单、文件、处方等。“流”用带有客户或客户对象从前续过程事件到后续过程事件所花费时间的箭头线表示。

（3）过程：过程是一定时间内由客户或客户与服务者之间完成的活动或活动链。由服务者（组织单元）完成，而没有客户参与的活动不作为过程对待，不出现在 EEPC 中。过程用带有服务名称、处理时间和服务者数量的矩形表示。

（4）分支：在一定条件下，不同的状态变量值将进入不同的过程路径。分支用菱形来表示，内部标明分支所依据的条件。

（5）等待：在事件或过程开始之前，由于排队或组织的其他原因而引起的平均延迟时间。等待用含有字母 W 的圆圈和等待时间表示。如果等待时间较长，可将 EEPC 图进一步细化分解。

EEPC 的第一个特征是考虑了时间因素，既包括整个事件发生的周期时间和延迟等待时间，又包括事件发生的间隔时间，以便于计算各个站点的利用率。EEPC 的第二个特征是建立二维象限，进行性能评价。二维象限纵向标明了各个事件发生的站点，横向则一一对应各个站点的行为，以及各个站点之间的联系与事件进行的先后顺序。

EEPC 方法以事件、过程、流、等待、分支为基本要素，从过程角度出发，描述简单明了，具有较强的模型化能力（能表示时间、地点、事件、过程的区分）和支持过程或等待发生剧变的能力，同时加入时间因素，通过建立二维象限，较全面地分析了过程的性能，所产生的模型便于仿真分析，有效地从客观、量化角度弥补其他模型的不足。EEPC 也存在一系列不完整性，如基于 EEPC 的 ARIS 建模仿真软件，可以利用时间、站点利用率的判断，有效地进行性能分析，但在过程的结构分析方面，它只是建立一般的分支，而无法体现过程自身的逻辑特性，体现过程中的并行、选择等路由；ARIS 是信息系统建模工具，其目标是信息系统建模，它将资源等内容作为信息表达在信息视图中显然不能满足装备保障活动中对资源利用情况、资源间功能代替等方面的建模和分析要求。

3. i*结构模型

i*结构模型是策略依赖模型和策略推理模型的结合体，是目前国外运用较多的一种分析模型。其主要思想是聚焦于某事件，从“why”、“how”、“howelse”三个角度分析该事件的各种处理方法及其与之相关的各个行为主体，并可对问题进行逐层分解，最终形成一个由节点和链路构成的网状结构。节点指各个行为主体，节点之间的链接标明了节点之间的依赖关系及依赖程度。依赖关系主要包括目标依赖、任务依赖、资源依赖和软目标依赖 4 种。依赖程度则按轻重分为开放式依赖、承诺依赖及关键性依赖。通过 i*结构模型的基本要素描述事件中的各种行为及其过程后，可以从能力（行为主体的活动是否可以达到目标）、可经营性（其目标是否可行）、可行性（软目标是否能实现）和可信度（假设是否能被证明是正确的）几个角度对整个事件的过程进行评价。

i*结构模型的特点是聚焦于某一事件，表明各个行为产生和执行的原因，各个行为之间的依赖关系，既包括了一般模型所表达的如何做，更阐明了为什么要这么做，如何才能做得更好。对于有些事件的执行，除了一些可量化的指标外，更多的是考虑非功能需求。

另外，该模型从横向和纵向两个角度进行分解，并且关注了许多细节方面，比较适合于那些不易量化的、复杂的、需详细描述的过程。

i*结构模型采用能力、可经营性、可行性和可信度 4 个评价指标能够对事件的性能进行定性分析，给予过程分析一定的借鉴作用，但就其本身而言，它是从职能部门出发，完全面向事件的。它描述各个职能部门之间活动的要求，而没有从过程的角度出发，体现各个活动之间的先后顺序。

4. 扩展流程图法

扩展流程图法的优点在于可理解性好，是适合于作为系统开发的需求分析建模工具。流程图法采取“自上而下”的工作原则，不仅可以对整个过程有一个系统的总体把握，还可以对具体的、局部的行为进行描述。如果要面向过程重组，则无法显示其特点，其不确定性太大，无法清楚地界定过程界限，并且时效性比较差，无法显示过程中各操作的先后顺序，对于每一个业务处理单位或部门在每次进行操作时也只能比较分散地给出，不利于分析同一业务处理单位或部门中是否存在重复的、无效的操作。

为了弥补流程图法的不足，对其进一步拓展，提出跨功能过程图。跨功能过程图主要用于表达出过程与执行该过程的功能单元或组织单元之间的关系，其组成要素包括过程、执行相应过程的功能单元或组织单元。在形式上有横向、纵向两种功能描述，横向上体现了整个过程的执行单位，纵向上则体现了过程中各个业务的执行顺序。

流程图以其简单、精练的模型符号和清晰的图论，能够有效地体现其可理解性与计算机化能力，也在过程描述中得到了广泛应用。扩展的流程图更是在此基础上引入组织因素，充分体现组织对于整个过程的监控与管理。但扩展的流程图只是一个过程的描述而没有涉及过程的性能分析，在结构化分析方面缺乏路由的具体显示，在性能分析方面，也没有涉及任何性能分析因素，这些均表明其不适合装备保障过程建模的过程分析。

5. UML

UML 是面向对象的建模语言，具有严谨的元模型语义、丰富的图形元素、完整的视图功能和强大的扩展机制，可运用在系统开发的需求分析、设计、构造和测试等一系列阶段。UML 定义了 9 种图，分别是类图、对象图、构建图、配置图、用例图、状态图、活动图、顺序图及合作图，用来建立系统的静态（结构）和动态（行为）模型。UML 的建模过程是基于用例图而逐步展开的，主要步骤为：第一步，描述过程，进行过程分析。主要是识别角色、识别用例、建立角色与用例之间的关系，得到用例图。第二步，用类图描述出过程模型中的重要元素（如产品、活动等）之间的静态关系。第三步，描述活动、产品等元素在执行时的时序关系或交互关系，动态行为用顺序图和状态图描述。最后，通过对过程执行的跟踪和监控，收集与过程有关的量度，对过程进行评价，以便改进过程模型。

在应用领域上，UML 主要支持面向对象的分析设计，支持从需求分析开始的软件开发全过程，如将其运用到过程建模中则无法有效地体现其先进性。UML 作为一种通用建模语言，其复杂性和庞大是不可避免的，也包括了大量具有模糊、稀疏语义的标准元素，目前仅提供轻度扩展机制，其扩展力度还远远不够。

6. Petri 网

Petri 网作为一种基于状态的过程分析模型，在过程结构体现上具有直观、形象的特点，并且其以严格的模型语义和数学分析方法，在过程建模方面有着一定优势。从有效性角度分析，Petri 网对于复杂动态行为的描述能力满足了装备保障过程模型需要面向过程、体现过程的特点。从实用性角度来看，Petri 网的建模方向是混合的，Petri 网既有成熟的理论作为其系统分析的基础，又有较好的计算机化能力，这都使得 Petri 网具有一定的可行性。从路由描述来看，Petri 网采用分支结构，充分体现了过程中的顺序、并行、条件选择、循环等多种路由情况，并通过使用可达图有效地支持过程分析。Petri 网有效地讨论了过程的控制转移结构，描述过程的动态特性，是 Petri 网优于其他分析模型的最大特点。

同时也要看到，传统 Petri 网对于过程评价中的一大影响要素——时间没有清楚表示，并且 Petri 网技术规模较庞大，再加上其复杂的数学基础，这些都对其可操作性和可理解性产生很大影响。

综上所述，将各种过程建模方法与表 9-1 进行对比可以看出，现有过程建模方法中没有哪一种方法可以单独全面满足装备保障过程建模的所有功能，所以在分析当前过程建模方法特点的基础上，提出新的装备保障过程建模方法。

表 9-1　过程建模方法对比

建模方法	IDEF 系列	EEPC	i*结构模型	扩展流程图法	UML	Petri 网
过程特点	职能型	跨职能面向过程	职能型	跨职能面向过程	职能型	跨职能面向过程
协同集成	较弱	较好	较弱	一般	一般	较好
框架描述	较好	一般	一般	一般	一般	较好
直观启发	较好	较好	一般	较好	一般	一般
分层递归	较弱	较弱	较好	一般	较弱	较好
动态分析	较弱	较好	较弱	较弱	较弱	较好
寿命周期	较好	一般	较好	一般	一般	一般

9.2.2 装备保障过程的建模方案

建模方法的选取和设计是保障过程建模成功与否的关键，保障过程模型要能够提供简单友好的交互界面，能够按递归要求细化，并支持动态性能分析、寿命周期管理等。通过前面的分析可以看出，IDEF3 建模方法和 Petri 网方法是两种功能较强而又恰好互补的方法，可以将这两种方法相结合，利用两种方法的优点，提出装备保障过程建模的新方法。

IDEF3 是一种为了获取对过程准确描述的实用方法，相比于其他方法，在对过程建模的适应性上及“框架描述”和“直观启发”等方面有一定的优势。但是 IDEF3 建模方法的使用在过程建模上也有一定不足，需要加以改进。IDEF3 主要描述活动间的时序和逻辑关系，缺乏对资源、组织等的描述能力，更重要的是缺乏严格的形式化语言和对各种参数的描述，缺乏动态仿真环境，很难对过程模型进行动态分析。因此，需要对 IDEF3 进行必要的扩充和相应的改进，以满足过程建模的需要，这种扩充可以以视图的形式进行，也可以以附加记录的形式进行。

如前所述，Petri 网是一种很有效的模型描述语言，它不仅能描述系统的结构特性，还能描述其动态特性，尤其适用于描述含有并行成分的系统，并且经过多年无数学者对其进行的发展，Petri 网方法在层次、着色和时间等方面的扩展使其具有强大的描述和分析能力，尤其在“分层递归”和“动态分析”等方面有着独特优势。为了充分利用这两种不同建模方法的优势，提出装备保障过程建模方法的设计思路，如图 9-1 所示。

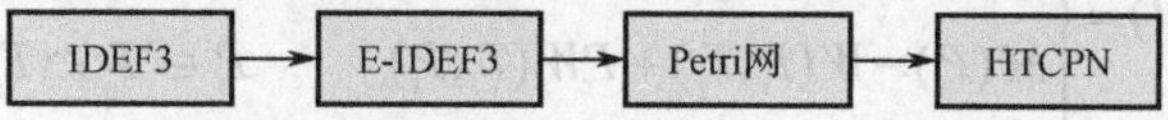

图 9-1　装备保障过程建模方法设计思路

（1）针对 IDEF3 方法不足对其进行扩展，提出 E-IDEF3（Extended-IDEF3）建模方法：一方面给出严格的形式化数学描述以便于和 Petri 网方法相结合；另一方面增加对资源、时间等内容的描述，扩展 IDEF3 方法的描述能力。

（2）对基本辅助模型（功能、组织、资源等）提供的信息进行融合，建立基于 E-IDEF3 方法的装备保障过程模型。

（3）给出严格的 E-IDEF3 模型向 Petri 网转化规则，按照规则将 E-IDEF3 模型转化为基本 Petri 网模型。

（4）按照 E-IDEF3 模型中的数据和信息，将基本 Petri 网模型扩展为分层赋时着色 Petri 网（Hierarchy Timed Colored Petri Net，HTCPN）模型，其中不仅包括在层次、时间、颜色几个方面的扩展，还包括时间中一般随机分布等特性。

这里提出的建模方法有着强大的描述和分析能力，符合保障过程建模对建模方法的能力要求，为后续的建模与分析优化工作提供了保障。

9.3　变结构 Petri 网及建模示例

9.3.1　变结构 Petri 网概念

经过四十余年的发展，Petri 网已经在很多方面进行了扩展，但这些扩展还未能很好地解决过程定义中分支结构的描述。例如，某事件发生可能引起 N 种结果，可以是 N 种结果中的一种也可以是 N 种结果中的几种同时发生，这种只有在系统动态执行时才能确定其流程的具体流向（而不是在过程定义时就能确定）的分支结构，用一般传统的 Petri 网很难描述，即便是可以描述也是非常复杂且尚无方法对其仿真运行。有文献针对这一问题分别提出了扩展的信牌驱动模型和选择变迁网，这两种模型对这种分支结构可以进行描述层面的建模，但依然无法或很难（等价变迁数量太大）对模型实现仿真运行以便进行定量分析。为了解决这种可变分支结构的问题，提出了一种新的 Petri 网——变结构 Petri 网（Variable Structure Petri Net，VSPN）。其定义如下：

八元组 $\Sigma=(P, T, F, K, W, M, T_N, P_r)$ 称为变结构 Petri 网系统，当且仅当：

（1）$N=(P, T, F)$ 构成有向网，称为 Σ 的基网。

（2）K、W、M 依次为 N 上的容量函数、权函数和标识，M_0 称为 Σ 的初始标识。

（3）$T_N \subseteq T$ 为变结构变迁集合。

（4）$P_r=\{p_{r1}, p_{r2}, \cdots, p_{rn}\}$ 为变结构变迁不同发生结果的概率集合，P_r 符合 0-1 分布。

（5）网系统 N 中传统变迁 $\{T-T_N\}$ 遵循一般的发生规则，T_N 的发生规则为：

$T_j \in T_N$，T_j 在 M 有发生权，记作 $M[T_j>$，也就是说 M 授权 T_j 发生，或者 T_j 在 M 授权下发生。变迁发生的后果表示为

$$M'(P_i)=\begin{cases} M(P_i)-W(P_i,T_j) & P_i\in {}^{\bullet}T_j-T_j^{\bullet} \\ M(P_i)+P_{\rm r}W(T_j,P_i) & P_i\in T_j^{\bullet}-{}^{\bullet}T_j \\ M(P_i)-W(P_i,T_j)+P_{\rm r}W(T_j,P_i) & P_i\in {}^{\bullet}T_j\cap T_j^{\bullet} \\ M(P_i) & P_i\notin {}^{\bullet}T_j\cup T_j^{\bullet} \end{cases}$$

且至少有一个 P_i 使得

$$M'(P_i)=M(P_i)+P_{\rm r}W(T_j,P_i)$$

或

$$M'(P_i)=M(P_i)-W(P_i,T_j)+P_{\rm r}W(T_j,P_i)$$

通过 VSPN，可以较为方便地对可变分支结构的问题进行建模与分析。例如，图 9-2 所示的模型中如果要求 Tv3 为变结构变迁，则当 PA 库所中存在有效托肯时，变迁 Tv3 的发生可以是多种情况的组合：{PB1}，{ PB2}，{ PB3}，{ PB1，PB2}，{ PB1, PB3}，{ PB2, PB3}，{ PB1，PB2, PB3}。

如果用扩展的信牌驱动模型或选择变迁网来实现这种结构的建模，则其等效模型如图 9-3 所示。

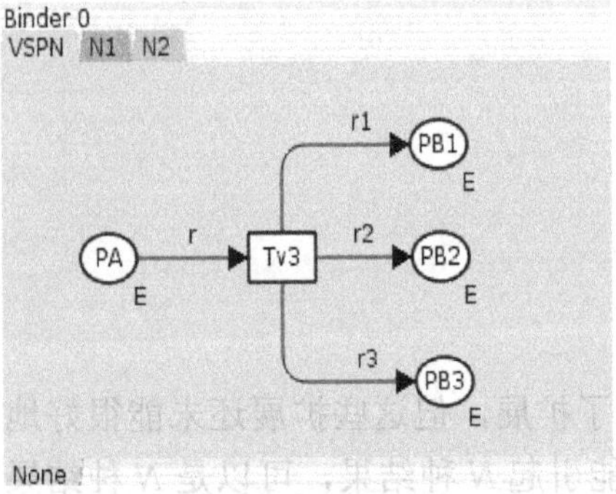

图 9-2　可变分支结构问题示例

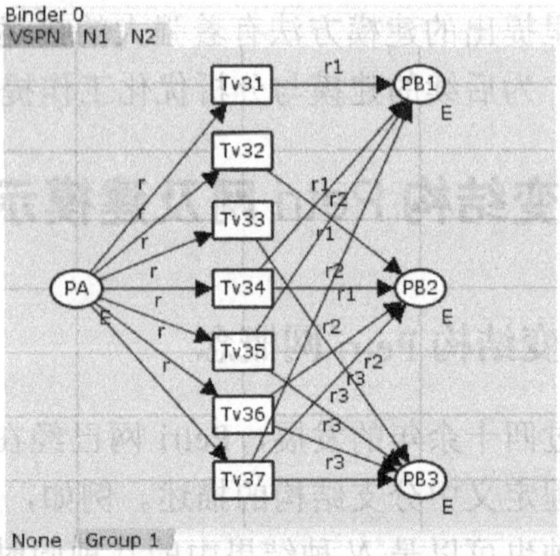

图 9-3　信牌驱动模型或选择变迁网实现可变分支结构

可以看出，这种等效方法比较复杂，仅对这 3 个选项的可变分支结构的实现就需要 $C_3^1+C_3^2+C_3^3=2^3-1=7$ 个变迁才能完成，而如果要对一个有着 n 个选项的可变分支结构实现建模就要 $C_n^1+C_n^2+\cdots+C_n^n$（其中 n 为选择分支的数量）个变迁才能完成。例如，如果对有着 30 个选项的可变分支结构实现建模，就需要 $C_n^1+C_n^2+\cdots+C_n^n=\ C_{30}^1+C_{30}^2+\cdots+C_{30}^{30}=2^{30}-1=1073741823$ 个变迁才能完成，这对于一个略为复杂的系统进行建模和仿真分析是不可想象的。

利用提出的 VSPN 来实现这种结构，如图 9-4 所示。

其中，pr1、pr2、pr3 分别表示变迁 Tv31、Tv32、Tv33 的发生概率，服从 0-1 分布。可以看出用这种模型实现对可变分支结构的描述简化了许多，并且可变分支结构的选项越多，其优势越大。对 n 个选项的可变分支结构实现建模，仅需要 n+1 个变迁，对一个有着 30 个选项的可变分支结构的实现，也只需要 31 个变迁即可，从而为模型后续的仿真和分析提供了良好的基础。

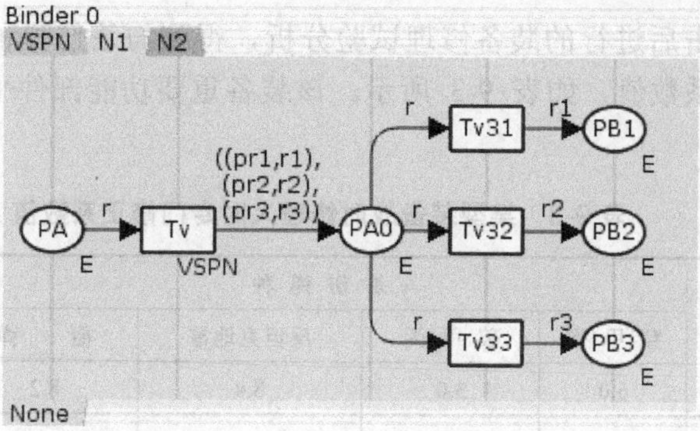

图 9-4 用 VSPN 实现可变分支结构

9.3.2 变结构 Petri 网建模示例

本节讲述战时一个基本保障单元对某型装备换件修理时间的建模问题。

1. 问题描述

基本保障单元是指能独立完成某种规定保障任务，并拥有所需各类保障资源的最小组合，包括专业维修人员、常用消耗器材、机具设备和保障装备。基本保障单元作为战时编组的最小模块，可进行积木式组合，快速完成战时的力量编成，实现平战时保障力量编成的有机融合。建立基本保障单元是实现装备保障所要求的“资源共享、动态重组”的基础，对基本保障单元修理能力的度量是十分重要的基础性工作。

假设这里的基本保障单元由一个装备修理班（8 人）、一套组合机具设备和一辆拆装工程车组成，可完成平战时的装备换件修理任务，平时也可不使用拆装工程车，借助车间的固定设备开展工作。下面对问题的基本条件进行描述。

（1）根据战时装备重要功能部件界定的准则和确定装备重要功能部件的方法，某型装备可以划分为 24 个重要功能部件，如表 9-2 所示。

表 9-2 某型装备的重要功能部件

部件代码	重要功能部件	部件代码	重要功能部件
1	发动机	13	主离合器
2	水散热器	14	空气滤清器
3	机油散热器	15	驾驶员潜望镜
4	履带	16	火炮身管
5	传动箱	17	炮塔座圈
6	变速箱	18	炮塔总成
7	行星转向器	19	炮瞄准镜
8	侧减速器（被动部分）	20	电台
9	主动轮	21	车长指挥镜
10	负重轮	22	天线
11	扭力轴	23	天线座
12	平衡肘（含支架）	24	火炮稳定器

（2）根据实弹射击后进行的装备修理试验分析，得到与杀伤弹种和平时换件修理人时取值有关的专门修正系数值，如表 9-3 所示。该装备重要功能部件平时换件时间的相关数据如表 9-4 所示。

表 9-3　某型装备战时修理人时专门修正系数值

平时换件修理人时（人时）	杀伤弹种				无线电和火控系统
	穿甲弹	破甲弹	反坦克地雷	榴　弹	
～5	6.0	3.0	8.4	8.2	7.0
6～10	4.6	8.4	1.7	1.6	7.1
11～20	3.6	8.1	1.4	1.4	6.4
21～30	8.9	1.8	1.3	1.3	4.0
31～40	8.6	1.6	1.2	1.1	3.0
41～100	8.0	1.4	1.1	1.1	8.7

表 9-4　某型装备重要功能部件平时换件时间

部件代码	修理人数	换件时间（h）	部件代码	修理人数	换件时间（h）	部件代码	修理人数	换件时间（h）
1	5	2.8	9	3	0.33	17	5	8.4
2	2	0.65	10	3	0.48	18	5	0.63
3	2	0.3	11	3	0.9	19	1	0.08
4	3	0.27	12	3	1.14	20	1	0.29
5	3	1	13	4	2.67	21	1	0.16
6	4	1.8	14	1	0.22	22	1	0.05
7	4	3.25	15	1	0.24	23	1	0.26
8	4	1.4	16	5	1.25	24	2	4

（3）根据装备战损规律研究成果和前面表中的数据，可以得到战时条件下某型装备重要功能部件的毁伤概率和战伤换件时间，如表 9-5 所示。

表 9-5　战时条件下某型装备重要功能部件的毁伤概率和战伤换件时间

部件代码	毁伤概率（%）	杀伤弹种	修正系数	战伤换件时间（h）
1	36.4	穿甲弹	3.6	10.1
2	6.4	穿甲弹	6	3.9
3	3.7	穿甲弹	6	1.8
4	9.1	地雷	8.4	2.3
5	4.70	穿甲弹	6	6
6	3.3	穿甲弹	4.6	8.28
7	39	穿甲弹	3.6	11.7
8	11.25	穿甲弹	4.6	6.4
9	11.16	穿甲弹	6	1.98

续表

部件代码	毁伤概率（%）	杀伤弹种	修正系数	战伤换件时间（h）
10	18.2	穿甲弹	6	2.88
11	3.4	穿甲弹	6	5.4
12	9.1	破甲弹	3	3.42
13	1.5	穿甲弹	4.1	11
14	9.1	穿甲弹	6	1.32
15	19.4	榴弹	8.2	1.97
16	45.5	榴弹	8.2	10.25
17	36.4	穿甲弹，榴弹	1.1	9.24
18	2.76	穿甲弹，榴弹	4.1	2.58
19	27.3	榴弹	8.2	0.66
20	6.47	穿甲弹	7.0	2.03
21	14.6	榴弹	8.2	1.3
22	21.4	榴弹	8.2	0.41
23	1.8	榴弹	8.2	2.13
24	18.2	穿甲弹	7.1	28.4

2. 建模与仿真分析

某型装备划分为 24 个重要功能部件，战伤装备可能同时损坏其中特定的一个或几个部件，这里采用变结构 Petri 网（VSPN）和分层赋时着色 Petri 网（HTCPN）对该问题进行建模分析。

假定只要修理人员足够，不同的损伤部件可以同时进行换件，修理模型顶层视图如图 9-5 所示。

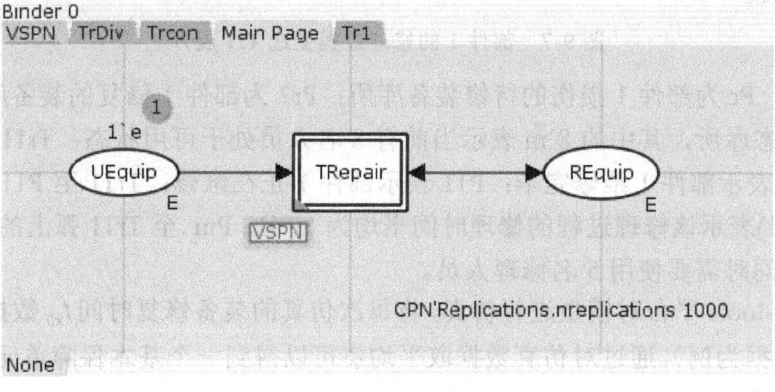

图 9-5　修理模型顶层视图

图 9-5 中，UEquip 为待修装备库所；1`e 表示有一台待修装备；REquip 为修竣装备库所；TRepair 为修理过程变迁，这是一个变结构变迁。

将 TRepair 变迁展开如图 9-6 所示。图 9-6 中，Trs 变迁为变结构变迁展开后的控制变迁，其发生函数 CHIOC( )实现了不同部件损坏的发生概率；r1～r24 标识代表 24 个部件，其中每个标识后面的数字表示该部件损坏概率的百分数。函数的功能是通过 CPN-tools 平台的标准语言 CML 编程实现的。

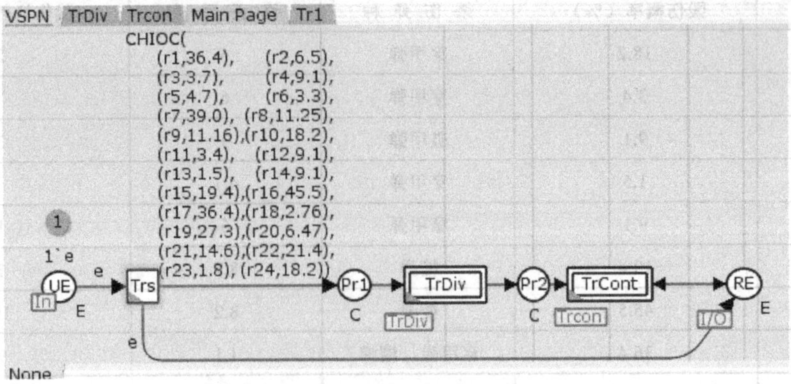

图 9-6　VSPN 修理过程变迁展开模型

TrDiv 为变结构变迁展开后的控制变迁，表示部件 1 到部件 24 中不同损伤部件对应的 Tr1～Tr24 的修理过程，由于这 24 个变迁结构相同只是参数不同，所以仅将 Tr1 展开进行描述。部件 1 的修理过程变迁 Tr1 展开如图 9-7 所示。

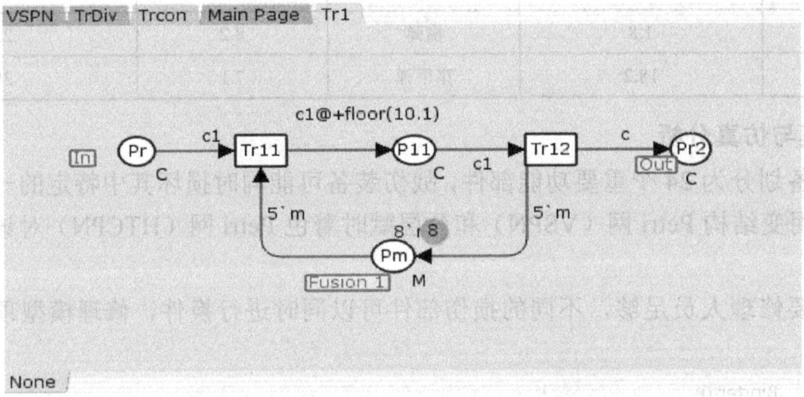

图 9-7　部件 1 的修理过程变迁 Tr1 展开

图 9-7 中，Pr 为部件 1 损伤的待修装备库所；Pr2 为部件 1 修复的装备库所；Pm 为维修人员空闲状态库所，其中的 8`m 表示当前有 8 名人员处于可用状态；Tr11 表示部件 1 开始维修；Tr12 表示部件 1 维修完毕；P11 表示部件 1 正在维修；Tr11 至 P11 弧上的权函数 c1@+floor(10.1)表示该修理过程的修理时间平均为 10.1h；Pm 至 Tr11 弧上的权函数 5`m 表示该修理过程同时需要使用 5 名修理人员。

利用 CPN-tools 平台对模型进行仿真，将每次仿真的装备修复时间 t_{xfi} 数据记录下来（以 1000 次仿真数据为例），通过对仿真数据取平均值可以得到一个基本保障单元平均修复一台装备的时间 T_{xf} 为

$$T_{xf} = \frac{\sum_{i=1}^{1000} t_{xfi}}{1000} = 14.73(\text{h})$$

假定战时装备修理时间按照修理级别制定了划分标准，如表 9-6 所示。

表 9-6 战时装备修理级别划分标准

修理级别	营保障机构	团属修理机构	师属修理机构	军属修理机构	战区以上修理机构
修理时限（h）	<1	1～4	4～8	8～24	＞24

按照表 9-6 中的数据对仿真数据进行处理，可以得到战损装备按照修理级别划分标准落入各修理级别的比例，如表 9-7 所示。

表 9-7 某型战损装备按修理时间划分标准落入各修理级别的比例

修理级别	修理时间（h）	仿真数据次数	所占比例（%）
营保障机构	<1	58	5.8
团属修理机构	1～4	103	10.3
师属修理机构	4～8	128	12.8
军属修理机构	8～24	501	50.1
战区以上修理机构	＞24	210	21.0

经过上述模型的建立及仿真计算，得到了基本保障单元战时对某型装备的平均修复时间，还得到了按照战伤装备修理时间划分标准进入各修理级别的比例，为实现“保障单元动态重组”和战场保障指挥员合理配置保障资源提供了参考依据。

9.4 EI$_3$PN 装备保障过程建模方法

9.4.1 IDEF3 方法扩展

IDEF3 方法是 IDEF 系列方法中专门针对过程进行建模的结构化语言，是用基本组织结构场景和对象来实现过程描述的，有两种相应的描述方式：过程流网（Process Flow Network，PFN）和对象状态转移图（Object State Transition Network Diagram，OSTN），其中过程流网 PFN 描述了组织中“事务如何工作”的信息，对象状态转移图 OSTN 描述了在某特定过程中一个对象可能发生的变化。

过程流网 PFN 是以过程为中心的视图，注重过程中活动的出现及其次序，是 IDEF3 获取、管理和显示以过程为中心知识的主要工具。在过程流网 PFN 中，每个有编号的方盒代表一个行为单元（Unit of Behavior，UOB）表示活动；连接这些盒子之间的箭头称为连接（Link），连接反映了行为单元之间的先后关系或约束关系；带有交汇点标记的方盒表示过程的分叉和汇合关系。IDEF3 的主要建模元素见表 9-8。

表 9-8 IDEF3 方法的主要建模元素

元素名称	行为单元	连接	或连接	异或连接	与连接
元素符号	UOB / 编号	——→	O	X	&

图 9-8 给出了基于 IDEF3 方法的某装备维修保障过程顶层模型，其中“X”框图表示根

据维修策略决定下一个执行的活动是“装备报废”还是“装备维修”，过程在这里实现了分叉选择。

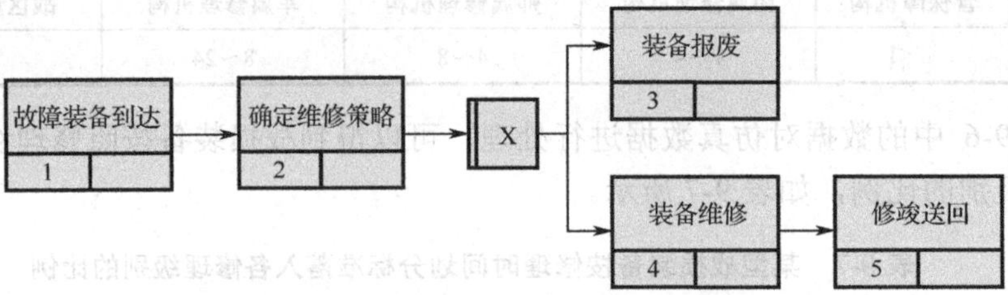

图 9-8　某装备维修保障过程顶层模型

IDEF3 方法利用图形符号和自然语言，采用层次化的建模方法，有着良好的框架描述能力，可以清楚地描述活动与活动之间的顺序、并行、同步、冲突及因果依赖等逻辑关系。但是 IDEF3 方法在表达复杂的逻辑关系和非确定的信息方面有所欠缺，特别是不能显示表达资源和时间参数，难以进一步对模型进行深入分析。为此，提出扩展的 IDEF3 方法（Extended-IDEF3，E-IDEF3）。在 IDEF3 方法的基础上，描述元素增加资源元素，行为单元增加活动时间，连接增加资源连接线，扩展后的 E-IDEF3 方法建模元素如表 9-9 所示。

表 9-9　E-IDEF3 方法建模元素

元素名称	行为单元	连接	或连接	异或连接	与连接	资源	资源连接线
元素符号	UOB 编号 T(x)	——→	O	X	&	资源名称	- - -→

1. 行为单元

行为单元（Unit of Behavior，UOB）用一些概念或日常用语描述一个组织或一个复杂系统中“事情进行得怎样”或“实际生活中发生了什么事情”。每一个概念都有其特定的行为含义，阐明了在一定的时空范围内，事情是如何进行的。每一个 UOB 即为过程模型中的一个活动节点，其中，节点号为 UOB 的编号，UOB 标签即为 UOB 所完成功能的简单描述。E-IDEF3 方法在这里增加了 $T(x)$，表示完成活动所需要的时间，可以是固定时间、随机时间，也可以是一个时间函数。

2. 交汇点

IDEF3 中引入交汇点机制说明各过程分支间的逻辑关系，借助于类型多样的交汇点来获取现实世界过程中各分支的语义。交汇点完成对以下过程的描述：一是一个过程可分叉或分为两个以上的过程路径；二是两个或两个以上的分叉汇合为一个过程路径。交汇点简化了对多个路径过程间顺序或时间关系的描述获取。交汇点可以从不同角度来分类。依照逻辑语义可分为“与”、“或”及“异或”。

3. 资源

这里的资源是指在过程中调用且在过程模型中需要表示出来的资源，包括消耗性资源和非消耗性资源。

4. 连接

“连接”把 IDEF3 的一些构造块组合在一起，阐明一些约束条件和各成分之间的关系。

连接关系的类型有时间的、逻辑的、因果的、自然的和传统的等，连接箭头的起始和终止可以画在UOB或交汇点符号的任何部位。为了增加过程图的可读性，最好是从左到右、从上到下地表示对象流（物理的或信息的）方向或时间顺序。E-IDEF3方法增加了虚线表示的资源连接线，表示资源的流向，以便与原有IDEF3模型中的逻辑连接线相区分，在资源连接线旁边还可以用数字表示资源流动的数量。

9.4.2 装备保障过程视图

1. 视图的图形表达

装备保障过程视图（Equipment Support Process View，ESPV）可以表达装备保障过程中的活动（子过程）如何通过反馈、重复、迭代等形式被执行，以及活动如何调用资源、调用哪些资源、活动如何利用和处理资源、活动执行时间等各种逻辑关系。

ESPV的基本建模元素包括开始点、结束点、活动（包括时间表示）、逻辑连接符号及连接线，如图9-9所示。

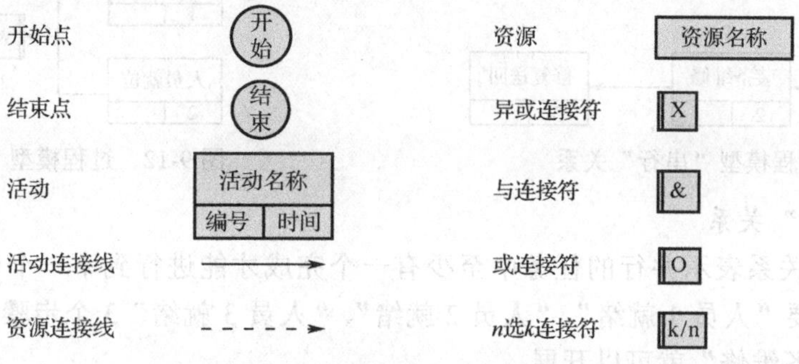

图9-9 ESPV建模元素及其图形表达符号

开始点和结束点是两个特殊的虚拟事件，标志着保障过程的开始和结束。一个过程有唯一的开始点和唯一的结束点。一个完整的保障过程必须始于开始点，终于结束点。

活动是有一定目的的行动，可以根据需要进一步分层细化，其时间表示活动完成所需要的时间。

逻辑连接符号包括"与"、"或"、"异或"和"*n*选*k*"4种类型，用于表达保障过程中各个活动执行的逻辑路线。

活动连接线用于确定活动之间的逻辑路线，资源连接线表示活动对资源的调用和释放。

图9-10为某装备维修过程顶层视图。

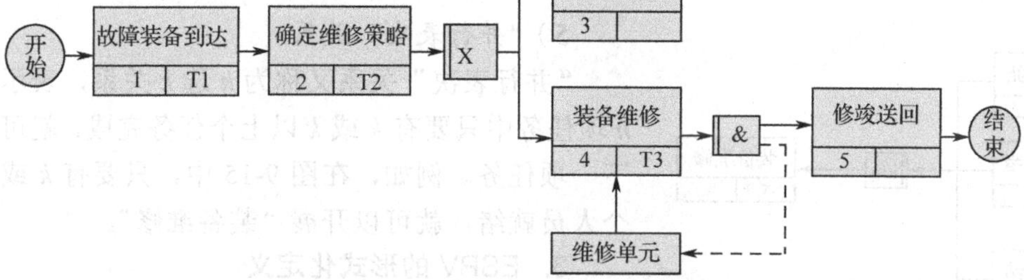

图9-10 某装备维修过程顶层视图

2. 保障活动关系的描述

装备保障过程视图 ESPV 描述元素可以描述复杂的装备保障任务。在描述装备保障任务时，图元的语义如图 9-11～图 9-15 所示。

1)“串行”关系

一项保障任务分为多个步骤，各个步骤在逻辑时序上是“串行”关系，一个步骤完成下一个步骤才能开始，所有步骤都完成，保障任务才算完成，其各个步骤的完成可以由一个基本保障单元执行，也可由多个基本保障单元执行。例如，在图 9-11 中，设备展开后才能进行装备维修，装备维修完成后才能送回。

2)“并行与”关系

“并行与”关系也是保障过程中比较常见的方式，即多个步骤需要都完成才能进入下一个步骤。例如，在图 9-12 中，“装备维修”活动需要“设备就绪”和“人员就位”两个活动都完成才能开始。

图 9-11　过程模型“串行”关系

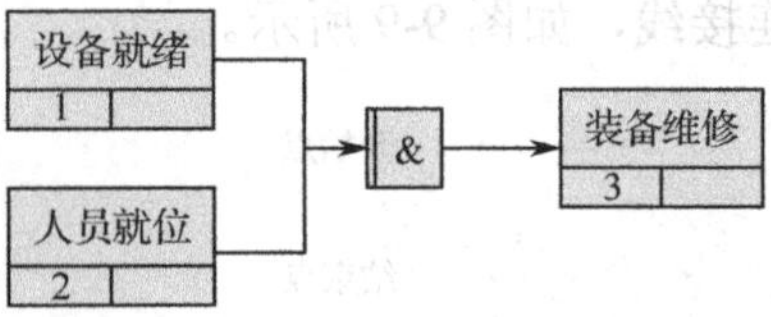

图 9-12　过程模型“并行与”关系

3)“并行或”关系

“并行或”关系表示并行的任务中至少有一个完成才能进行到下一个任务。例如，在图 9-13 中，只要“人员 1 就绪”、“人员 2 就绪”、“人员 3 就绪”3 个步骤中的一个或多个步骤完成，“装备维修”就可以开展。

4)“并行异或”关系

“并行异或”关系表示并行的任务中只有一个完成才能进行到下一个任务。例如，在图 9-14 中的“现象 1”和“现象 2”两个步骤中，有且仅有一个现象出现，“装备维修”才可以开展。

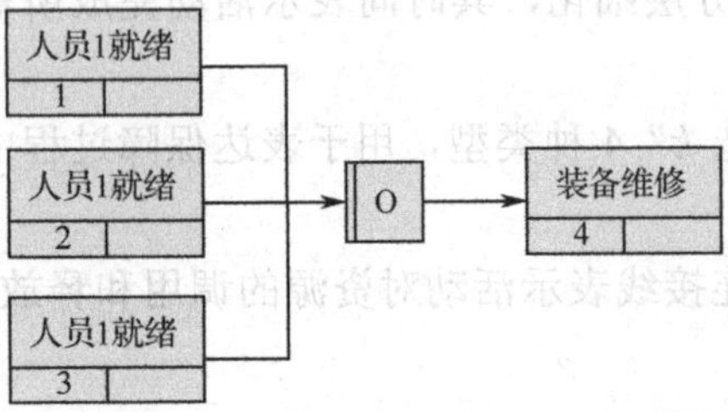

图 9-13　过程模型“并行或”关系

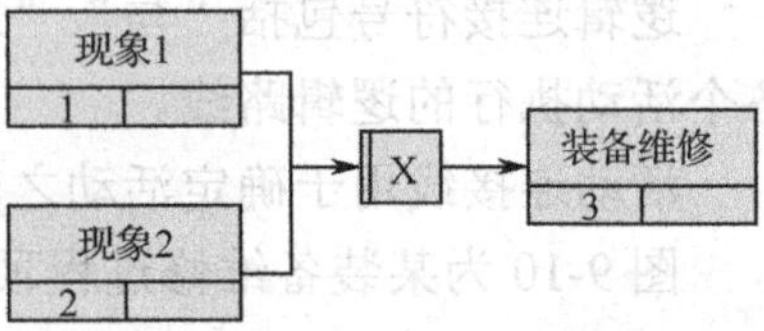

图 9-14　过程模型“并行异或”关系

5)“并行表决”关系

“并行表决”关系又称为 n 选 k 关系，表示并行的 n 项任务中只要有 k 或 k 以上个任务完成，就可以进行下一项任务。例如，在图 9-15 中，只要有 k 或 k 以上个人员就绪，就可以开展“装备维修”。

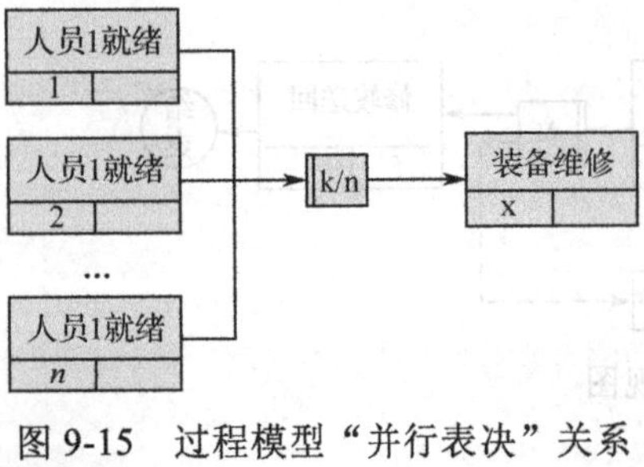

图 9-15　过程模型“并行表决”关系

3. ESPV 的形式化定义

为了使 ESPV 能够进一步与 Petri 网相结合，以便对模型进行仿真分析，给出其形式化数学定义。

一个ESPV是一个七元组（$A, C, R, L, Q, \{\text{Start}\}, \{\text{End}\}$）。其中：

A 是活动的有限集合，$A = \{a_1, a_2, \cdots, a_i\}$。$C$ 是逻辑连接符的有限集合，$C = \{c_1, c_2, \cdots, c_j\}$。$R$ 是资源有限集合，这里的资源包括保障人员、设备、设施等，$R=\{r_1, r_2, \cdots, r_k\}$。$L$ 是连接线的有限集合，$L= \{l_1, l_2, \cdots, l_k\}$，$L \subseteq (A\times A) \cup (A\times C) \cup (A\times R) \cup (C\times A) \cup (C\times C) \cup (C\times R) \cup (R\times A) \cup (R\times C) \cup (\{\text{Start}\}\times C) \cup (\{\text{Start}\}\times A) \cup (C\times\{\text{End}\}) \cup (A\times\{\text{End}\})$。$Q$ 是各项活动时间的有限集合 $Q = \{q(x)_1, q(x)_2, \cdots, q(x)_i\}$。$\{\text{Start}\}$、$\{\text{End}\}$分别为开始点和结束点。

在一个ESPV中，活动、逻辑连接符、开始点、结束点和资源统称为节点 n，连接节点的线称为有向路径 p。

对于一个ESPV，有：

（1）对任意 $n, m \in N$，${}^*n=\{m|(m, n)\in L\}$是节点 n 输入节点的集合，称为节点 n 的紧前集；$n^*=\{m|(n, m)\in L\}$是节点 n 输出节点的集合，称为节点 n 的紧后集。

（2）$C_{\text{in}}=\{c\in C \mid |{}^*c|\geqslant 2\}$ 是输入逻辑连接符的集合。

（3）$C_{\text{out}}=\{c\in C| \ |c^*|\geqslant 2\}$ 是输出逻辑连接符的集合。

根据上面定义，可以给出如下推论：

推论1： ESPV是一个七元组，（$A, C, R, L, Q, \{\text{Start}\}, \{\text{End}\}$），并且满足以下条件：

（1）$A\cap C=\varnothing$，$R\cap C=\varnothing$，$A\cap R=\varnothing$，$A\cap\{\text{Start}\}=\varnothing$，$A\cap\{\text{End}\}=\varnothing$，$R\cap\{\text{Start}\}=\varnothing$，$R\cap\{\text{End}\}=\varnothing$，$\{\text{Start}\}\cap\{\text{End}\}=\varnothing$，$C\cap\{\text{Start}\}=\varnothing$。

（2）$C_{\text{in}}\cap C_{\text{out}}=\varnothing$，$C_{\text{in}}\cup C_{\text{out}}=C$。

（3）$|{}^*\text{Start}|=0$，$|\text{Start}^*|=1$，$|\text{End}^*|=0$，$|{}^*\text{End}|=1$。

（4）$\forall c\in C, \ |{}^*c|>1$，$|c^*|>1$，$|c^*|+|{}^*c|>3$。

推论1对定义进行了进一步的明确和解释：

（1）活动、资源、逻辑连接符、开始点、结束点之间没有交集。

（2）任意一个逻辑连接符要么属于输入型，要么属于输出型，不可能既属于输入型又属于输出型。

（3）开始点没有输入节点且只有一个输出节点，结束点没有输出节点且只有一个输入节点。

（4）任意一个逻辑节点至少有一个输入节点、至少有一个输出节点，并且输入和输出节点个数的总和不小于3。

9.4.3 装备保障过程视图转为Petri网模型

基于E-IDEF3方法的装备保障过程视图可以比较清晰地将保障过程描述出来，但对于进一步的分析缺乏有效手段。将装备保障过程视图转换为Petri网模型，可以利用Petri网的特性分析过程视图的正确性，并且可以作为模型仿真的基础。

1. 转化规则

根据前面给出的ESPV和Petri网的视图元素及形式化定义，提出将装备保障过程视图向Petri网模型的转换大致分为5个步骤。

第一步：如果存在两个直接相连的逻辑连接符，则在这两个逻辑连接符之间添加一个虚拟活动，使得过程视图中不存在两个逻辑连接符直接连接的情况，如图 9-16 和图 9-17 所示。

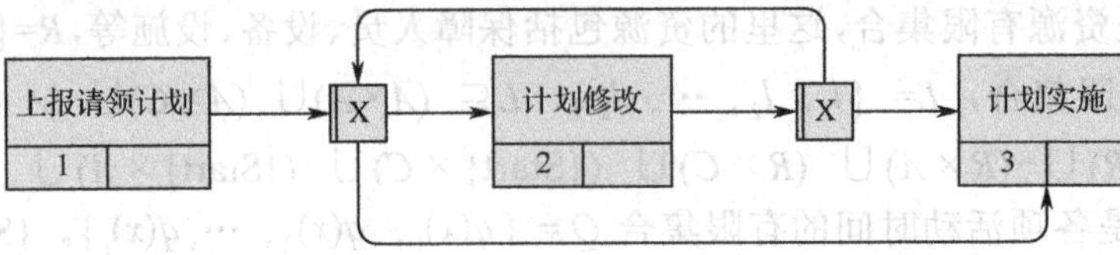

图 9-16　相邻逻辑连接符之间增加虚拟活动之前

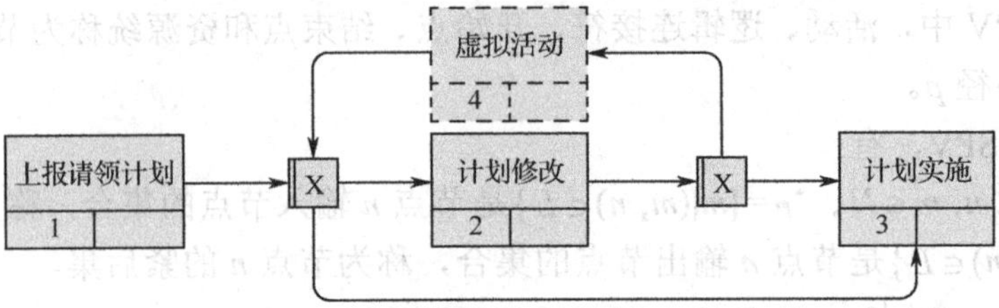

图 9-17　相邻逻辑连接符之间增加虚拟活动之后

即设 N 为一个 ESPV，$N=(A, C, R, L, Q, \{\text{Start}\}, \{\text{End}\})$，$\forall c_1, c_2 \in C$，$c_2 \in c_1^*$，则引入虚拟活动 a'，使得 $\{a'\} \in c_1^*, \{a'\} \in {}^*c_2$。

设 N 为一个 ESPV, $N=(A, C, R, L, Q, \{\text{Start}\}, \{\text{End}\})$，引入虚拟活动 a' 后，$N'=(A', C, R, L', Q, \{\text{Start}\}, \{\text{End}\})$满足 ESPV 形式化定义，也为一个 ESPV。

第二步：将视图中的资源模块转换为 Petri 网中的资源库所，活动转换为 Petri 网中的变迁，如图 9-18 所示。

$\forall N'=(A', C, R, L', Q, \{\text{Start}\}, \{\text{End}\})$:

$R=\{r_1, r_2, \cdots, r_k\} \to P=\{p_{r1}, p_{r2}, \cdots, p_{rk}\}$；

$A=\{a_1, a_2, \cdots, a_i\} \to T=\{t_{a1}, t_{a2}, \cdots, t_{ai}\}$。

第三步：将开始点、结束点转换为库所，如图 9-19 所示。

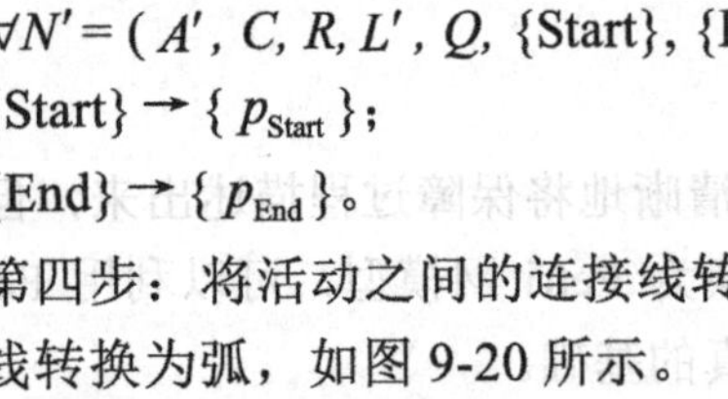

图 9-18　ESPV 资源、活动向 Petri 网映射

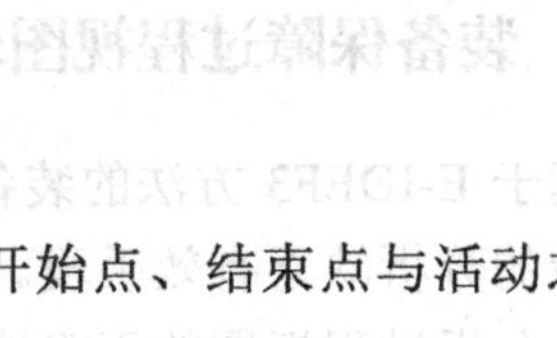

图 9-19　开始点、结束点向 Petri 网映射

$\forall N'=(A', C, R, L', Q, \{\text{Start}\}, \{\text{End}\})$:

$\{\text{Start}\} \to \{p_{\text{Start}}\}$；

$\{\text{End}\} \to \{p_{\text{End}}\}$。

第四步：将活动之间的连接线转换为弧和库所，资源、开始点、结束点与活动之间的连接线转换为弧，如图 9-20 所示。

$\forall\, l_{aa}=(a_1,a_2)\in L_{AA}\subseteq(A\times A)$: $l_{aa}\to\{(t_a,p^l), p^l, (p^l,t_a)\}$；

$\forall\, l_{ra}=(r,a)\in L_{RA}\subseteq(R\times A)$: $l_{ra}\to F_{ca}=(p_r,t_a)$；

$\forall\, l_{ar}=(a,r)\in L_{AR}\subseteq(A\times R)$: $l_{ar}\to F_{ac}=(t_a,p_r)$；

$\forall\ l_{\text{Starta}} = (\text{Start}, a) \in L_{\text{StartA}} \subseteq (\{\text{Start}\} \times A)$： $l_{\text{Starta}} \rightarrow F_{\text{Starta}} = (p_{\text{Start}}, t_a)$；

$\forall\ l_{\text{aEnd}} = (a, \text{End}) \in L_{\text{AEnd}} \subseteq (A \times \{\text{End}\})$： $l_{\text{aEnd}} \rightarrow F_{\text{aEnd}} = (t_a, p_{\text{End}})$。

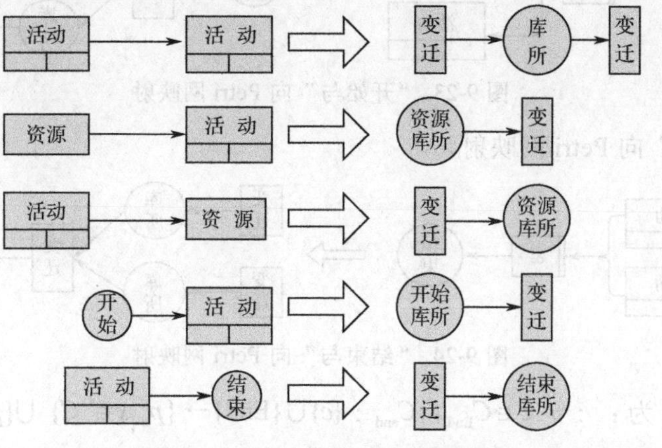

图 9-20　连接线向 Petri 网映射

第五步：将逻辑连接符转换为 Petri 网中的元素。“或”逻辑关系可以在增加一些语义的情况下由“异或”逻辑连接符转化得到，所以这里仅对“异或”和“与”逻辑连接符给出转换规则，如图 9-21～图 9-28 所示。

（1）“与输出”向 Petri 网的映射。

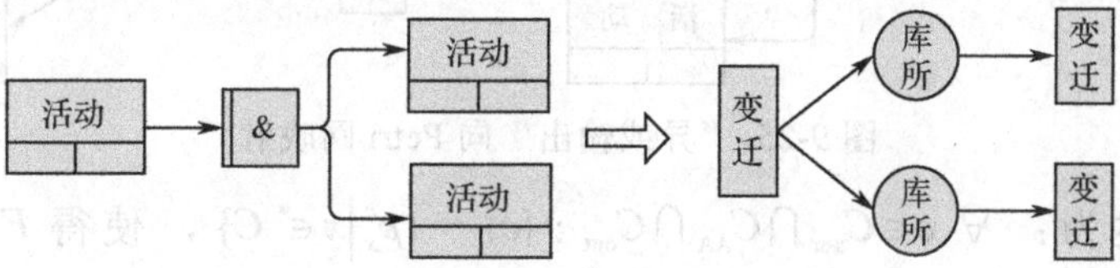

图 9-21　“与输出”向 Petri 网的映射

形式化描述为：$\forall\ c \in C_{\text{and}} \cap C_{\text{AA}} \cap C_{\text{out}} : \{c\} \rightarrow \{p_x^c \mid x \in C^*\}$，使得 $F^c \in \{(t_x, p_y^c) \mid x \in {}^*C, y \in C^*\} \cup \{(p_x^c, t_x) \mid x \in C^*\}$。

（2）“与输入”向 Petri 网的映射。

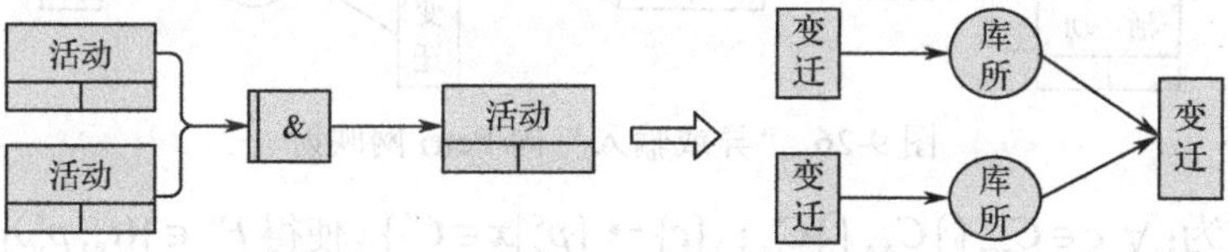

图 9-22　“与输入”向 Petri 网的映射

形式化描述为：$\forall\ c \in C_{\text{and}} \cap C_{\text{AA}} \cap C_{\text{in}} : \{c\} \rightarrow \{p_x^c \mid x \in {}^*C\}$，使得 $F^c \in \{(p_x^c, t_y) \mid x \in {}^*C, y \in C^*\} \cup \{(p_x^c, t_x) \mid x \in {}^*C\}$。

（3）“开始与”向 Petri 网映射。

形式化描述为：$\forall c \in C_{\text{Start}} \cap C_{\text{and}} : \{c\} \cup \{\text{Start}\} \rightarrow \{p_x^c \mid x \in C^*\} \cup \{p^{\text{Start}}\} \cup \{t^{\text{Start}}\}$，使得 $F^c \in \{(t^{\text{Start}}, p_y^c) \mid y \in C^*\} \cup \{(p_x^c, t_x) \mid x \in C^*\} \cup (p^{\text{Start}}, t^{\text{Start}})$。

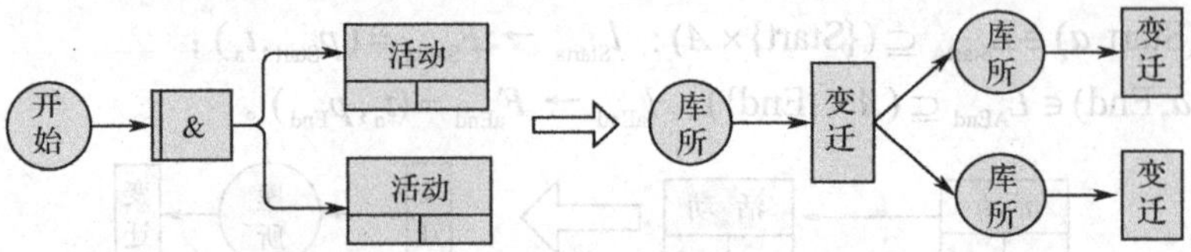

图 9-23 “开始与”向 Petri 网映射

（4）“结束与”向 Petri 网映射。

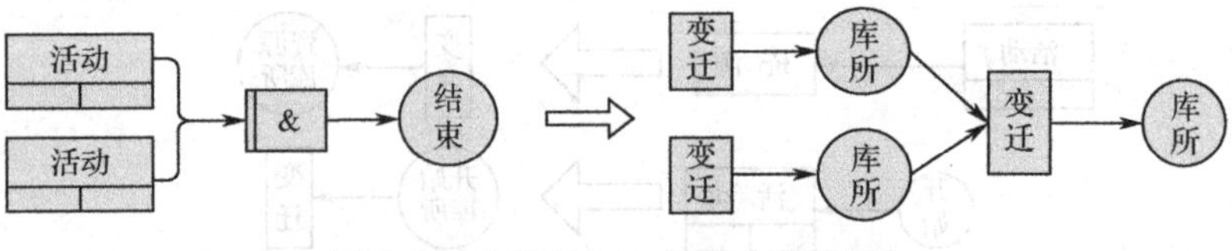

图 9-24 “结束与”向 Petri 网映射

形式化描述为：：$\forall\ c \in C_{\text{End}} \cap C_{\text{and}}$: $\{c\} \cup \{\text{End}\} \to \{p_x^c \mid x \in {}^{*}C\} \cup \{p^{\text{End}}\} \cup \{t^{\text{End}}\}$，使得 $F^c \in \{(t^{\text{End}}, p_y^c) \mid y \in {}^{*}C\} \cup \{(p_x^c, t_x) \mid x \in {}^{*}C\} \cup (p^{\text{End}}, t^{\text{End}})$。

（5）“异或输出”向 Petri 网映射。

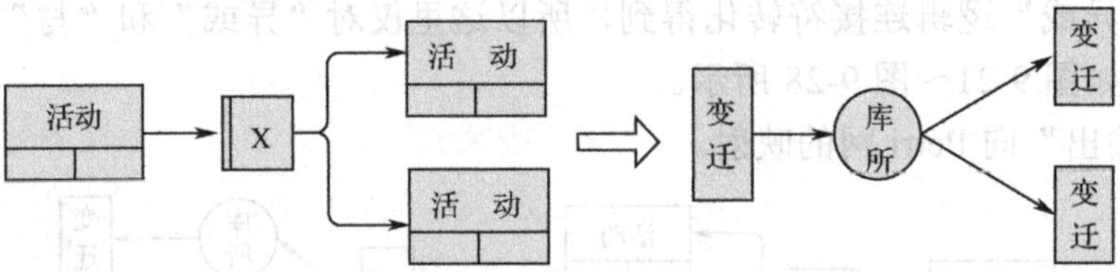

图 9-25 “异或输出”向 Petri 网映射

形式化描述为：$\forall\ c \in C_{\text{xor}} \cap C_{\text{AA}} \cap C_{\text{out}}$: $\{c\} \to \{p_x^c \mid x \in {}^{*}C\}$，使得 $F^c \in \{(t_x, p_y^c) \mid x \in {}^{*}C, y \in {}^{*}C\} \cup \{(p_x^c, t_y) \mid x \in {}^{*}C, y \in C^{*}\}$。

（6）“异或输入”向 Petri 网映射。

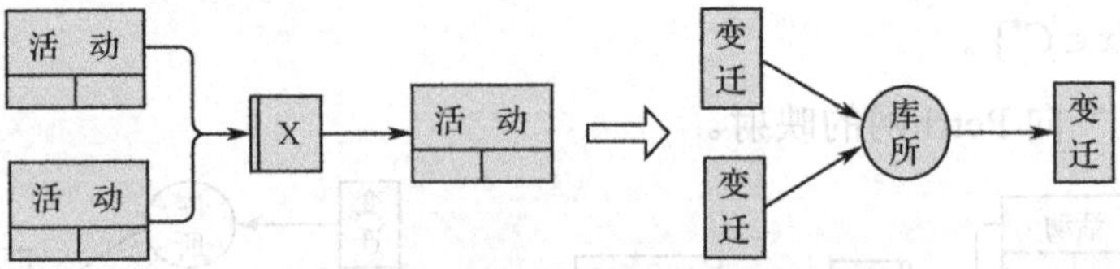

图 9-26 “异或输入”向 Petri 网映射

形式化描述为：$\forall\ c \in C_{\text{xor}} \cap C_{\text{AA}} \cap C_{\text{in}}$：$\{c\} \to \{p_x^c \mid x \in C^{*}\}$，使得 $F^c \in \{(t_x, p_y^c) \mid x \in {}^{*}C, y \in C^{*}\} \cup \{(p_x^c, t_y) \mid x \in C^{*}, y \in C^{*}\}$。

（7）“开始异或”向 Petri 网映射。

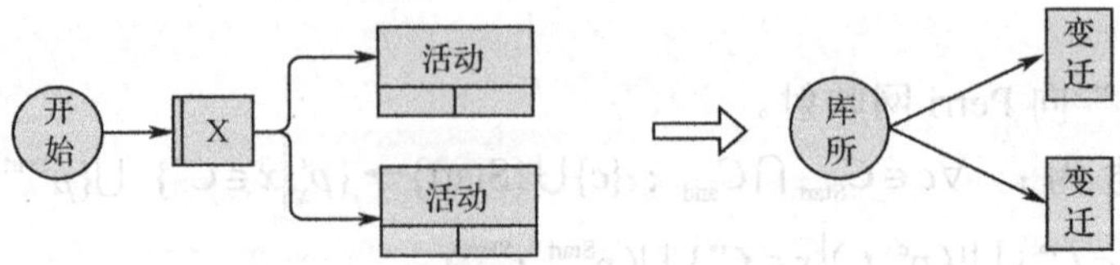

图 9-27 “开始异或”向 Petri 网映射

形式化描述为：$\forall c \in C_{\text{Start}} \cap C_{\text{xor}}$：$\{c\} \cup \{\text{Start}\} \rightarrow \{p^{\text{Start}}\}$，使得 $F^c \in \{(p_x^{\text{Start}}, t_y) | x \in {}^*C, y \in C^*\}$。

（8）“结束异或”向 Petri 网映射。

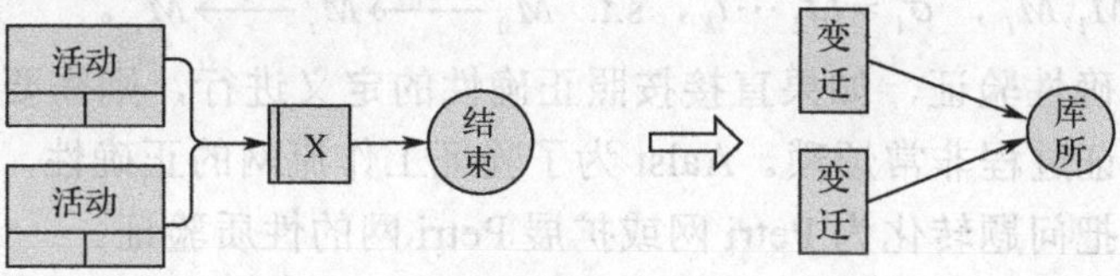

图 9-28 “结束异或”向 Petri 网映射

形式化描述为：$\forall c \in C_{\text{End}} \cap C_{\text{xor}}$：$\{c\} \cup \{\text{End}\} \rightarrow \{p^{\text{End}}\}$，使得 $F^c \in \{(t_y, p_x^{\text{End}}) | x \in C^*, y \in C^*\}$。

根据上面的转换规则，可以将装备保障过程视图（ESPV）转换为 Petri 网模型。

2. 转化规则的正确性验证

一个三元组 $N=(P, T, F)$，其中，$P=\{p^{\text{Start}}\} \cup \{p^{\text{End}}\} \cup \{p^c\} \cup \{p^l\} \cup \{p_r\}$；$T=\{t^{\text{Start}}\} \cup \{t^{\text{End}}\} \cup \{t_a\}$；$F=\{F^c\} \cup \{F_{\text{aEnd}}\} \cup \{F_{\text{Starta}}\} \cup \{F_{\text{ac}}\} \cup \{F_{\text{ca}}\}$。

易知：$P \cup T \neq \varnothing$, $P \cap T = \varnothing$, $\text{dom}(F) \cup \text{cod}(F) = P \cup T$ $F \subseteq (P \times T) \cup (T \times P)$，即 N 满足 Petri 网的定义，是一个 Petri 网。

令 X 为一个 ESPV 模型，f 为 X 向 Petri 网映射的函数，即前面给出的转化规则，Y 为一个 X 经过函数 f 映射至 Petri 网的模型，即 f: $X \rightarrow Y$。

$\forall x_1 \in X, \exists y_1 \in Y$，使得 $y_1 = f(x_1)$，且 $\forall y_2 \in Y$，使得 $y_2 = f(x_1)$，则 $y_2 = y_1$，即函数 f 为一单射函数。

$\forall y_1 \in Y$, $\exists x_1 \in X$，使得 $y_1 = f(x_1)$，即函数 f 为一满射函数。

所以函数 f: $X \rightarrow Y$ 为一一映射，可以认为两个集合是对等的，即提出的转化规则是正确的。

9.4.4 保障过程模型的合理性分析

1. 合理性分析方法

将装备保障过程模型转化为 Petri 网模型后，装备保障过程模型的合理性就可以借助 Petri 网的合理性分析方法进行分析，借鉴 Aalst 对工作流网合理性的定义，这里给出装备保障过程模型合理性的定义。

装备保障过程模型合理的充分必要条件是由它转化的 Petri 网满足以下几点：

（1）对应于开始点库所中的每一个托肯，最终只会有一个托肯出现在结束点库所中。

（2）当一个托肯从开始库所到达结束库所时，模型中的其他活动库所（除资源库所和控制库所外的其他由活动转换得到的库所）都是空的。

（3）对每一个变迁，从初始状态都能到达该变迁的就绪状态。

第一项要求每一个保障过程一定能够完成；第二项要求一个过程完成后就不存在于系统中了；第三项要求每个活动都是可以执行的。

其形式化定义为：

一个 ESPV 是合理的，当且仅当由其转换的 Petri 网 N 满足：

（1）$M_0 \in M$，$\exists \sigma_1 = t_1 t_2 \cdots t_k$，$\sigma_2 = t_k t_{k+1} \cdots t_e$，

s.t. $\forall M_i \in M, (M_0 \xrightarrow{\sigma_1} M_i) \Rightarrow (M_i \xrightarrow{\sigma_2} M_{\text{End}})$。

（2）$M_0 \to M_{\text{End}}$：$M(P^l) + M(P^c) = M(P) - M(P_r) - M(P_{\text{Start}}) - M(P_{\text{End}}) = 0$。

（3）$\forall t \in T, \exists M_i, M_i'$，$\sigma_1 = t_1 t_2 \cdots t_k$，s.t. $M_0 \xrightarrow{\sigma_1} M_i \xrightarrow{t} M_i'$。

对于模型的正确性验证，如果直接按照正确性的定义进行，则需要遍历整个网中的所有节点，相应的验证过程非常烦琐。Aalst 为了验证工作流网的正确性，提出了验证正确性的充分必要条件，把问题转化为 Petri 网或扩展 Petri 网的性质验证。

这里采用短路网方法检验 ESPV 的合理性，给被检验的网 N 增加一个额外的变迁 t^*，其输入端是 p_{End}，输出端是 p_{Start}，增加变迁的网称为短路网。

$\underline{N}=(\underline{P},\underline{T},\underline{F})$是 N 的短路网，其中，$P=\underline{P}$，$T=\underline{T \cup \{t^*\}}$，$F=\underline{F \cup}\{(\text{End}, t^*), (t^*, \text{Start})\}$。

N 的合理性等于 $\underline{N}$ 的活性和有界性，所以要检验 N 的合理性，只要检验 $\underline{N}$ 的活性和有界性就可以了，而对于 $\underline{N}$ 的活性和有界性已经有很多标准的方法和工具进行验证。

2. 合理性分析示例

1）实例 1：不合理模型

图 9-29 所示为一个基于改进的 IDEF3 装备保障过程模型。

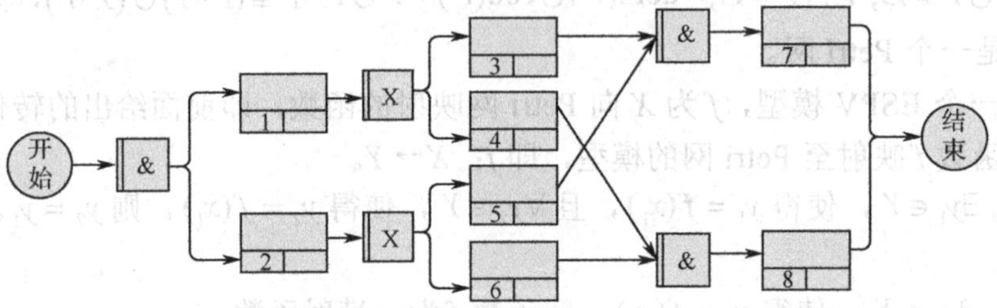

图 9-29 基于改进的 IDEF3 装备保障过程不合理模型视图

该过程共有 8 项活动，其逻辑关系如图中所示。根据 9.4.3 节中给出的 5 个转换步骤及相应的逻辑转换关系，可以将其转换为基于 Petri 网的过程模型 N，如图 9-30 所示。

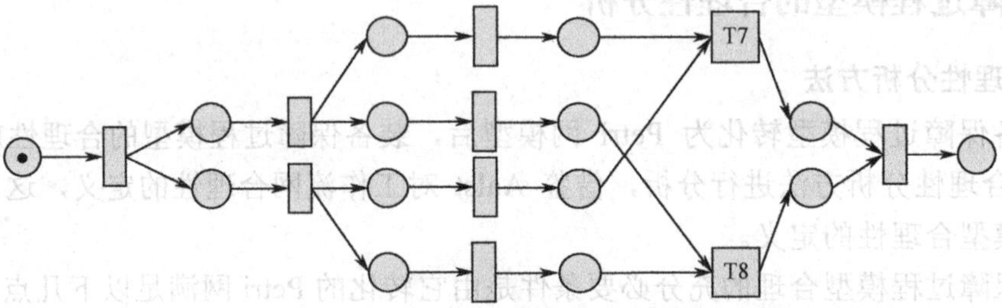

图 9-30 由不合理模型 ESPV 转换的 Petri 网过程模型

为分析该模型的合理性，向模型 N 中添加虚拟变迁 t^*，构成 N 网的短路网 $\underline{N}$，如图 9-31 所示。

这样，就可以根据 $\underline{N}$ 的活性和有界性来判断 N 的合理性。按照 Petri 网的活性定义：Petri 网 $PN=(P,T;F,M_0)$是活的，当且仅当 $\forall t \in T$，$\forall M \in R(M_0)$，$\exists M' \in R(M)$，使得 $M'[t>$。

设图 9-31 中的状态表示为 M_x，则不存在 $M' \in R(M_x)$，使得 $\forall t \in T$，$M'[t>$，即当前状态 M_x 下，不存在某种 M_x 的可达状态 M' 使得对给定的变迁 $\forall t \in T$ 可以发生（图 9-31 中 T7、

T8 在当前状态下无法发生），也就是说该短路网不是活的，所以该保障过程模型是不合理的。

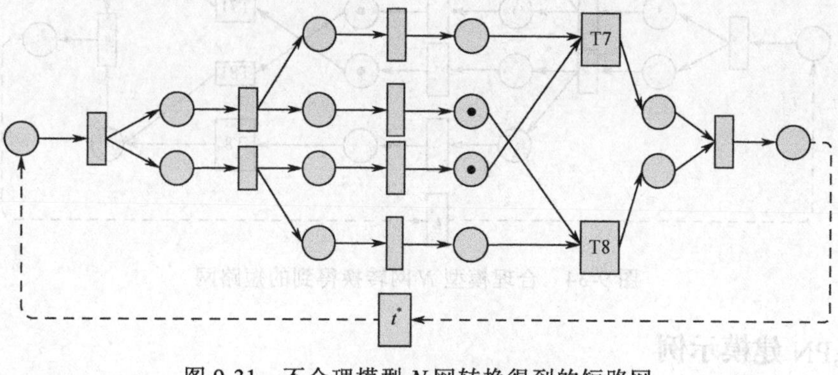

图 9-31 不合理模型 N 网转换得到的短路网

2）实例 2：合理模型

图 9-32 所示为一个基于改进的 IDEF3 装备保障过程合理模型。

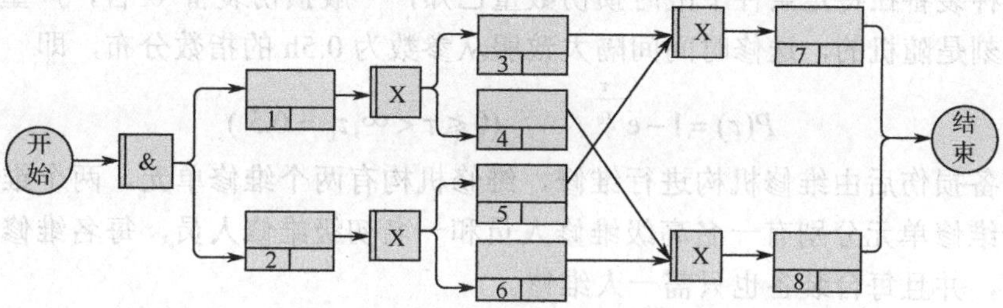

图 9-32 基于改进的 IDEF3 装备保障过程合理模型视图

该过程共有 8 项活动。根据 9.4.3 节中给出的 5 个转换步骤及相应的逻辑转换关系，可以将其转换为基于 Petri 网的过程模型 N，如图 9-33 所示。

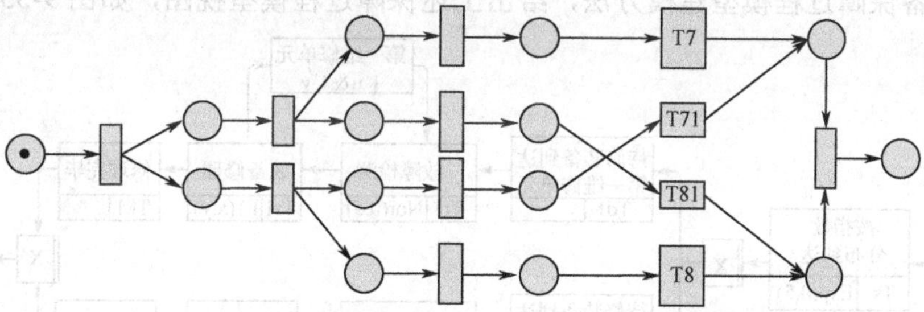

图 9-33 由合理模型 ESPV 转换为 Petri 网的过程模型

为分析该模型的合理性，向模型 N 中添加虚拟变迁 t^*，构成 N 网的短路网 $\underline{N}$，如图 9-34 所示。

同样，可以根据 $\underline{N}$ 的活性和有界性来判断 N 的合理性。按照 Petri 网活性的定义，设图 9-34 中的状态表示为 M_y，则存在 $M' \in R(M_y)$，使得 $\forall t \in T, M'[t>$，即当前状态 M_y 下，一定存在某种 M_y 的可达状态 M'，使得对给定的变迁 $\forall t \in T$ 可以发生，也就是说该短路网是活的，所以该保障过程模型是合理的。

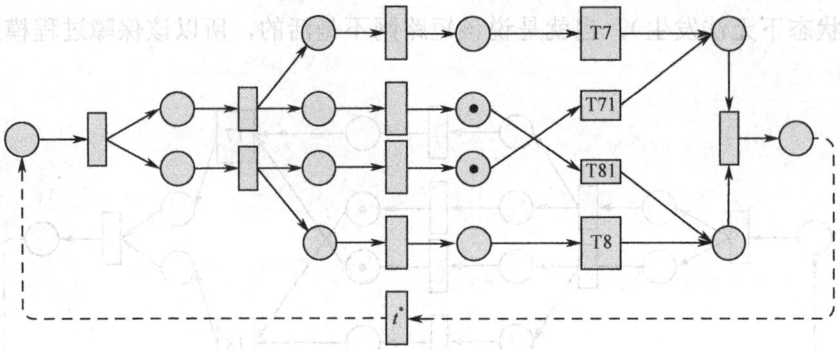

图 9-34　合理模型 N 网转换得到的短路网

9.4.5　EI₃PN 建模示例

以某种装备战时维修过程为例，利用 EI_3PN 方法进行建模分析。

为了研究方便，对维修过程进行以下假设。

（1）该种装备在特定条件下战时损伤数量已知，一般损伤装备 6 台，严重损伤装备 6 台，损伤时刻是随机的，送修时间间隔大致服从参数为 0.5h 的指数分布，即

$$P(\tau)=1-\mathrm{e}^{-\frac{\tau}{\tau_0}} \qquad (0\leqslant\tau<\infty,\tau_0=0.5)$$

（2）装备损伤后由维修机构进行维修，维修机构有两个维修单元，两个维修单元独立工作，每个维修单元分别有一名高级维修人员和一名初级维修人员，每名维修人员一次维修一台装备，并且每台装备也只需一人维修。

（3）初级维修人员和高级维修人员维修一般损伤装备的时间相同，平均时间约需 1h。他们维修严重损伤装备的时间不同，初级维修人员平均约需 5h，高级维修人员平均约需 2h。

（4）损伤装备到达后，只要有维修人员空闲，随机安排人员立即开始维修。

按照装备保障过程模型建模方法，给出上述保障过程模型视图，如图 9-35 所示。

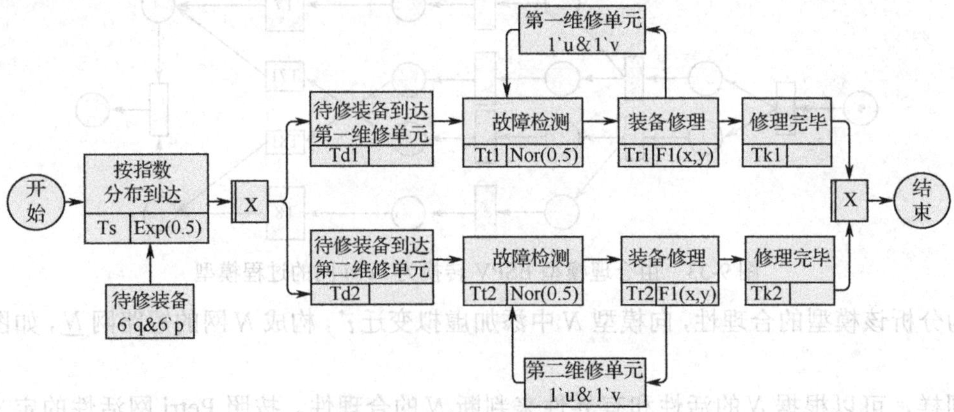

图 9-35　保障过程模型视图

根据 9.4.3 节给出的转换规则，将上述模型映射为分层赋时着色 Petri 网（HTCPN），如图 9-36 所示。

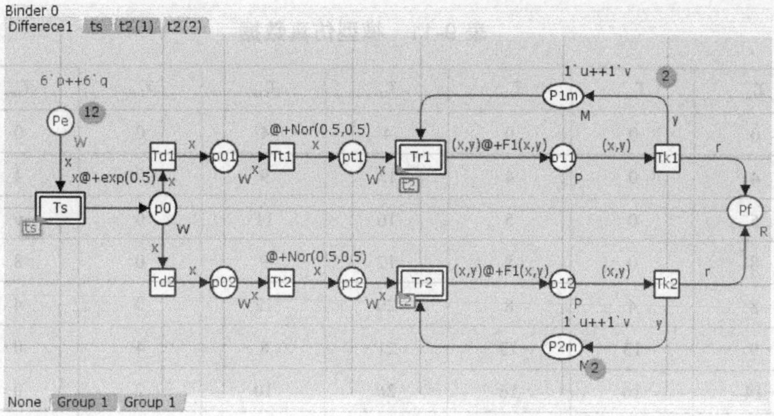

图 9-36 保障过程 Petri 网模型

其中，库所 Pe 表示流程开始；变迁 Ts 表示待修装备按照参数为 0.5 的指数时间间隔到达；变迁 Td1、Td2 表示到达损伤装备随机分配到两个维修单元；变迁 Tt1、Tt2 表示故障检测，其时间服从均值为 0.5、方差为 0.5 的正态分布；Tr1、Tr2 表示第一、第二维修单元开始修理；Tk1、Tk2 表示修理完毕；待修装备托肯 p、q 分别表示一般受损装备和严重受损装备；P1m 为第一维修单元库所，P2m 为第二维修单元库所；维修人员托肯 u、v 分别表示高级维修人员、一般维修人员；库所 Pf 表示流程结束；F1(x,y)函数实现了(p, u)、(p, v)、(q, u)、(q, v)四种组合的不同维修时间。按照本章前面提出的装备保障过程评价参数，给出该模型的评价指标如表 9-10 所示。

表 9-10 装备保障过程评价指标

指 标	含 义	计 算 方 法
$\overline{T}$	平均完成任务时间（h）	$\dfrac{\sum_{i=1}^{N}(T_{if}-T_{id})}{N}$
$\overline{T_{yx}}$	平均有效任务时间（h）	$\dfrac{\sum_{i=1}^{N}(T_{if}-T_{iks})}{N}$
$\overline{T_{dd}}$	平均等待任务时间（h）	$\dfrac{\sum_{i=1}^{N}(T_{iks}-T_{id})}{N}$
$\overline{T_{kx}}$	平均资源空闲时间（h）	$\dfrac{\sum_{i=1}^{N}(T_{iks}-T_{ijx})}{N}$
A	资源利用率	$\sum_{i=1}^{N}\dfrac{T_{iyx}}{(T_{if}-T_{ijx})}\Big/N$
L	装备等待队列长度	$\overline{T_{idd}}/\overline{T}$

在 CPN-Tools 平台上对上述模型进行仿真运行，i 表示到达装备的次序，T_{id} 表示第 i 台装备到达时刻，T_{ijx} 表示第 i 次维修人员就绪时刻，T_{iks} 表示第 i 台装备维修开始时刻，T_{if} 表示第 i 台装备修竣时刻，T_{iyx} 表示第 i 台装备有效维修工作时间，T_{idd} 表示第 i 台装备等待维修人员时间，T_{ikx} 表示维修人员等待第 i 台装备时间，T_i 表示第 i 台装备的总维修时间，得到的数据如表 9-11 所示。

表 9-11 模型仿真数据

i	T_{id}	T_{ijx}	T_{iks}	T_{if}	T_{iyx}	T_{idd}	T_{ikx}	T_i
1	0	0	0	4	4	0	0	4
2	4	0	4	13	9	0	4	9
3	5	0	5	16	11	0	5	11
4	8	0	8	17	9	0	8	9
5	8	4	8	20	12	0	4	12
6	9	13	13	21	8	4	0	12
7	14	16	16	26	10	2	0	12
8	15	17	17	28	11	2	0	13
9	17	20	20	29	9	3	0	12
10	17	21	21	30	9	4	0	13
11	18	26	26	30	4	8	0	12
12	18	28	28	32	4	10	0	14

根据表 9-10 中给出的过程评价指标计算公式及表 9-11 给出的模型仿真数据，计算得到：平均完成任务时间 $\overline{T} \approx 8.33$h，资源利用率 $A \approx 75.6\%$，装备等待队列长度 $L \approx 0.33$，即平均有 0.33 台装备到达后处于等待维修状态。

9.5 装备保障过程优化

保障系统建模的主要目的之一就是通过分析装备保障过程，对装备保障的运行机制进行优化，建立效率更高、更合理的保障过程。对保障过程的分析包括静态分析和动态分析。静态分析主要指对业务流程进行结构优化和处理模式优化；动态分析要结合时间因素对保障过程进行分析，主要是借助优化工具采用某种优化策略对保障过程进行参数优化。

参数优化通过改变保障系统的资源重新配备来优化保障过程，处理模式优化通过改变业务处理模式来提高工作效率，而结构优化将直接改变保障过程的结构，因此，后两者对保障活动影响最大，必须在优化实施之前依据一定的原则进行分析评估。

9.5.1 保障过程优化的原则

借鉴企业流程再造（Business Process Reforge，BPR）思想，提出以下规则来指导保障过程的优化。

1. 考察每个活动存在的必要性

对保障过程优化时，针对保障过程中的每个活动或要素，可以思考“这个活动为何存在”、“这个活动的输出结果是整个保障活动完成的必要条件吗”、“它的存在直接或间接产生了怎样的结果”、“清除它会带来什么影响”和“清除它可行吗”等问题。通过一系列提问来判断是否是多余环节，它的存在产生了什么不利影响，而清除是否可行。如何清除或最小化这些活动，同时又不给整个保障过程带来负面影响是优化保障过程的主要问题。部分多余活动的征兆包括以下几点：

（1）活动间的等待时间。装备保障过程中，在任何时刻由于某种原因导致对资源的等待所带来的问题是待修装备积压、平均维修时间加长、追踪和监测变得复杂。

（2）不必要的运输。任何保障资源的转移都要花费时间，不必要的运输和转移浪费了人员的时间，增加了费用支出。

（3）重复的活动。保障过程中可能有重复进行的活动，重复的活动应该越少越好。

2. 考虑保障活动的规模

保障活动是保障过程的逻辑单元，通过把分离的活动合并为一个复杂的活动，能够降低准备的时间，还能够提高执行人员对活动的投入程度。一个保障活动经常要不间断地完成，所以保障活动的大小必须适当，过大的活动会抑制弹性，使其保障过程不可能进行更高级的优化。

3. 使保障过程简单

复杂的保障过程会导致保障过程不可管理，所以保障过程不要无谓地复杂化。采用给活动增加智能的方法，通常可以简化保障过程。如果保障过程中包含十分复杂的保障活动，最重要的就是建立一个清晰的层次化结构。在对保障过程进行分解的时候，要确保把联系紧密的活动放在同一个子过程中；不同子过程间应该尽可能少地建立因果关系。

4. 尽可能采用并行过程

经常考虑哪些任务可以并行处理，如果两个任务相互独立，就尽可能允许它们并行执行，避免采用顺序执行完成时间长、资源利用率差现象的出现。

9.5.2 保障过程优化的方法

这里给出几种保障过程优化的常用方法，并通过相应实例说明优化方法的实用性。

1. 减少重复活动

如果相同或相似的保障活动在相近的时间段内执行两次或多次，称这样的保障活动为重复性活动。重复性活动主要包括不必要的跨部门协调、不必要的运输、反复维修和反复检验等。合并保障过程中的重复性活动可以减少资源的需求，减少保障过程执行的时间。例如，在图 9-37 中，T1，T2，…，Tn 为在相近时间段内执行相似的活动，如果条件允许，可以将 T1，T2，…，Tn 合并为 T，则保障活动的执行时间和资源的需求都会降低。

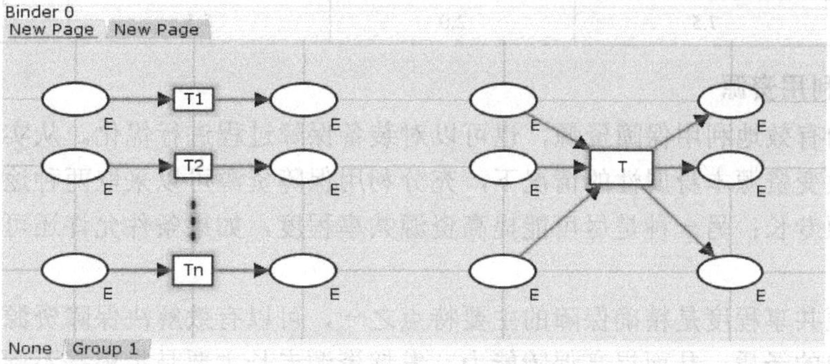

图 9-37 合并重复性活动

2. 优化串行活动

串行是保障过程中常见的逻辑关系，对串行活动的优化可以大幅度提高整个保障过程的性能指标，如平均完成时间、资源利用效率等。图 9-38（a）是利用 Petri 网描述的由串行活动组成的保障活动，假设待修装备到达过程服从 Possion 分布，平均速率是每小时 2 台，并且 T1 和 T2 所需的修理时间都是 2h，各有两组专门的资源负责完成。

如果 T1 的执行结果不构成 T2 执行的必要条件，即两个活动不存在逻辑约束，那么可以考虑将这两个活动改为并行执行。优化后的过程如图 9-38（b）所示。

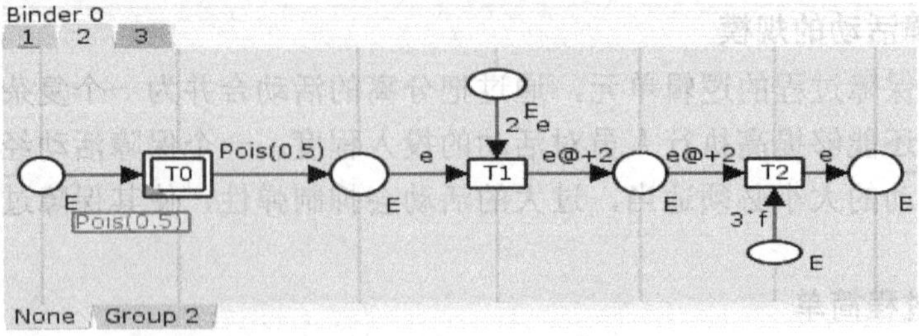

（a）

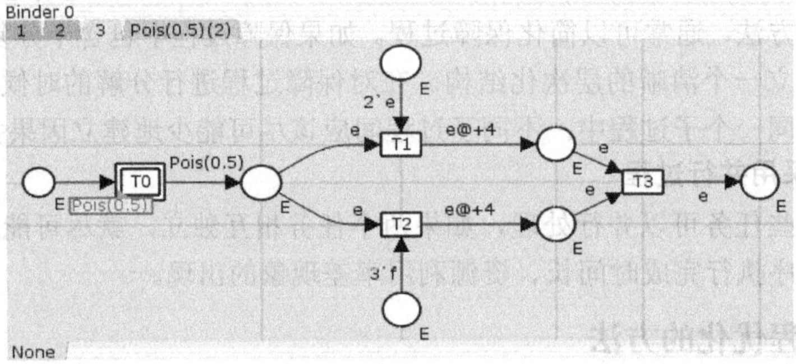

（b）

图 9-38　串行活动及把串行活动改为并行活动

通过仿真，得出优化前、后过程的主要指标，如表 9-12 所示，优化后的过程在平均完成时间、有效工作时间和平均等待时间 3 个指标上都有明显的改善。

表 9-12　串行活动优化前、后的指标

逻辑关系	平均完成时间（h）	有效工作时间（h）	平均等待时间（h）	资源利用率（%）
串行活动	11.1	4.0	7.1	36.0
并行优化	7.5	2.0	5.5	53.3

3. 充分利用资源

通过更加有效地利用保障资源，也可以对装备保障过程进行优化。从实际操作的角度来看，在不改变资源本身属性的情况下，充分利用保障资源可以采取两种途径：一种是尽可能发挥资源专长；另一种是尽可能提高资源共享程度，如果条件允许还可以将这两种方法同时使用。

提高资源共享程度是精确保障的主要特点之一，可以有效解决保障资源一方面闲置而另一方面短缺的矛盾，从而提高保障能力。发挥资源专长主要是指根据不同资源的特点、属性，尽可能合理地安排资源使用，使“人尽其能，物尽其用”。对于保障人员来说主要是灵活、恰当地设置工作岗位，有利于不同的人员发挥特长。为充分说明利用资源对保障过程的优化作用，下面对 9.4.5 节中的实例进行优化分析。

（1）提高资源共享程度。

在 9.4.5 节保障过程实例中，两个维修单元是分别使用、独立操作的，没有进行资源共享，而这两个维修单元同属一个保障机构，可以考虑进行统一调配，统一使用，实现资源共享，建立模型如图 9-39（a）所示。其中，库所 pm 代表库所 p1m、p2m 之和，表示维修活动可以对库所 pm 中的维修人员托肯 u、v 实现资源共享。对该模型进行仿真运行后的结果汇总于表 9-13，采用资源共享后的模型，平均任务完成时间和装备等待队列长度均有所下降，同时资源利用率得到提高。

（2）发挥资源专长。

上述实例的保障过程对维修人员的使用，采用的规则是“谁空闲谁维修，随机安排”，装备到达后在确定维修人员的时候没有对资源（维修人员）进行分类使用，以至于装备等待维修时间和队列较长。为了发挥资源特长，将维修人员使用规则改为：受损装备到达后，对装备进行区分，如果是一般受损装备则优先由一般维修人员进行维修，一般维修人员忙，则由高级维修人员维修；如果是严重受损装备，则情况相反。模型中，(p,u)，(p,v)，(q,u)，(q,v)四类组合的维修时间与前面相同，如图 9-39（b）所示。

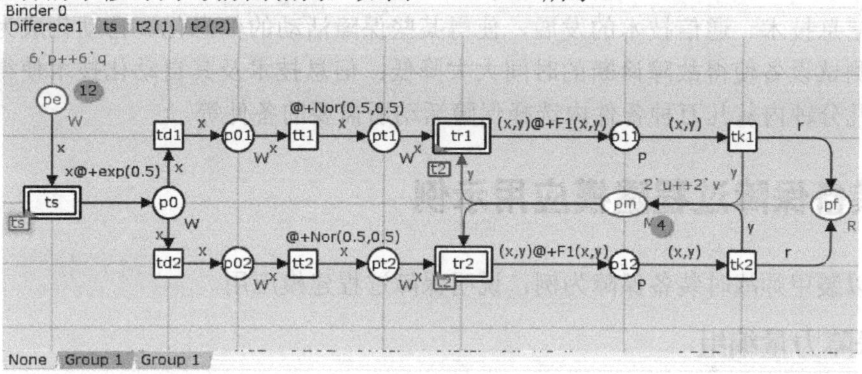

（a）

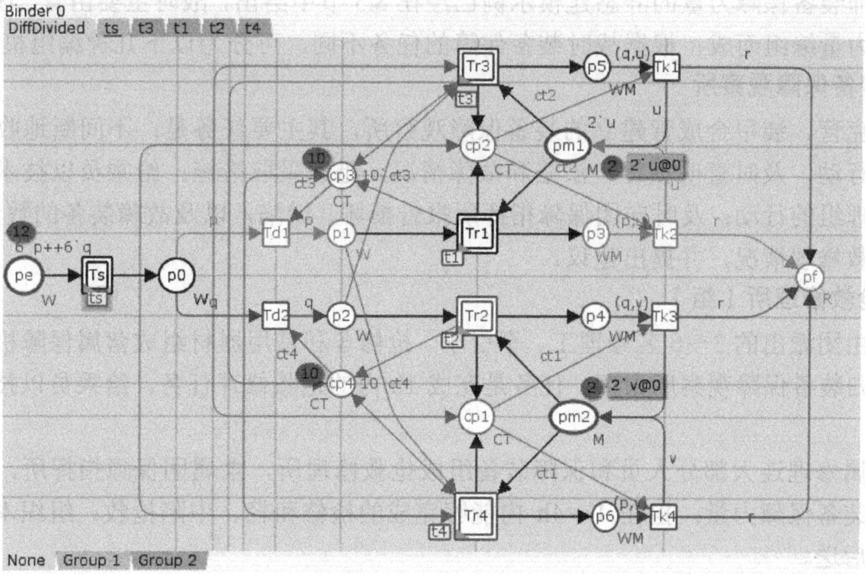

（b）

图 9-39　保障过程实现资源共享模型及保障过程实现资源共享与发挥资源专长模型

其中，Tr1、Tr2、Tr3、Tr4 四个变迁由原模型中的 Tr1、Tr2 变迁转变而来，表示不同受损装备与不同维修人员组合时的维修活动，Cp1，Cp2，Cp3，Cp4 四个库所为反库所，其功能是辅助实现上面提出的维修人员使用优先级，同样对该模型进行仿真运行后的结果也汇总于表 9-13。

表 9-13 资源使用机制优化后的仿真结果

模 型 类 别	平均任务完成时间 $\overline{T}$（h）	资源利用率 A（%）	装备等待队列长度 L（台）
原有模型	8.33	75.6	0.33
资源共享模型	7.56↓	86.8↑	0.31↓
资源共享与发挥资源专长模型	6.92↓	92.2↑	0.29↓

可以看出，两种优化资源使用机制可以有效地提高资源利用率，减少平均任务完成时间，缩短待修装备等待队列长度，说明上述优化方法是可行的。

4. 采用自动化保障活动

由于信息技术、通信技术的发展，使得某些保障活动的信息化、自动化成为可能。例如，机内测试设备使得故障诊断的时间大大降低；信息技术及其自动化技术使得仓库保管员可以在几分钟内从几万种备件内选择保障活动所需要的备件等。

9.6 装备保障过程建模应用示例

下面以装甲师战时装备保障为例，说明保障过程建模应用。

9.6.1 保障力量编组

装甲师装备保障力量的静态建模示例已经在 8.3 节中给出，战时主要由营、团、师三级装备保障力量编组而成，根据战时装备保障的任务不同，可分为以下几种编组机构。

1. 装备保障观察所

在坦克营、装甲合成营建立的装备保障观察所，其主要任务是：不间断地收集和观察作战装备行动，及时查明损坏、淤陷和故障情况，迅速采取措施；给乘员以技术援助，指挥抢救修理组的行动；及时向团保障指挥所报告损坏、淤陷，以及故障装备的数量、程度、位置和抢救修理情况，并提出建议。

2. 抢救修理所（组）

通常由团派出的 3～6 名修理工、牵引车、抢修车和常用器材组成营属保障机构即抢救修理组，归装备保障观察所指挥。任务是完成 1h 内的抢救修理任务，给乘员以技术和器材援助。

由团属修理连大部分人员和保障装备组成抢救修理所，隶属团保障指挥所，任务是：增强营的装备保障力量；担任 1～4h 内能够完成的检修和轻、中陷抢救；组织本所无力修复装备的后送。

由师属修理营大部人员和保障装备组成 2～3 个抢救修理所，主要任务是：增强团的装备保障力量；担任 4～8h 内能完成的修理和中、重陷抢救任务；组织本所无力修复装备的后送。

3. 机动抢救修理所（组）

机动抢救修理所（组）由修理营、连或上级加强的保障力量组成，配牵引车和抢修车，隶属于保障指挥所，作为抢救修理的预备力量，机动使用。

4. 器材供应组

器材供应组由装备保障业务主管部门和仓库人员组成，通常分为前、后两组，配备运输车辆，隶属各级保障指挥所。

装甲师装备保障过程是以装甲装备为主要保障对象，以基本保障单元为保障力量最小单位，假定基本保障单元由一个坦克修理班、一套组合机具设备和一辆拆装修理工程车组成，可完成战时的装备换件修理任务。

假定装甲师属装备保障力量在战时编为 4 部分保障力量，即基本抢救修理所、第一抢救修理所、第二抢救修理所和机动抢救修理组。团属保障力量编为两部分保障力量：基本抢救修理所和机动抢救修理组。在营一级由本级修理工和上级加强的力量组成一个机动抢救修理组。

9.6.2 模型想定

下面从 5 个方面对模型边界条件进行描述：装备战时损伤比例、战伤装备修理级别分布、战时损伤装备到达修理机构时间分布、修理机构工作时间及运行机制。

1. 装备战时损伤比例

参照以往典型战例中装备战伤的经验数据，考虑未来战争特别是信息化条件下战争的特点，模型对装甲师昼夜装备损伤率的仿真区间假定为 30%～50%。

2. 战场损伤装备修理级别分布情况

从由战斗损伤引起的损伤装备修理时间分布和由技术故障引起的损伤装备修理时间分布两个方面综合考虑，确定损伤装备在各级修理机构的分布情况。其计算步骤如下：

（1）确定各修理级别对战伤装备的修理时限。

（2）通过仿真分析得到由于战斗损伤引起的损伤装备按修理时限在各修理级别的分布情况。

（3）通过对统计数据分析得到由于技术故障引起的损伤装备按修理时限在各修理级别的分布情况。

（4）根据战斗损伤装备和技术故障装备在损伤装备中的统计比例，给出损伤装备按修理时限在各修理级别的分布情况。

① 各级修理机构修理时限。

战时修理机构需要大量的时间用于机动、伴随、展开和收拢，所以对装备抢修时间有一定要求，假定装备在各级抢救修理组或修理所的停留时间如表 9-14 所示。

表 9-14 各级修理机构修理时限

滞留时间（h）	<1	1～4	4～8	>8
修理地点与修理方式	营属抢救修理组现场修理	团属抢救修理所现场或集中修理	师属抢救修理所现场或集中修理	更高一级修理中心或基地集中修理

② 战斗原因引起的损伤装备按修理时限分布情况。

在确定重要功能部件及重要功能部件平时换件时间的基础上，根据战时条件下装备重要功能部件的毁伤概率和战时换件时间专门修正系数值，通过仿真得到战伤装备按修理时限在各级修理机构分布情况，如表 9-15 所示。

表 9-15　战伤装备进入各级修理机构的概率

修 理 级 别	修理时限（h）	进入各级修理机构的概率（%）
营保障机构	<1	7
团属修理机构	1～4	13
师属修理机构	4～8	29
军属修理机构	>8	51

③ 技术故障引起的损伤装备按修理时限分布。

通过装备平时维修的观测记录，对技术故障损伤维修工作量进行统计，得到技术故障引起的损伤装备按修理时限分布情况，如表 9-16 所示。

表 9-16　技术故障原因损伤装备进入各级修理机构的概率

修 理 级 别	修理时限（h）	进入各级修理机构的概率（%）
营保障机构	<1	17
团属修理机构	1～4	36
师属修理机构	4～8	25
军属修理机构	>8	22

④ 损伤装备按修理时限修理级别分布。

设战时损伤装备按照修理时限进入各级修理机构的概率分布向量 $\boldsymbol{a}=\{a_{11}, a_{12}, a_{13}, a_{14}\}$，$a_{11}$，$a_{12}$，$a_{13}$，$a_{14}$ 分别为损伤装备在营、团、师和军以上修理机构的分布概率；$\boldsymbol{a}_1$ 为战斗损伤引起的战伤装备按修理时限分布概率向量；$\boldsymbol{a}_2$ 为技术故障原因引起的损伤装备按修理时限分布概率向量；b_1 为战斗原因引起的损伤装备比例；b_2 为技术故障损伤引起的战伤装备比例。可得

$$\boldsymbol{a}^{\mathrm{T}}=\boldsymbol{a}_1^{\mathrm{T}}\cdot b_1+\boldsymbol{a}_2^{\mathrm{T}}\cdot b_2$$

据统计，战场上损伤的装备中，有 60%～75%属于战斗损伤，25%～40%属于技术故障损伤，即 $b_1\in[0.60, 0.75]$，$b_2\in[0.25, 0.40]$，这里取 $b_1=0.70$，$b_2=0.30$。

将表 9-15、表 9-16 中的数据代入上式即可得到战时损伤装备按照修理时限进入各级修理机构的总概率 $\boldsymbol{a}$，如表 9-17 所示。

3. 战时损伤装备到达修理机构时间分布

修理机构对装备的维修可以采用排队论中的服务模型，修理机构为服务机构，损伤装备为服务对象，则损伤装备的到达时间 T 应符合泊松分布，即

$$P\{T=k\}=\frac{\lambda^k \mathrm{e}^{-\lambda}}{k!},\quad k=0,1,2,\cdots$$

记为$T \sim P(\lambda)$。

表 9-17　战时损伤装备按照修理时限进入各级修理机构的概率

编　号	修 理 级 别	修理时限（h）	a_1（%）	a_2（%）	a（%）
1	营保障机构	<1	7	17	10.0
2	团属修理机构	1～4	13	36	19.9
3	师属修理机构	4～8	29	25	27.8
4	军属修理机构	＞8	51	22	42.3

根据统计，进攻战斗中师修理机构应在战斗开始后 2.5～3h 准备接收大量损伤装备，团修理机构应在战斗开始后 1.5～2h 准备接收大量损伤装备，所以对师修理机构损伤装备到达时间取泊松分布参数λ为 2.5，即$T \sim P(2.5)$；团修理机构损伤装备到达时间取泊松分布参数λ为 1.5，即$T \sim P(1.5)$。

4. 修理机构修理能力

1）修理能力的表示

修理能力指保障系统在一定条件下将一定损坏程度的装备修复达到某种工作状态的本领。在野外条件下，通常用修理机构在规定时间能够提供的修理人时数T_0来描述其修理能力：

$$T_0 = N_a T_a K_1 F M \tag{9-7}$$

式中，N_a为拆装修理车辆数量（基本保障单元数）；M为基本保障单元拥有的工作人数；K_1为工作系数，因为展开收拢占用部分工作时间，通常取K_1为 0.75～0.9；F为工作日数；T_a为一昼夜可以工作的时间。

在战时，为了更方便地直接为战场指挥员提供参考依据，对师修理能力的衡量采用单位时间（一天）所能够修理装备的数量来表示。

2）修理机构可工作时间

修理机构昼夜的实际工作时间T_a可由下式得出：

$$T_a = 24 - t_1 - t_2 - t_3 - t_4$$

式中，t_1表示人员自然需求消耗的时间，这一时间依赖于具体情况和各种修理机构的隶属性，时间为 5～8h；t_2表示重新部署修理机构的时间，时间为 5～8h；t_3表示修理机构展开和撤收的时间，时间为 2～8h；t_4表示部队建制装备技术维护所消耗的时间，战术级修理机构为 3～4h，战役级修理机构通常不参加装备的技术维护。

各级修理机构可工作时间计算参考数据如表 9-18 所示，据此，给出各级修理机构进攻战斗一天的可工作时间想定为：营 4h，团 12h，师 18h。

3）修理机构可同时修理装备数

各级修理机构由于人员、设备、场地等诸多因素，使得能够同时修理的装备数量有一定限制。战时装备抢修可能需要多个工种的保障人员和保障设备，尤其是坦克修理工和拆装修理车（或装甲抢修车）必不可少。坦修班数量n_{txb}和拆装修理车n_{czc}数量通常决定着战时修理机构能够同时修理装备的数量N_{ts}。

$$N_{ts} = \min\{n_{txb}, n_{czc}\}$$

表 9-18　各级修理机构实际可工作时间计算参考数据值

特征参数		修理机构				
		营	团	师	军	军以上
修理周期持续时间 a_{xj}（天）	进攻	1	1	1	2	4
	防御	1	1	1.5	3	6
修理周期持续时间 T_{xj}（h）	进攻	24	24	24	48	96
	防御	24	24	36	72	144
修理周期中非生产时间 T_{nj}（h）		20	12	6	12	26

假定营、团、师三级修理机构可同时修理装备数量如表 9-19 所示。

表 9-19　各级修理机构可同时修理装备数量

修理级别	坦修班数量	主要修理车辆数量	编组数量	可同时修理装备数量
营保障机构	坦修班 1 个	装甲抢修车 1 辆	1	$N_{tsy}=1$
团属修理机构	坦修班 3～4 个	拆装修理车 3 辆	2～3	$N_{tst}=3$
师属修理机构	坦修班 6～8 个	拆装修理车 8 辆	2～4	$N_{tss}=6$

4）单台装备修理时间

损伤装备的修理时间按照修理时限分配到各级修理机构，时间超过某一级修理时限的装备将被后送或采取其他措施处理，所以各级修理机构对单台装备的修理时间即为该级别的修理时限。

假设落入营保障机构的单台装备修理时间 t_{xy} 服从[0, 1)区间上的均匀分布，落入团属修理机构的单台装备修理时间 t_{xt} 服从[1, 4)区间上的均匀分布，落入师属修理机构的单台装备修理时间 t_{xs} 服从[4, 8)区间上的均匀分布。

5. 修理机构运行机制

1）待修装备排队规则

待修装备排队采用 FIFO 规则，即按照维修活动申请资源的先后次序来分配资源。

2）保障资源共享限制

不考虑同级修理机构之间的资源共享机制，即同级修理机构之间在没有上级调配的情况下不发生相互合作和支援的情况。

3）向下优先机制

战时装备保障过程中，上级保障力量应当向下支援，但在待修装备数量较大时，对于上级修理机构应当先维修落入本级的待修装备还是先维修下级送修的装备没有明确规定，将这两种方式称为采取或不采取向下优先原则，分别对这两种机制进行仿真运行研究。

9.6.3　保障过程模型

采用基于 Petri 网的结构化建模方法，按照上面给出的边界条件想定，对假定装甲师战时装备保障过程进行建模，对模型按照层次结构逐层进行分析研究。

1. 模型顶层结构

模型顶层结构如图 9-40 所示。

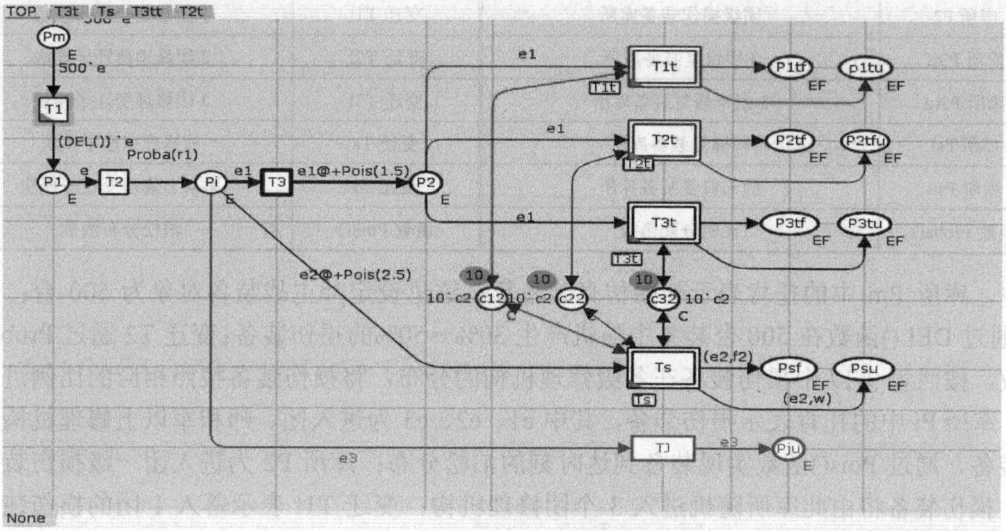

图 9-40 装备保障过程模型顶层视图

对于模型的主要颜色、变量和函数声明如下：

```
colset INT = int;
colset BOOL = bool;
colset E= with e|e1|e2|e3|e11|e12|e13|e130|e131|e132|e133|e110|e111|e112|e113 |e120|e121|e122|
          e123 timed;
colset F= with f1|f2|f3|f11|f12|f13|f130|f132|f133|f110|f112|f113|f120 |f122|f123 timed;
colset EF= product E*F timed;
colset C= with c1|c2|c3 timed;
colset SNumber = int with 30..50;
colset Ran1= int with 0..99;
...
```

其中，INT 为整数类，用来表示各种时间；E 为枚举类，表示装备，包括完好装备、损伤装备、按照不同修理时限分配到各级修理机构的装备等；F 为枚举类，表示修理单元，包括各级修理机构的修理单元；EF 为混合类，表示损伤装备与修理单元的组合，以及 E 与 F 的直积集；C 为枚举类，其元素在模型中起辅助作用；SNumber 与 Ran1 为整数类，是 INT 类的子类。

图 9-40 中主要元素含义如表 9-20 所示。

表 9-20 模型顶层主要元素含义

元 素	含 义	元 素	含 义
库所 Pm	装备库所	变迁 T1	战斗活动
库所 Pi	损伤装备库所	变迁 T2	分配变迁

续表

元　素	含　义	元　素	含　义
库所 P2	团级损伤装备库所	变迁 T1t	1 团修理变迁子模块
库所 P3tf	3 团修复装备库所	变迁 T2t	2 团修理变迁子模块
库所 P3tu	3 团未修复装备库所	变迁 T3t	3 团修理变迁子模块
库所 Psf	师修复装备库所	变迁 Ts	师修理变迁子模块
库所 Psu	师未修复装备库所	变迁 Tj	军以上修理变迁子模块
函数 Proba()	比例分配函数	函数 Pois()	泊松分布函数

其中，库所 Pm 中的托肯表示初始仿真装备数，这里设定师主战装备对象为 500 台；变迁 T1 通过 DEL()函数在 500 台装备中随机产生 30%～50%的损伤装备；变迁 T2 通过 Proba(r1)函数，按照表 9-17 中损伤装备在各级修理机构的分布，将损伤装备按照相应的比例进行分配；库所 Pi 中的托肯表示损伤装备，其中 e1、e2、e3 为进入团、师和军以上修理机构的损伤装备，通过 Pois()函数实现装备到达时刻的泊松分布；库所 P2 为进入团一级损伤装备库所，损伤装备将由此库所随机进入 3 个团修理机构；变迁 T1t 表示落入 1 团的损伤装备修理过程，T2t、T3t 与之类似；库所 P3tf 中的托肯表示落入 3 团损伤装备中在规定时间内修复装备，P1tf、P2tf 与之类似；库所 P3tu 中的托肯表示落入团修理机构损伤装备中在规定时间内未修复装备，P1tu、P2tu 与之类似；库所 Psf 中的托肯表示落入师修理机构损伤装备中在规定时间内修复装备；库所 Psu 中的托肯表示落入师修理机构损伤装备中在规定时间内未修复装备；变迁 Ts 表示落入师修理机构的损伤装备修理过程；变迁 Tj 表示落入军以上修理机构的损伤装备修理过程；库所 C12、C22、C32 为结构控制库所，辅助实现部分控制功能。

2. 师属修理机构修理过程模块

Ts 模块表示落入师修理机构的损伤装备修理过程，其模型如图 9-41 所示。

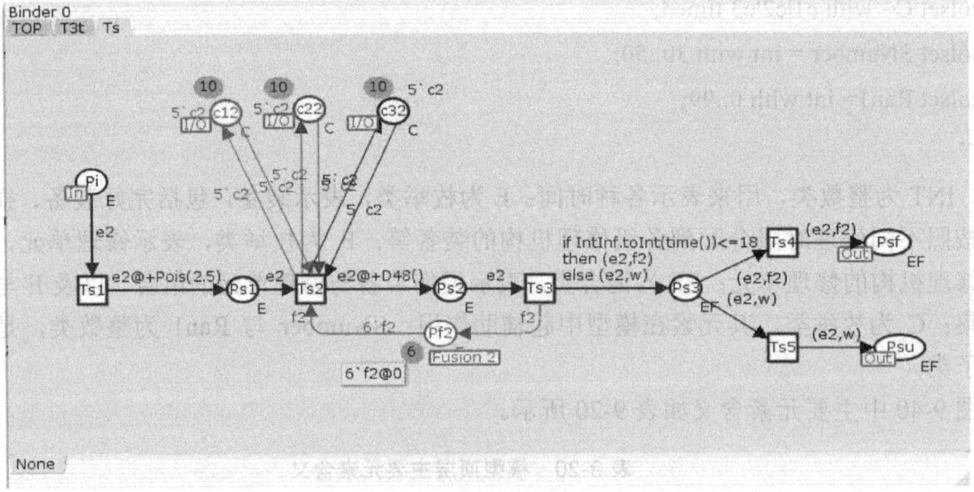

图 9-41　师属修理机构修理过程模块

图 9-41 中主要元素含义如表 9-21 所示。

表 9-21 模型顶层主要元素含义

元 素	含 义	元 素	含 义
库所 Pi	损伤装备库所	变迁 Ts1	损伤装备进入师修理机构
库所 Ps1	师一级损伤装备库所	变迁 Ts2	损伤装备开始维修
库所 Ps2	装备处于维修状态	变迁 Ts3	损伤装备修理完毕
库所 Ps3	装备修理完毕	变迁 Ts4	功能变迁，将修复装备分离
库所 Pf2	师修理单元库所	变迁 Ts5	功能变迁，将未修复装备分离
库所 Psf	师修复装备库所	库所 Psu	师未修复装备库所

按照修理时限落入师一级修理机构的损伤装备 e2 由库所 Pi 进入库所 Ps1，其中 Pois(2.5) 函数实现损伤装备到达时间服从参数为 2.5 的泊松分布。损伤装备到达后，库所 Pf2 中师修理单元如果有空闲，变迁 Ts2 即可开始维修，维修时间参数在 4～8h 之间随机产生。修理后的装备进入库所 Ps3，其中，在 18h（战时师修理机构昼夜最大可工作时间）以内修理完毕的装备认为是修复装备，在 18h 以外修理完毕的装备认为是未修复装备，通过 Ts4 和 Ts5 两个变迁分别将修复和未修复装备分离到 Psf 和 Psu 两个库所中。

3. 团属修理机构修理过程模块

在顶层模块中，T1t、T2t、T3t 三个子模块分别代表损伤装备落入 1 团、2 团、3 团的修理模型，这里仅对 T3t 进行详细说明，其余两个模块与之相似。T3t 模块结构展开如图 9-42 所示。

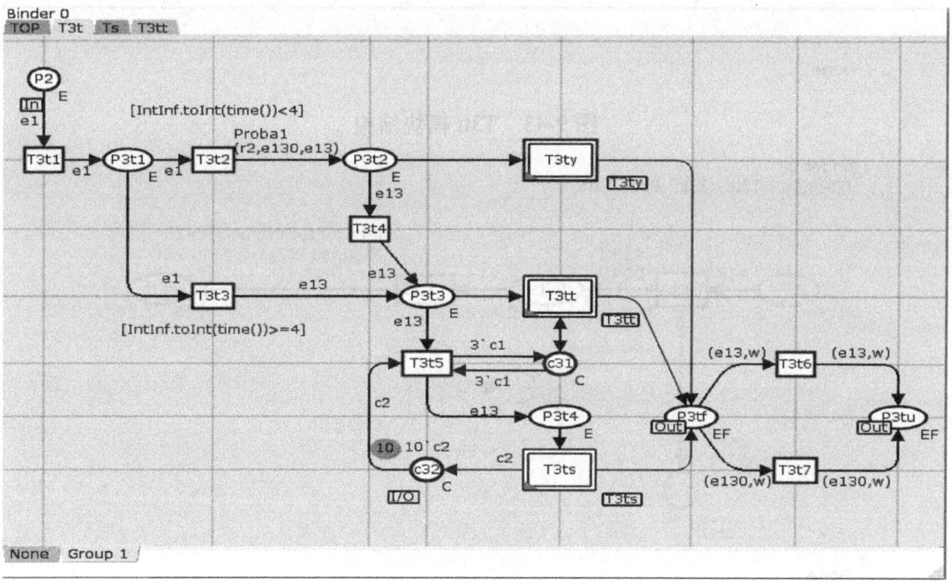

图 9-42 团属修理机构修理过程模块

待修损伤装备由库所 P2 通过 T3t1 变迁进入库所 P3t1，然后通过变迁 T3t2、T3t3 和函数 Proba1 按照表 9-17 中的比例分别进入库所 P3t2 和 P3t3。其中 P3t2 为 3 团中按比例进入营级修理单元的损伤装备库所，P3t3 为 3 团中按比例进入团级修理单元的损伤装备库所。T3ty 为 3 团中进入营级修理单元的损伤装备修理模块，T3tt 为 3 团中进入团级修理单元的损伤装备修理模块，T3t5 变迁为 3 团待修装备向师修理机构后送模块，T3ts 为师修理单元对团级修理机构后送损伤装备的修理模块。所有落入 3 团的损伤装备修理完毕后，通过 T3t6 和 T3t7 两个变迁进入 P3tf 和 P3tu 两个库所，分别为在规定时间内修复装备库所和未修复装备库所。

这里 T3tt 模块、T3t5 变迁和 T3ts 模块的触发优先机制为：

（1）只要 T3tt 模块可以触发，T3t5 模块就不能触发，即对于落入团级修理单元的损伤装备，只要团级修理单元有空闲就可以进行修理，就不需要后送到师修理单元进行维修。

（2）对于师修理单元来说，下级后送待修装备的修理优先级要高于落入本级修理机构的待修装备。

这两项机制的实现是通过 C31 和 C32 两个辅助库所及相关的弧利用反库所原理共同作用实现的。

其中，T3tt 模块和 T3ts 模块展开分别如图 9-43 和图 9-44 所示。

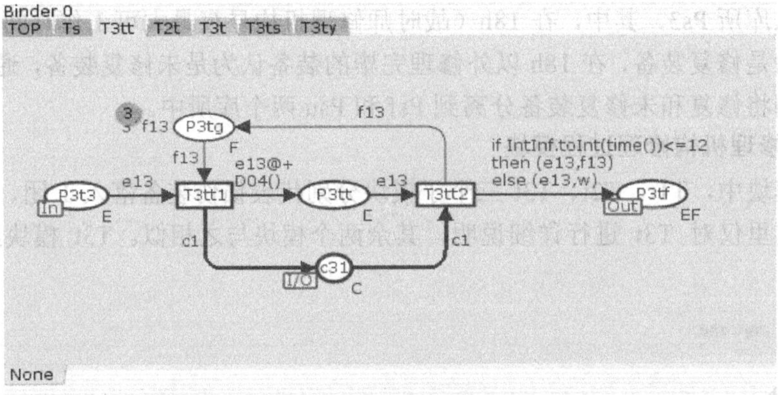

图 9-43　T3tt 模块结构

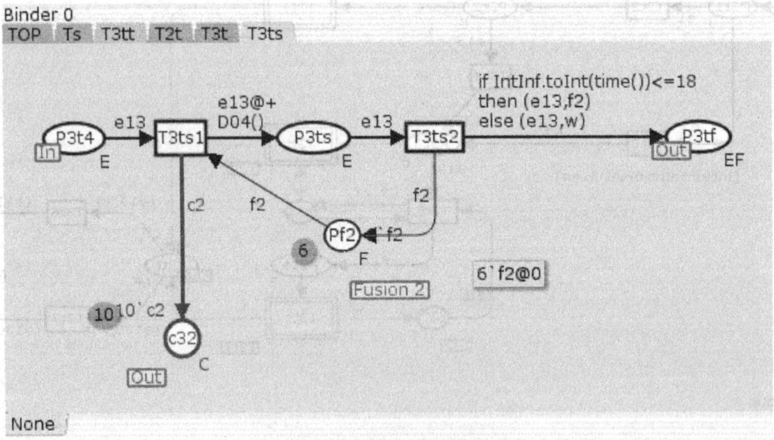

图 9-44　T3ts 模块结构

图 9-43 中，P3t3 为 3 团中按比例进入团级修理单元的损伤装备库所，库所 P3tg 为 3 团修理单元库所，库所 P3tt 为状态库所，表示 3 团修理单元处于工作状态，变迁 T3tt1 表示 3 团修理单元开始一次修理活动，变迁 T3tt2 表示 3 团修理单元一次修理活动结束。

“if IntInf.toInt(time())<=12”函数表达式表示：如果在 12h（团修理机构一天内可工作

最大时间）以内修理完毕，则表示在一天内修复；在 12h 以外修理完毕，则表示在一天内未修复。

图 9-44 中，P3t4 为 3 团中未能修复后送到师级修理单元的损伤装备库所，Pf2 为师修理单元库所，库所 P3ts 为状态库所，表示师修理单元处于工作状态，正在维修 3 团后送的损伤装备，T3ts1 表示一次修理活动的开始，T3ts2 表示一次修理活动的结束。

“if IntInf.toInt(time())<=18” 函数表达式表示：如果在 18h（师修理机构一天内可工作最长时间）以内修理完毕，则表示在一天内修复；在 18h 以外修理完毕，则表示在一天内未修复。

4. 营修理机构修理过程模块

这里以 3 团 1 营为例，对营修理机构修理过程进行说明，如图 9-45 所示。

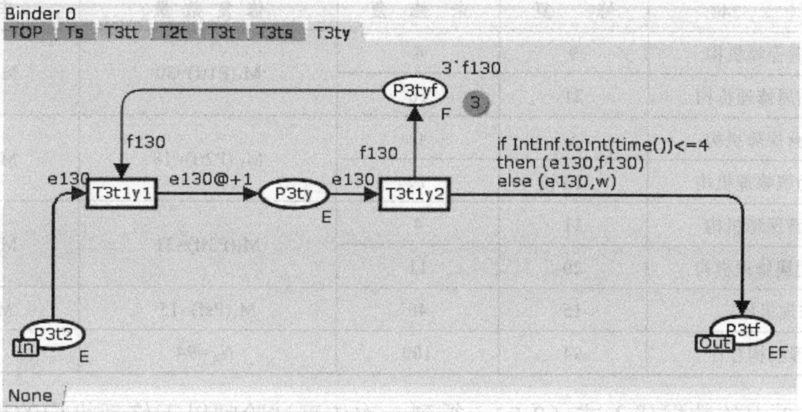

图 9-45　T3t1y 模块结构

图 9-45 中，P3t2 为 3 团中按比例进入营级修理单元的损伤装备库所，库所 P3tyf 为 3 团 1 营修理单元库所，库所 P3ty 为状态库所，表示 3 团 1 营修理单元处于工作状态，变迁 T3t1y1 表示 3 团 1 营修理单元开始一次修理活动，变迁 T3t1y2 表示 3 团 1 营修理单元一次修理活动结束。

“if IntInf.toInt(time())<=4” 函数表达式表示：如果在 4h（营修理机构一天内可工作最长时间）以内修理完毕，则表示在一天内修复；在 4h 以外修理完毕，则表示在一天内未修复。

9.6.4　结果分析及结论

对于装备保障系统来说，战时作战指挥员主要关心在规定的时间内可以修复多少装备。所以，这里选用装备修复比例 P_F 作为考察的主要参数。

$$P_F = \frac{N_f}{N_f + N_u} \tag{9-8}$$

其中，P_F 为按修理时限落入师以下修理机构的损伤装备昼夜修复率；N_f 为修复装备数量；N_u 为未修复装备数量。

与仿真模型相对应：

$$N_f = \sum M(Pf) = M(P1tf) + M(P2tf) + M(P3tf) + M(Psf) \tag{9-9}$$

$$N_u=\sum M(Pu)=M(P1tu)+M(P2tu)+M(P3tu)+M(Psu) \quad (9\text{-}10)$$

式中，M(P1tf)、M(P1tu)分别为落入1团（包括营）修理机构中损伤装备修复数量和未修复数量；M(P2tf)、M(P2tu)分别为落入2团（包括营）修理机构中损伤装备修复数量和未修复数量；M(P3tf)、M(P3tu)分别为落入3团（包括营）修理机构中损伤装备修复数量和未修复数量；M(Psf)、M(Psu)分别为落入师修理机构中损伤装备修复数量和未修复数量。

将仿真结果代入上面计算公式，就可得到装备昼夜修复率 P_F。为说明计算过程，下面给出一次仿真计算试验样本，如表9-22所示。

表9-22 一次仿真计算试验样本

装备总数	损伤数量	各单位修复情况		修复情况对应参数	
500	240	修复	未修复	修复数量	未修复数量
1团	营保障机构	9	4	M_1(P1tf)=30	M_1(P1tu)=20
	团属修理机构	21	16		
2团	营保障机构	5	0	M_1 (P2tf)=18	M_1(P2tu)=19
	团属修理机构	13	19		
3团	营保障机构	11	4	M_1(P3tf)=31	M_1(P3tu)=15
	团属修理机构	20	11		
师属修理机构		15	46	M_1(Psf)=15	M_1(Psu)=46
师以下修理机构合计		94	100	N_{f1}=94	N_{u1}=100

将表9-22中的数据代入式（9-8），得到一次仿真试验师以下修理机构的损伤装备昼夜修复率 P_{F1} 为

$$P_{F1}=\frac{N_{f1}}{N_{f1}+N_{u1}}\approx 48.5\%$$

要得到更加精确的结果，就需要尽可能多的样本数量。通过对模型进行100次仿真，即可得到装甲师装备保障力量按照规定的时限完成维修任务的100个样本，并按照百分比区间对样本进行划分，如表9-23所示。为了使结果更加直观并便于分析，给出仿真结果数据的分布直方图，如图9-46所示。

表9-23 师以下修理机构（含师）昼夜修复装备百分比仿真数据

采取向下优先			未采取向下优先		
区间（%）	修复比例仿真数据	数量	区间（%）	修复比例仿真数据	数量
0.35～0.40	0.397(1)	1	0.35～0.40	0.378(1)	1
0.40～0.45	0.428(1)，0.435(2)	3	0.40～0.45	0.408(1) 0.417(1)，0.437(1)，0.445(1)	4
0.45～0.50	0.467(1)，0.476(2)，0.485(1)，0.491(1)，0.499(3)	8	0.45～0.50	0.452(4)，0.461(1)，0.468(1)，0.477(3)，0.486(4)，0.495(7)	28
0.50～0.55	0.502(3)，0.514(3)，0.522(8)，0.529(3)，0.538(5)，0.545(1)	23	0.50～0.55	0.503(5)，0.511(5)，0.520(8)，0.529(8)，0.537(8)	34

续表

采取向下优先			未采取向下优先		
区间（%）	修复比例仿真数据	数量	区间（%）	修复比例仿真数据	数量
0.55～0.60	0.553(4)，0.563(5)，0.570(5)，0.577(4)，0.583(5)，0.590(7)，0.597(1)	31	0.55～0.60	0.550(4)，0.561(6)，0.569(4)，0.578(5)，0.588(2)，0.599(5)	26
0.60～0.65	0.605(4)，0.612(6)，0.620(1)，0.627(4)，0.634(3)，0.647(4)	22	0.60～0.65	0.606(1)，0.614(3)，0.625(2)，0.634(1)	7
0.65～0.70	0.660(1)，0.668(4)，0.677(2)，0.687(2)，0.696(1)	10	0.65～0.70		0
0.70～0.75	0.735(1)，0.745(2)	2	0.70～0.75		0

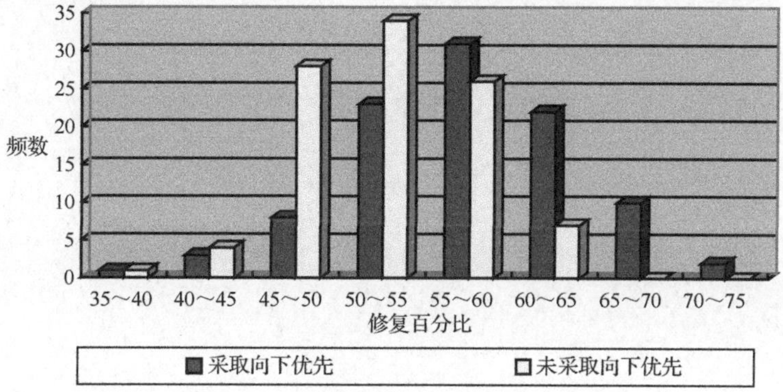

图 9-46　仿真样本区间划分直方图

通过对图 9-46 的分析，可知其外廓曲线接近于正态分布，可以假定样本服从正态分布。对于采取向下优先机制时的昼夜修复装备百分比 P_{FP} 可做出原假设 H_0：

P_{FP} 服从正态分布：

$$F(x)=\int_{-\infty}^{x}\frac{1}{\sqrt{2\pi}\sigma}e^{-\frac{(t-\mu)^2}{2\sigma^2}}dt$$

式中，x 为 P_{FP} 的一次抽样样本；μ=0.573；σ=0.067。

通过对原假设的 χ^2 检验计算，原假设 H_0 成立，即 $P_{FP}\sim N(0.573,0.067^2)$。

对未采取优先向下机制的修复率 P_{FW} 进行分析，得到 $P_{FW}\sim N(0.526,0.052^2)$。

可以认为在假定边界条件下，对于按照修理时限落入师以下修理机构的损伤装备，在采取优先向下机制的情况下其修复率约为 57.3%，在未采取优先向下机制的情况下其修复率约为 52.6%。

通过本节的建模应用示例分析，得出以下结论。

（1）按照假定的模型边界条件，不论采用何种机制，战时该装甲师保障力量都将处于饱和工作状态。

（2）采取优先向下支援机制与不采取优先向下支援机制相比，其整体装备修复比例要略高一点。优先向下支援机制符合战场抢修“优先抢修工作量小的损伤装备”的原则，所以战时应当采用优先向下支援机制。

（3）在假定的模型边界条件下，按照修理时限的划分，战时师以下修理机构在规定时限内可完成规定任务量的比例主要集中在 40%～65%之间，仿真结果表明装甲师拥有的修理力量不能完成所赋予的维修任务。

（4）战时应重点考虑对师一级修理机构的力量加强，包括在人员及相应保障设备等方面的扩充，这样师一级修理机构根据情况既可以对下级修理机构进行力量支援，也可以加大对进入本级修理机构装备的维修力度，从而使战术级的装备修复比例得到大的提升。

参考文献

[1] 陈春良，张仕新，吕会强等．装备维修保障概论[M]．北京：国防工业出版社，2017．

[2] 王岩磊．基于 EI_3PN 的装备保障过程建模研究[D]．北京：装甲兵工程学院，2007．

[3] 徐航，陈春良．装备精确保障概论[M]．北京：国防工业出版社，2012．

[4] 陈春良，王岩磊．通用装备精确保障建模与运行机制研究[R]．北京：装甲兵工程学院，2007．

[5] 陈春良，张会奇．战损装备维修需求与维修决策研究[R]．北京：装甲兵工程学院，2006．

[6] 陈春良，张会奇．装甲装备保障战术计算研究[R]．北京：装甲兵工程学院，2009．

[7] 徐航．战时装备维修保障系统建模与优化研究[D]．长沙：国防科技大学，2006．

[8] 陈春良，王岩磊，孙盛坤．HTCPN 在装备保障业务流程建模与优化中的应用[J]．系统仿真学报，2008，20（5）．

[9] 陈春良，吕会强．战时装备维修保障建模研究[R]．北京：装甲兵工程学院，2005．

[10] 周赤非，陈庆印．军事系统学基础教程[M]．北京：军事科学出版社，2012．

反侵权盗版声明

举报电话：（010）88254396；（010）88258888
传　　真：（010）88254397
E-mail:　　dbqq@phei.com.cn
通信地址：北京市海淀区万寿路 173 信箱
　　　　　电子工业出版社总编办公室
邮　　编：100036